The Everything Store

Jeff Bezos and the Age of Amazon

一网打尽

贝佐斯与亚马逊时代

[美] 布拉德·斯通◎著
李晶 李静◎译

中信出版社·CHINA CITIC PRESS ·北京·

图书在版编目（CIP）数据

一网打尽：贝佐斯与亚马逊时代 /（美）斯通著；李晶，李静译.
—北京：中信出版社，2014.1 (2024.11重印)
书名原文：The Everything Store: Jeff Bezos and the Age of Amazon
ISBN 978-7-5086-4312-0
I. ①一… II. ①斯… ②李… ③李… III. ①电子商务–商业企业管理–经验–美国 IV. ①F737.124.6
中国版本图书馆CIP数据核字（2013）第259809号

一网打尽：贝佐斯与亚马逊时代

著　　者：[美] 布拉德 · 斯通
译　　者：李　晶　李　静
策划推广：中信出版社（China CITIC Press）
出版发行：中信出版集团股份有限公司
（北京市朝阳区东三环北路27号嘉铭中心　邮编　100020）
（CITIC Publishing Group）
承 印 者：北京通州皇家印刷厂
开　　本：787mm×1092mm　1/16　　插　　页：8
印　　张：21.75　　字　　数：282 千字
版　　次：2014 年 1 月第 1 版　　印　　次：2024 年11月第26次印刷
京权图字：01–2012–5564
书　　号：978–7–5086–4312–0 / F · 3058
定　　价：49.00 元

服务热线：010–84849555　　服务传真：010–84849000
投稿邮箱：author@citicpub.com

献给伊莎贝拉和卡莉斯塔 · 斯通

当你步入80岁高龄，静静地回味过往的记忆时，里面记录着你充满个性的一生，你当初所做出的一系列抉择是如此缜密且意义重大。最终，是自我抉择成就了自我。

杰夫·贝佐斯
（Jeff Bezos）
普林斯顿大学毕业演讲词
2010年5月30日

THE
EVERYTHING
STORE
by Brad Stone

目 录

03 使命感，还是唯利是图

THE
EVERYTHING
STORE
by Brad Stone

序 言

通往伟大企业之路

周鸿祎

虽然说美国互联网企业的CEO们都是个性十足，但亚马逊的CEO贝佐斯绝对算是少数派中的少数派。他从1994年开始做网上书店，跟雅虎的杨致远一样，算是美国互联网界的前辈，比谷歌那哥俩的资历还要老。20年过去，弹指一挥间，与他同辈的人和企业，大都已经“风流总被雨打风吹去”，但贝佐斯和他领导的亚马逊一直快速成长，一直勇立潮头，在2011年成为市值过千亿的第二家互联网公司。这在商业竞争激烈、技术变革飞速的互联网行业，真的是一个奇迹。

我看公司，从来不以市值论。国内也有市值过千亿美元的公司，将来肯定也会有更多，但市值多少是一回事，公司值不值得尊重，是另外一回事。赚钱再多，如果不能给用户创造价值，甚至以欺骗用户、伤害用户来获得商业利益，这样的企业就不值得尊重。亚马逊就是这样一家不断提高用户体验、创造巨大用户价值的令人尊重的企业。

其实，从一些华尔街投资者的角度来看，亚马逊的投资回报率并不是最高的；贝佐斯也一直被华尔街看作是一个顽固分子，分析师们讥讽亚马逊的投资回报率只有4.5%到6%，需要6个季度以后才能开始回收投资，每投入1美元才能产生6美分的回报。但贝佐斯不吃华尔街的这一套。他在2009年致股东的信中得意洋洋、甚至自大地写道："在我们452个目标中，'净收入'、'毛利润'和'运营利润'等字眼一次也没出现"。

贝佐斯强调的是客户体验，其实就是我们所说的用户体验。在致股东信中，他说"在客户体验方面，我们已经设置了非常高的门槛，并且有着异乎寻常的不断改进的紧迫感。"因此，"我们要基于长远创造更好的客户体验"。

从1994年在网上卖书开始，亚马逊率先利用互联网的技术优势，进行各种创新，创造了很好的客户体验。例如鼓励读者写书评，利用读者购买的图书来推荐其他相关产品，等等。这些是传统书店没办法做到的。这些创新被迅速模仿后，亚马逊在物流体系上投入巨资，提高库存周转，加快货物递送速度；顾客不仅能更快地拿到货，还能在线查询订单处理情况。

最新的案例应该算是下面这个。《华尔街日报》刚刊出一篇文章《亚马逊最厉害的武器——贝佐斯的偏执》，这篇文章的作者提到，他在亚马逊网站购买了一条价格13美元的运动裤，到货后因为发现裤子太大想退掉。结果他收到亚马逊的一条重要的消息：他作为一个重要顾客，无须退回这条运动裤就可以拿到退款。换句话说，在评估顾客的重要程度，以及评估退货产生的费用可能会超过这条运动裤的价值后，亚马逊决定让这名顾客白拿一条运动裤。

贝佐斯一直强调的"客户体验"，在亚马逊到底有多重要？

《彭博商业周刊》记者布拉德 · 斯通所著《一网打尽》提到这样一个细

节：贝佐斯有一个公开的电子邮件，他会阅读大量的顾客投诉，在邮件中加上一个“？”，然后，把电子邮件转发给相关的亚马逊员工，虽然电子邮件营销为亚马逊挣了很多钱，但是因为顾客强烈投诉，一些生殖健康类产品最终在贝佐斯的要求下停止了邮件营销。

为什么亚马逊会把客户体验放到这么重要的位置？

我的理解是，零售业作为服务行业，是体验式经济的前沿阵地。传统的经济模式是，制造电视的企业把电视卖给顾客，就完成了销售任务。电视是耐用消费品，企业巴不得顾客从此再也不来麻烦自己，这样它可以用广告和其他手段吸引新顾客。但是，零售业本来利润率就低，它必须依靠顾客持续购买才能产生规模收入。这就意味着像沃尔玛、亚马逊这样的零售企业必须得产生好的客户体验，顾客在购物过程中感觉舒服，才能以后再来购物。这如同我一直强调的那样，任何企业都应该像零售企业一样。用户使用产品的过程，是企业与用户对话的过程。用户买到产品，并不意味着销售任务结束，而是体验之旅才刚刚开始。

这样，大家也就能理解，为什么无论是沃尔玛还是亚马逊，都会舍得将巨资投到物流体系上。好的物流体系不仅能让企业精打细算，花好每一分钱，还能让顾客尽快拿到货，提高顾客的满意度。

贝佐斯崇尚的“飞轮”理论则是亚马逊体验为王的形象化表达。李黎女士在其《亚马逊的三个顾客》一文中写道：贝佐斯认为，在亚马逊的“飞轮”里，当客户体验更好的时候，流量自然会增加，更多的流量会吸引卖家来网上卖东西，这样顾客就有了更多更丰富的选品，获得更方便的服务，这也将进一步提升客户体验。随着“飞轮”的不断成长，亚马逊的运营成本会被分摊，成本结构将会更加合理，还可以将省下来的钱返还给消费者，以形成更低价，这也是提升客户体验的一个重要因素。

这个“飞轮”理论，不仅适用于电商，而且适用于所有的互联网公司。

对于贝佐斯来说，亚马逊孜孜以求的卓越的客户体验，已经构成了壁垒。在最近几年，贝佐斯极力扩张，亚马逊到底是一家零售公司、技术公司，还是一家数据公司？看起来，它更像是一家基础设施公司，只要有销售行为，它就可以凭借自己卓越的客户体验无所不在。

先创造用户价值，然后再产生商业价值，这是我一直强调的。从亚马逊的股价来看，在2009年之前，它一直低于50美元。从1994年创立开始，投资者就对这家公司争论不休，因为它总是不按照华尔街的章法来做事，华尔街也不知道它到底会长成什么样。在长达十多年的时间里，贝佐斯不讲如何为股东创造最大的价值，反而大讲如何创造最佳的用户体验。他四处出击花巨资购建了大量用不完的基础设施。这让亚马逊的投资回报率一直无法提高，然而它的客户群体却一直保持增长，且忠诚度高，帮助亚马逊一路打败了众多竞争对手。这让华尔街又爱又恨。

我认为，能让华尔街又爱又恨的企业，才有可能发展成为一个伟大的企业。判断一个公司是否伟大，不是在于它创造了多少市值，产生了多少千万富翁、亿万富翁，而是给顾客创造了多大的价值。在国内，有些企业是靠给用户制造问题，而不是通过解决问题来赚钱。比如在一些城市，你一坐上出租车，后排座位上挂着的液晶屏就开始播放刺眼、刺耳的广告，而且还关不掉。8年前，绝大多数SP通过给客户设计陷阱乱扣费来赚钱，有的竟然还上市了。但事实证明，不为用户创造价值的企业，即使能获得商业价值，那也是短暂的。

亚马逊在对于客户体验的创新方面，一直被模仿，但从未被超越。中信出版社的这本《一网打尽》中文简体版，推出的正是时候。在这本书中，我们能够从更细微的角度，了解以追求不断提高客户体验为目标的亚马逊是如何一步步走向伟大的。

前　言

20世纪70年代初，一位名叫茱莉·雷（Julie Ray）的广告经理被一项创新计划深深吸引，这是在得克萨斯州休斯敦开展的有关天才儿童公共教育的项目。她儿子是这项后来被称为“先锋计划”项目的第一批学员，这个项目旨在激发学员的创新思维和独立性、培养视野宽广且具有创新思维的人才。茱莉对其授课计划以及这群充满热情的教师和家长非常好奇，因此，她在得克萨斯州内同类的学校里展开调研，旨在撰写一本有关天才教育的书籍。可惜，当时这个项目还不太成熟。

几年后，茱莉的儿子已经升到初中，她又重新着手这项调研，并将休斯敦城中心以西的橡树河小学作为调研对象。这所小学的校长派一名六年级的学生陪同她采访，这名学生一头黄发，很健谈。他父母提出避免在正式场合用其真名，因此茱莉就叫他蒂姆（Tim）。

茱莉·雷在《开启智慧的心灵：从家长的视角看得克萨斯州的天才教育》（*Turning On Bright Minds: A Parent Looks at Gifted Education in Texas*）

一书中写道："蒂姆是一名智商很一般的学生，又瘦又高，为人友善但不苟言笑。"根据老师的评价，他"不具备领导特质"，但他在同龄人中表现得非常自信，还对正在阅读中的J · R · R · 托尔金（J. R. R. Tolkien）的小说《霍比特人》（*The Hobbit*）不吝赞美之词。

作为一个12岁的孩子，蒂姆已经展现了他的优势。他告诉茱莉，为具备一名超级读者的资格，他正在拼命读书，但和同班同学相比还是略逊一筹。他们班的一名女生夸耀说，她一周能读12本书。蒂姆还向茱莉展示他正在做的一项叫做"无限立方"的科学实验，这项奇妙的设计由电池驱动，诸多旋转镜可以营造出一个产生光幻觉的无穷隧道。蒂姆是在看到商店里的一款商品后仿制出来的。他告诉茱莉，那款商品22美元，但"我的更便宜"。老师们说，蒂姆的3项科学实验都入围了当地的科学竞赛，初中和高中的同学们都对他刮目相看。

校方虽然褒奖了蒂姆的创新项目，但可想而知，他们还是会随时提防蒂姆的突发奇想。为了在数学课上练习汇总统计，蒂姆设计了一张问卷，目的是为六年级的教师打分。他说，问卷的目的是为了"评估教师如何教学，而不是人气评分"。他负责统筹同学们的调查结果，在茱莉采访的过程中，他正在统计结果，并且针对每位教师的成绩绘制出了图形。

据茱莉描述，蒂姆每天日程都排得满满的。他起得很早，然后穿过一个街区去赶7点的公交车，再骑行20英里赶到学校。他途中要穿过一排排教室，学生们上着不同的课程，如数学、阅读、体育、科学、西班牙语和艺术课。其余是个人项目和小组讨论的时间。茱莉 · 雷描述道，在一堂课上，包括蒂姆在内的7名学生在校长办公室里一个挨一个围坐成一圈，正在做一项叫做创造性思维的练习。老师分给他们一些小故事，然后默读，接下来进行讨论。第一个故事是有关一群考古学家的，他们刚刚探险归来，说是发现了一个藏有宝藏的洞穴，后来人们发现这纯属无稽之谈。茱莉录下了以下的这段对话：

“他们或许想出名。他们希望回避那些自己不愿发生的事情。”

“有些人一生都认为他们会梦想成真。”

“你必须保持耐心。对你要干的事要开动脑筋。”

蒂姆告诉茱莉，他非常喜欢这些活动。“世界就是这个样子，可能有人会让你触动智慧的开关。但你必须独立思考你的所作所为。”

茱莉发现她的书《开启智慧的心灵》没能引起出版商的兴趣。大出版社的这些编辑认为这个题材范围太窄。无奈之下，1977年，她只能用为圣诞节制作广告印刷品所得的报酬印制了1 000本书，然后分发出去。

30多年以后，我在休斯敦一家公立图书馆看到了一本茱莉·雷的书。我还发现了茱莉的行踪，她现居得克萨斯州中部，为环保和文化产业做策划和公关。她说，目睹了蒂姆20多年来的名利双收，自己怀有几分艳羡和惊奇，但并不出乎意料。她说：“我认识他时，他还是个孩子，当时他的能力非常突出，这得益于这项创新计划的培养和激励。这项计划还受益于他的反应能力以及好学上进。这是此项计划效果的最好验证。”

茱莉还回忆道，多年以前，她曾请一位老师来评价一下蒂姆在年级中的总体表现，这位教师说：“我实在无话可说。如果对他稍稍加以引导，他的前途可以说无可限量。”

2011年末，我去他的公司——总部位于西雅图的亚马逊网站——拜访了“蒂姆”，他如今已经是大名鼎鼎的杰夫·贝佐斯了。为了本书的出版，我想得到他的帮助，我试图记录下这家公司辉煌的发家史。它融创新性、破坏性与超级技术能量于一身，在预测互联网的无限前景以及改变我们的购物方式和阅读方式方面，它是第一家独具慧眼的公司。

我们的现代生活已经越来越依赖亚马逊网站。数百万人习惯于直接把他们的浏览器导航到与其齐名的网站或卫星站点，如美捷步（Zappos.com）和Diapers.com，它们已经成为资本主义社会的强大助推器，那就是刺激消费。亚马逊网站的商品一应俱全，其中有书籍、影片、园艺工具、家具、食品和一些稀奇古怪的玩意儿，如猫咪的玩具——充气独角兽（价格9.5美元），还有1 000磅重的电子锁枪柜（价格903.53美元）；3到5天内到货。公司在"即时满足"上几乎做到了尽善尽美，电子产品几秒就到，实物几天就到。经常能够听到顾客对货物递送的惊人速度大加赞扬。

2012年，亚马逊的销售额达到610亿美元，此时公司已经走过17年的历史，有希望成为历史上最快达到1 000亿美元销售额的零售商。它集顾客的万千宠爱于一身，同时也被业界同仁视为眼中钉，连公司的名字都被收进了商业词典，但并非溢美之词。"亚马逊化"（Amazoned）是指："我们这些传统企业，只能眼巴巴地看着一家来自于西雅图的暴发户网站把所有的顾客和利润都抢走。"

正如许多人所了解的那样，亚马逊网站是互联网时代的标志。公司刚起步时只是一家网上书店，而后置身20世纪90年代末的网络大潮，把业务扩展到音乐、影片、电子产品和玩具领域。一方面，亚马逊要小心翼翼地规避风险，同时还要回应对其前景的一片质疑声。因为在2000年和2001年时，网络发展不太景气，亚马逊结合自身网络销售的复杂特征，把业务拓展至其他领域，如软件、珠宝、服装、运动产品及汽车零部件等。当其确立互联网顶级零售商的地位，并成为其他销售商淘货的主要平台时，亚马逊又把自身重新定位为一家通用技术公司，在亚马逊网络服务平台销售云计算设施，并且提供廉价实用的电子设置，如Kindle电子阅读器和平板电脑。

Google董事会主席埃里克·施密特（Eric Schmidt）说："亚马逊就是一个辉煌创业者的故事，它让梦想飞翔。"他公然宣称自己是亚马逊的对手，同时也是提供48小时货到服务的亚马逊Prime服务的一名会员。"几乎无人能出其右。或许苹果公司能与其一争高下，但人们可能忘记了，大多数人都曾相信亚马逊注定会失败，因为它从不精打细算。它的亏损不断飙升，损失了数亿美元。杰夫虽然爱唠叨，但非常聪明。他是最优秀的技术公司创始人，因为他了解每一个细节且比任何人都更注重细节。”

尽管近期股价飙升，但亚马逊依旧是一家个性十足且令人费解的公司。亚马逊资产负债表上的盈亏总计一项相当令人失望，2012年，亚马逊在疯狂进军新领域和其他产品业务的过程中，总体上是亏损的。但华尔街似乎并不在意。杰夫·贝佐斯一再宣称，他的公司有长远打算，他从股东那里获得了足够的信心，因此这些投资者愿意耐心等待。他决定减缓扩张速度，并使公司财务进入良性循环。

贝佐斯已经表现出对其他人观点的漠视，有时甚至连高管的意见也听不进去。他善于解决难题，并且能把综合意见巧妙整合，对眼前的竞争态势了如指掌，并像象棋大师一样运筹帷幄。即使对公司的财务状况及当地社区的经济状况造成恶劣影响，他也要用吸引眼球的手段来取悦顾客，提供类似免费送货和免除消费税这样的服务。

许多员工都认为，在贝佐斯手下工作并非易事。尽管他拥有招牌式的开怀大笑和乐观的公众形象，但也会像苹果的前掌门人史蒂夫·乔布斯（Steve Jobs）那样尖酸刻薄，会让和他同乘电梯的员工感到不安。贝佐斯是一位微观管理者，不断有新的想法涌现，他对不能严格执行公司标准的做法绝不留情。

像乔布斯一样，贝佐斯也有一个现实扭曲力场（reality-distortion field）——人们对他的公司一开始还好言相劝，但最终却演化成一种恶意的宣传。他经常会说，亚马逊公司的使命是“提升全世界各产业的水平，这就意味着以顾客为导向”。贝佐斯及其员工真心为顾客服务，在和竞争对手甚至合作伙伴较量时毫不留情。贝佐斯一直认为，亚马逊角逐的市场非常广阔，能涌现出许多赢家。这或许非常正确，但显而易见的是，亚马逊加速了大量竞争对手的灭亡，其中不乏一些知名企业，如电路城（Circuit City）、鲍德斯书店（Borders）、百思买集团（BestBuy）和巴诺书店（Barnes & Nobel）。

一般情况下，美国人对这么多大公司聚集在一起而感到忧心忡忡，尤其当它们扎堆聚集在城市边缘时，它们的成功会以社区的环境为代价。沃尔玛超市（Walmart）、西尔斯百货（Sears）和伍尔沃斯超市（Woolworth' s）以及其他每个时代的零售业巨头都遭遇了同样的质疑；A&P 食杂店在连锁经营时代，曾于 20 世纪 40 年代与具有毁灭性的反垄断诉讼案进行过斗争。美国人为了方便和低价一窝蜂来到大型零售店。但从一定程度上来说，这些公司太过强大，致使与顾客从众心理相左的矛盾暴露出来。我们虽然希望买到便宜的东西，但不希望那些街边的夫妻小店和当地的书店消失。数十年来，他们的生意一直受到排挤，当初是由于出现了像巴诺一样的连锁书店，如今是因为亚马逊的异军突起。

为维护公司的利益，贝佐斯行事精明而谨慎。他对其计划的细节一直秘而不宣，总独自揣摩想法和意图。在西雅图商业集团和广阔的技术领域里，他是谜一样的人物。他很少在会上发言，也不大接受媒体采访。即使其崇拜者和亚马逊的拥趸，有时也把他的名字读成"Bay-zose"，而非"Bezos"。

作为一名风险投资家，约翰·杜尔（John Doerr）早年曾力挺亚马逊，10 年来一直是它的董事会成员，他把亚马逊吝啬的公关风格称为"贝佐斯公关理论"（the Bezos Theory of Communicating）。他说，参加新闻发布会、产品推介会、演讲或阅读股东信函时，贝佐斯习惯手持红笔，把那些顾客很难听懂和对顾客不利的言辞删掉。

我们自认为了解亚马逊的成长史，但我们真正了解的是那些神话，那些新闻发布会、演讲以及采访中的台词，因为贝佐斯没有删掉这些。

亚马逊在西雅图联合湖以南拥有12座普通的办公楼。这是由内河航道连接的一小片清澈的冰川湖，以西是普吉特海峡，以东是华盛顿湖。这个地区离一家锯木厂很近，19世纪以前，此处是美国土著人的聚居地。昔日的田园风光现已不再，新兴的生物化学基地、一家癌症研究中心和华盛顿大学医学院大楼分布在这个人口稠密的街区。

放眼望去，亚马逊低矮的现代办公区没有引起任何人的注意。但当你步入位于北部的“一日游”厂区的时候，亚马逊最高统帅的办公地就坐落于此。它位于特里大道和共和党大街上，迎接你的是挂在墙上的亚马逊微笑的标志，前面是用来接待来访者的长条桌子。桌子的一侧摆着一碗宠物饼干，用来招待员工携带的狗（对于一家要求员工支付停车费和饭费的公司来说，这是一项罕见的员工福利）。附近的电梯口立着一面黑色牌匾，上面用白字提醒来访者，他们已经进入了哲学家式的CEO（首席执行官）的领地。上面写道：

> 有这么多需要创造的东西。
>
> 有这么多新生事物会发生。
>
> 人们不知道互联网会发展到何种程度，这就是厂区“一日游”的意义所在。
>
> 杰夫·贝佐斯

亚马逊的企业文化非常有特色。会议展示时从来不使用PPT（幻灯片），而是要求员工书写长达6页的短文，用散文体来陈述观点，因为贝佐斯相信，这样做可以培养员工的批判性思维。对于每一件新产品，他们都要以新闻的风格来设计文稿，目的是勾勒出一幅具有创新意义的蓝图，让顾客有一种新鲜感。每次会议一开始，每位员工默读文案，然后开始讨论——就像在橡树河小学校长办公室的创意思维练习一样。我首次约见贝佐斯探讨出版计划时，决定先考察亚马逊的企业文化，然后准备一篇具有亚马逊风格的稿子，撰写一篇本书的新闻稿。

贝佐斯约我在位于 8 层的一间会议室见面，我们在一个由 6 个门板拼成的大桌子旁坐下，贝佐斯曾在 20 年前用过这样的浅黄色木板当工作台，当时他在车库里创建了亚马逊。这些门板桌是公司节俭风格的象征。我初次采访贝佐斯是在 2000 年，当时他刚刚结束了一段耗时多年的不间断旅行，因此面容憔悴，面色苍白，身体状况不佳。现在虽然身材消瘦，但身体状况还不错；他用改造亚马逊的方式改变了自己身体的状况。虽然已经谢顶了，但还是剃了个平头，这使他看起来非常干练，让人联想到科幻片《星际迷航：下一代》（*Star Trek: Next Generation*）里的主人公皮卡德舰长。

我们落座后，我把新闻稿顺着桌子递给他。当他明白我正在忙活什么时，突然仰天大笑，唾沫四溅。

对于贝佐斯招牌式的大笑，我早就有所耳闻了。他的笑异常突兀，往后仰脖时发出摄人心魄的长鸣。他双目闭合，喉咙里发出的声音像是海象交配时的惬意嘶吼和电动工具轰鸣的交响曲。笑声来得很突然，但其实根本没什么好笑的。贝佐斯的笑声多少带有一丝神秘感，人们为此感到费解；没人愿意听到如此全身心投入的刺耳笑声，连他的家人都受不了。

员工基本上都熟悉他的笑声，这种刺耳的声音能够中断谈话，有时让你连找他谈话的目的都忘了。有好几位他的同事认为这多少有些故意为之——因为贝佐斯把笑声当成了防御武器。亚马逊前任首席信息官瑞克·达尔泽尔（Rick Dalzell）说："你肯定明白，这种笑声可以让人消除戒心，并让人精疲力竭。他是在惩罚你。"

贝佐斯花了几分钟默读了我的稿子，我们探讨了出版此书的目的——这是第一次深刻解读亚马逊的成长经历，从20世纪90年代初期华尔街的初创阶段到今日的辉煌。我们的谈话持续了一个小时，还谈到了其他商业出版物，如沃尔特·艾萨克森（Walter Isaacson）撰写的《史蒂夫·乔布斯传》。这本书在乔布斯英年早逝后出版，这些出版物为业界树立了榜样。

在这一特殊时刻撰写和出版有关亚马逊的书籍，我们承认确实有点不合时宜。[毫无疑问，《一网打尽》一书线上和线下的书商对此有发言权。实际上，法国传媒巨头阿歇特出版集团（Hachette Livre）旗下的小布朗出版社（Little，Brown），承接了此书的出版任务。它最近刚刚与美国司法部以及欧盟执法机构结束了一场旷日持久的有关反垄断的诉讼案，事情的起因是其他公司针对电子书的定价策略与亚马逊存在巨大分歧。像从事零售业和媒体业的其他许多公司一样，阿歇特出版集团既把亚马逊视作一位强大的零售业合作伙伴，又把它当作自己危险的竞争对手。贝佐斯当然也有自己的想法。他习惯这样对作家和记者们说："并非是亚马逊要改变出版业，而是未来要改变它。"]

过去十年中，我找贝佐斯谈话不下十几次，我们的谈话碰撞出很多火花，气氛很融洽，时不时被他那如轰鸣般的笑声打断。他非常专注，有时带点神经质，精力充沛。（当你在走廊里碰见他时，他会毫不迟疑地告诉你，他从不坐公司的电梯，而是爬楼梯。）他对谈话全身心投入，不像其他CEO，他从来不让你感觉到时间紧迫，他为人漫不经心——但对跑题却非常计较，从不偏离谈话要点。公司职员对杰夫的这些箴言已经烂熟于心，有人甚至把它称为杰夫主义思想。有些话语甚至用了十多年。

杰夫认为："如果你想鹤立鸡群，就应该这样。"这时他话锋一转，又带着一种杰夫主义腔调："我们一定要真心为顾客着想，要具有长远的眼光，而且要不断有创新产品的出现。大多公司做不到这些。他们把目光放在竞争对手身上，而不是消费者身上。他们想从事两三年就能赢利的产业，如果短期内没有回报，他们就会转向其他行业。他们喜欢做跟随者，而不是创新者，因为前者保险系数更高。亚马逊成功的秘密，就是我们的与众不同。具备上述三大条件的公司简直凤毛麟角。”

我们在结束探讨此书时，贝佐斯探身向前，问道：“你打算怎么处理叙述中的不实之处？”

是的，当然要考虑叙述中的不实之处。此时，我体会到了20年来每位员工的感受，当这位绝顶聪明的老板突然蹦出来一个出乎意料的问题时，你怎能不局促？贝佐斯解释说：“叙述中的不实之处”这一说法来自于2007年的一本书《黑天鹅》(*Black Swan*)，作者是纳西姆·尼古拉斯·塔勒布(Nassim Nicholas Taleb)，讲述的是人类如何具有生态意识，把复杂的现实变成轻松简单的生活。塔勒布认为，思维的局限性导致我们人类把毫不相干的一些事情愣要扯上因果关系，然后再把它们变成通俗易懂的故事。塔勒布写道，这些叙述可以保护人类，以免让上天的随心所欲及人类的复杂经历对我们造成干扰，在某种程度上，他把运气当作人们成功或失败的主因。

贝佐斯却认为亚马逊的崛起是由其复杂的成长历程决定的，虽然这有些出乎意料。有些产品无法解释其发明动机，如亚马逊的网络服务，它创立了云商业运作模式，现在有大量互联网公司在运行中使用它。贝佐斯说：“公司提出一个创意需要一个复杂的过程，并非凭借一时的灵感。”他担心，如果把亚马逊的历史写成一个简单故事的话，会给人留下清晰透明的印象，但真实性就会大打折扣。

塔勒布在书中陈述了避免不实叙述的方法——恰好这本书是亚马逊高管的必读书——即最好用实证，避免采用讲故事或单纯凭借记忆的方法来陈述。对于一个有追求的作家而言，行之有效的方法是至少要认清它未来的潜力，并且义无反顾地投身其中。

因此我要用免责声明作为本书的开端。1994，产生亚马逊的最初构想诞生于纽约城中心摩天大楼的40层楼上。将近20年以后，现在公司拥有9万多名员工，成为世界上知名度最高的企业之一。它不断制定新策略来吸引顾客，如提供的商品一应俱全、超低的价格、上乘的服务，同时重新定位了行业的发展走向，并让世界上一些品牌企业的管理层叫苦不迭。描述这个过程将会颇费周章。在这个过程中我仅采访现任和前任高管及员工就达300多次，包括这些年来与贝佐斯的多次面谈，虽然他认为现在评价亚马逊还“为时尚早”，但还是鼎力支持这项出版计划。他还允许我采访他的高管、家人和朋友，为此我表示衷心的感谢。我还从《新闻周刊》（*Newsweek*）、《纽约时报》（*New York Times*）和《彭博商业周刊》（*Bloomberg Businessweek*）长达15年来的报道中摘录了很多内容。

本书的目的是讲述一个不为人知的故事，这是继山姆·沃尔顿（Sam Walton）后最伟大的创业成就之一。当时山姆乘坐一架两座直升机，横穿美国南部去开拓沃尔玛未来的商铺。这个故事讲述的是一个天才儿童如何蜕变成一位内心强大且多才多艺的CEO，描述了他的家人和朋友如何对互联网这一极具革命性的网络工具寄予厚望，以及如何憧憬万货商店的壮观场面。

THE EVERYTHING STORE

Jeff Bezos and the Age of Amazon

01 信仰

第一章
数量分析所

在自称是地球上最大的书店或超级网购商店前，关于创建亚马逊网站的想法一直在纽约一家办事处里酝酿。那时，这家办事处还是华尔街一家不同寻常的公司：萧氏公司（D. E. Shaw & Co.）。

这是一家定量对冲基金公司，员工们都亲切地称其为DESCO。它始建于1988年，创始人是戴维·E·萧（David E. Shaw），他是哥伦比亚大学计算机系的一位教授。像文艺复兴科技公司（Renaissance Technologies）和都铎投资公司（Tudor Investment Corporation）那些同时代具有开拓性意义的数量分析所的开创者一样，戴维开创性地拓展了计算机的用途以及复杂的数学公式，用在全球金融市场的不规则运作中。例如，当欧洲的一只股票价格略高于美国的同一只股票时，电脑操盘手会变身为DESCO的华尔街勇士，编写几款软件，用来完成快速交易，以此来赚取差价。

金融界对戴维本人知之甚少，而这位博学的创始人也安享这份“不为人知”的宁静。公司喜欢暗箱操作，动用从投资巨贾那里募集的私人资金，如拥有亿万资产的金融家唐纳德 · 萨斯曼（Donald Sussman）和蒂施家族（the Tisch Family），并在竞争对手那里进行自营交易①。戴维坚持认为，如果DESCO是一家能够引导新投资方式的公司，若想保持其领先地位，就不能公开这些想法，不能让其他竞争者获取这项基于计算机技术的尖端科技。

戴维成年时恰逢新型超级计算机问世。1980 年，他于斯坦福大学获得计算机科学的博士学位，然后来到纽约，在哥伦比亚大学计算机系任教。20 世纪 80 年代早期，高科技公司试图劝说他加盟私人企业。发明家丹尼 · 希利斯（Danny Hillis）创办了思考机器公司（Thinking Machines Corporation），并从事超级计算机的生产。他后来成为贝佐斯的挚友，而当初他差点说服戴维来为他设计并行计算机。戴维暂时接受了这项工作，后来又改了主意。他告诉希利斯，他想做更赚钱的生意，等有钱了以后可以随时回到超级计算机领域。希利斯对此颇有异议，认为即使他发财了——似乎不太可能——也不会重操旧业。（确实如此，在戴维成为亿万富翁以后，他把公司的日常管理交给了其他人。）希利斯说："两个算盘我都打错了。"

1986 年，摩根士丹利投资公司把戴维从学术圈挖到自己的阵营中，并把他安排在很有声誉的工作组中，主要从事统计套利软件的开发，以迎接新一轮的自动交易浪潮。但戴维希望凭借自身实力去创业，因此，他于 1988 年离开了摩根士丹利，带着从唐纳德 · 萨斯曼那里得到的 2 800 万美元的创业基金，在曼哈顿西村创办了自己的商店，这家商店曾经专营共产主义读物。

经过精心设计，戴维 · E · 萧成就了华尔街一家与众不同的公司。戴维没有招募金融家加盟，而是吸纳了许多科学家和数学家——这些人都有过人的智慧和非凡的经历，有很深厚的学术背景，但没有太多的社会经验。在公

① 自营交易，指用自己的资本做交易。——编者注

司迁往派克南大街的一栋阁楼以后，鲍勃 · 格尔丰德（Bob Gelfond）加盟了DESCO，他说：“戴维想用科学方法把科技和计算机的强大功能运用到金融领域”，而且“他效仿高盛银行，想成为华尔街的标志性企业”。

在公司管理方面，戴维使出浑身解数，尽量做到严格且不失人情味。他经常向员工发函，让员工用特定的方式来拼读公司名——在D和E之间留出空格。他还命令所有员工用统一的标准来描述公司的使命：即“交易股票、债券、期货、期权和其他各种金融工具”——一定要按照这种顺序来描述。戴维的严厉风格还扩展到其他许多事情上，例如，他手下的计算机专家可以提出任何有关交易的想法，但必须通过严格的科学监管和统计测试，以证明其有效性。

1991 年，萧氏公司迅速壮大，公司迁到了离时代广场仅一街区之遥的曼哈顿中心城区，在一幢摩天大楼的顶层办公。公司的设计风格鲜明，装饰简洁，由建筑师斯蒂文 · 霍尔（Steven Holl）担纲设计。这里有两层会客室，冷光直射进这面宽大白墙的接缝处。那年秋天，戴维设宴款待总统候选人比尔 · 克林顿的筹款人，一张入场券 1 000 美元，像杰奎琳 · 奥纳西斯（Jacqueline Onassis）这样的大人物也出现在宴会中。举办晚会前，所有员工都要离开办公室。杰夫 · 贝佐斯当时是公司最年轻的副总裁之一，他去和同事打排球了，但他离开前，先和未来的总统合了张影。

那时贝佐斯刚满 29 岁，身高 5.8 英尺[①]，已开始谢顶，面色苍白，不修边幅，是个典型的工作狂。他已经在华尔街工作 7 年，给每个认识他的人都留下了这样的印象：才智过人，拥有无穷的信心。1986 年从普林斯顿大学毕业后，贝佐斯就职于Fitel公司，为两位哥伦比亚大学的教授工作，致力于为股票交易者开发一款跨越大西洋的私人电脑网络。格雷希拉 · 齐齐尔尼斯基

① 5.8英尺约为1.77米。——编者注

（Graciela Chichilnisky）身为合伙人之一和贝佐斯的老板，夸奖他是一个能干且乐观的员工，工作起来不知疲倦，能够同时负责伦敦和东京地区的业务管理。齐齐尔尼斯基说："他不在乎其他人的想法，当你给他一个棘手难题时，他会用心琢磨，然后把它搞定。"

贝佐斯于 1988 年来到美国信孚银行（Bankers Trust），但他对刻板制度给公司造成的阻力颇有微词，于是他打定主意去寻找创业的机会。1989 年到 1990 年，他利用工作间歇，花了几个月的时间运筹创业，他的合作伙伴是一名美林集团（Merrill Lynch）的年轻员工，名叫哈尔希 · 米纳（Halsey Minor），他后来创办了在线新闻网CNET。当美林集团撤出当初所承诺的资金时，这家羽翼尚未丰满的企业破产了，当初它原打算通过传真机向用户发送顾客定制的业务通讯。但即便如此，贝佐斯还是给人留下了深刻印象。据米纳回忆，当时贝佐斯仔细研究了几位商业巨贾的情况，他非常崇拜来自于弗吉尼亚州的一位创业者弗兰克 · 米克斯（Frank Meeks），他曾经因为拥有多米诺比萨特许经营权而发了大财。贝佐斯还非常敬重计算机领域的先驱科学家艾伦 · 凯（Alan Kay），时常引用他的观点，认为"好点子能抵 80 分智商数值"——这意味着用新的视角看待问题能提高人的理解力。米纳说："他在校期间得到了每个人的帮助，我想杰夫只要能从对方身上学到东西，他不会错过任何一次机会。"

当一家猎头公司劝说贝佐斯与另一家有不凡背景的金融公司的高管见面时,他正准备离开华尔街。贝佐斯后来说，他发现了一位心心相印的工作伙伴，他就是戴维 · 萧。——"这是我认识的为数不多的拥有发达的左脑，同时拥有发达的右脑的人。"[1]

在DESCO公司，贝佐斯展示出许多特质，后来，亚马逊的员工通过观察也得到了印证。他自律且严谨，经常随身携带笔记本，用来记下自己的想法，似乎不记下来，那些想法就会马上逃离大脑。当有更好的方案呈现出来时，他会随时抛弃旧观点，接受新想法。他展现出孩子兴奋时的天真表情，也会在谈话中放声大笑，日后这将会展现在世人面前。

贝佐斯对任何事情都秉承认真分析的态度，包括社会环境。他单身的时候，曾经进修舞蹈，因为他盘算着这会增加他遇到优秀女孩的概率。后来他坦言，一直在想如何增加“和更多的女孩交往的机会”。[2] 杰夫·霍尔顿（Jeff Holden）在萧氏公司时就在贝佐斯手下工作，后来在亚马逊也追随着他，霍尔登对贝佐斯的评价是：“他是我见过的最善于反省的人。他对生活中的很多事都有自己的处理方法。”

萧氏公司没有华尔街上其他公司那样的繁文缛节，至少在处事风格上类似于硅谷的创业公司。员工上班时身着牛仔裤或卡其裤，不需要着正装，没有等级制度（虽然有关交易规则的主要信息需要严格把关）。贝佐斯似乎非常喜欢连轴转，他的办公室里有一个卷起来的睡袋，窗台上放着一些纸板箱里的泡沫板，以备必要的时候打地铺。尼古拉斯·拉夫乔伊（Nicholas Lovejoy）后来加盟了亚马逊，他认为这个睡袋“确实派上了用场”。当他们下班后，贝佐斯经常和他的DESCO同事一起通宵达旦地玩双陆棋和桥牌，而且经常是赌钱的。

当公司不断成长时，戴维开始考虑如何扩充他的人才库。他把目光锁定在搞数学和科学的奇才身上，并把他们称为通才，他们都是刚刚跨出大学校门、班里一流的学生，并且在某学科领域表现出超凡的能力。公司还把富布莱特奖学金（Fulbright Scholars）获得者、知名院校的优等生名单一一过目，主动向他们发出邀请函，推介自己的公司，并宣称：“毫不谦虚地说，我们招募的人才都是顶尖级的。”

响应者纷纷涌至纽约，参加令人备受煎熬的整整一天的面试。这些应聘者中有的看起来非常优秀，有的GPA（平均成绩点数）和水平测试成绩很高。公司面试官非常喜欢问他们一些很随意的问题，诸如：“美国有多少台传真机？”目的是考查这些应聘者解决难题的能力。面试后，参加招聘过程的面试官们要聚在一起，就每一位应聘者，从以下 4 种雇用意向中选出其一：强烈不建议雇用；建议不雇用；建议雇用；强烈建议雇用。只要有一票“否决票”，应聘者即出局。

贝佐斯在创办亚马逊后仍沿用了这一流程，也对萧氏公司的其他一些管理技巧进行了沿袭。直至今日，亚马逊依旧使用这种方式来招募有潜力的新员工。

DESCO 公司在应聘程序和面试流程上倾注了大量精力，这对贝佐斯有深刻的影响；在应聘大军中，其中一位应聘者后来成了贝佐斯的终身伴侣。她就是麦凯奇 · 塔特尔（Mackenzie Tuttle）。她于 1992 年毕业于普林斯顿大学，专业是英语，和作家托妮 · 莫里森（Toni Morrison）同窗。起初她在一家套保基金公司作管理助理，后来成为贝佐斯的下属。拉夫乔伊还记得，贝佐斯有一天晚上租了一辆豪华座驾，然后带一帮同事去一家夜总会消遣。他说：“看起来，他是在款待大家，但明显是冲着麦凯奇来的。”

麦凯奇后来说，是她先看中的贝佐斯。2012 年，她对《时尚》杂志说：“我的办公室紧邻他的办公室，我整天都能听到他的开怀大笑。那种笑声的魅力无法抵挡。”她开始向他发动攻势，提议共进午餐，贝佐斯欣然答应。开始约会的 3 个月后，两人就订婚了；又过了 3 个月，他们步入了婚姻殿堂。[3] 他们于 1993 年在西棕榈海滩的浪花酒店举行了婚礼，婚礼很有特色，为成年来宾准备了各种游戏，还有在泳池边举办的晚会。鲍勃 · 格尔丰德和一位名叫汤姆 · 卡尔兹（Tom Karzes）的计算机程序员特意从萧氏公司赶过来。

与此同时，DESCO 正在迅速壮大，但管理上的问题也越来越多。那时的几位员工回忆说，戴维请来了一位顾问，开展一项针对所有管理层员工的迈尔斯 · 布里格斯性格测试（the Myers-Briggs Personality test）。不出所料，每个人的测试结果都是内向型性格。最外向的当属杰夫 · 贝佐斯。20 世纪 90

年代早期，贝佐斯是萧氏公司外向型性格的代表。

贝佐斯是DESCO公司天生的领导者。到1993年，他开始远程管理公司在芝加哥的期权交易团队，然后高调进军第三市场业务，这是一种场外交易，允许散户投资人做股票交易，并且不用向纽约证券交易所交纳佣金。[4]后来加盟亚马逊的程序员布莱恩·玛希（Brian Marsh）说："在第三市场业务中，贝佐斯拥有超凡的魅力和说服力。从那时起，他就展现出了领导才能。"然而，贝佐斯的部门不断遇到新的挑战。这个领域的大赢家是伯纳德·麦道夫（Bernard Madoff）（庞氏骗局的策划人，庞氏集团于2008年解散）。麦道夫的第三市场部开发了这项业务，并一直处于行业的领先地位。贝佐斯和他的团队可以透过摩天大楼的窗户看到麦道夫的办公室，它位于东边的利普斯迪克大楼里。

当华尔街上其他公司认定了萧氏公司在做套保基金的秘密生意时，公司自身却有截然不同的定位。戴维认为，自己的公司不是一家真正的套保基金公司，而是一家无所不能的技术实验室，其中汇聚了许多创新者和天才工程师，可以把计算机技术应用到其他诸多领域。[5]投资只是它的第一个应用领域而已。

1994年，当互联网的机遇来临时，只有少数人密切关注，戴维认为公司的独特定位可以充分利用互联网的优势。他遴选的领军人物就是杰夫·贝佐斯。

萧氏公司理想的定位是对互联网进行充分利用。许多公司员工都拥有可以联网的Sun工作站（Sun Workstations），而不是所有权交易终端，他们使用的早期互联网工具有Gopher信息浏览、Usenet网络新闻、电子邮件和最早的浏览器Mosaic等。在撰写文件时，他们使用专业学术化工具LaTex，然而贝佐斯却不愿接触这一程序，因为他认为程序过于复杂。萧氏公司是华尔街最早注册URL（统一资源定位符，也被称为网页地址，是互联网上标准的资源地址。）的公司。互联网记录表明，Deshaw.com是1992年注册的。高盛投资公司于1995年进军互联网，摩根士丹利投资公司于1996年加入进来。

戴维早年当教授时就使用过互联网及其前身阿帕网（ARPANET），他对这个唯一的全球计算机网络的商业和社会价值非常热衷。1985年，在普林斯顿大学的天体物理课上，贝佐斯第一次接触了互联网，但直到加盟DESCO公司后才意识到它的商业潜力。戴维和贝佐斯每周都会碰面，在这几个小时里，他们就未来技术浪潮进行一场头脑风暴，贝佐斯记下这些想法，并且针对其可行性展开调研。[6]

早在1994年初，几个超前的商业计划就在贝佐斯、戴维以及萧氏公司其他员工的讨论中不断酝酿着。其中之一就是向用户提供带有广告宣传性质的免费电子邮件服务的理念——这造就了今天的Gmail和Yahoo邮箱服务。DESCO把这一想法介绍给了一家叫做Juno的公司，Juno于1999年上市，不久之后就与其竞争对手零网公司（Net Zero）合并了。

此外，DESCO还提供了一种新的金融服务模式，允许互联网用户在网上交易股票和债券。1995年，戴维成立了一家分公司，名为远见金融服务公司（Farsight Financial Services），他将这一想法变为现实，走在了电子交易公司的前面。他后来把它出让给了美林集团。

戴维和贝佐斯还在酝酿另一个想法，他们把它称为“网罗天下所有商品的商店”（the everything store）。

那时，DESCO公司的几位高管认为，创建“万货商店”的想法非常简单：互联网公司是顾客与制造商之间的桥梁，世界上所有的产品几乎都能买到。以前人们认为，经营要素包括顾客离店时留下产品的评价意见，从前的蒙哥马利沃德百货公司（Montgomery Ward）就是根据顾客的评价来确定产品的目录，他们认为这些信息更为可信。1999年，戴维在接受《纽约时报》

采访时印证了网上商店的设想，说道："这一想法是指有些人作为中间商可以赢利。那么关键的问题是，谁来做中间商？"[7]

戴维对互联网的重要性深信不疑，这激发了贝佐斯的兴趣，他开始研究互联网的发展。得克萨斯州的一位作家和出版商约翰·夸特曼（John Quarterman）创办了《矩阵新闻》（*Matrix News*），这份时事新闻月刊对互联网大加赞扬，并阐明了其未来的商业价值。1994 年 2 月份版刊登的一连串数字令人尤其震惊。有史以来，夸特曼第一次分门别类地列示出万维网的成长轨迹，并指出，对广大用户来说，简单友好的界面比其他网络技术更具有吸引力。在一张图表中，他展示了一串字节——即一套二进制数字，1993 年 1 月到 1994 年 1 月这一年间，网络传输速度提升了 2 057 个单位。另一个图表展示了一个数据包——即一个单位的数据，在同一时间段网络传输速度提升了 2 560 个单位。[8]

贝佐斯从这一串数据中推断，那年整个网络运行大约上升了 2 300 个单位——相当于增长了 2 300%。贝佐斯后来说："任何事物都不可能增长那么快，简直超乎寻常，这让我思索良久。究竟是什么产业才能在网络的高增长率下分一杯羹？"[9]（亚马逊初创时期，贝佐斯经常在讲话时提到，是网络的"2 300%"的年增长率才使他不满足于现状。这成为一个有趣的具有历史意义的注脚——亚马逊是以一个数学错误为基础创建起来的。）

贝佐斯认为，囊括所有物品的"万货商店"计划不太务实——至少起初是这样的。他列了一张单子，上面有 20 种产品门类，其中包括电脑软件、办公用具、服装产品和音乐等。最终，他认定最佳选择是图书。因为它们是纯粹的产品；一家书店的一本书和另外一家店里的书一模一样，因此买主可以随性选择任一渠道购买。当时有两家大书店，即英格拉姆（Ingram）和 Baker&Taylor，因此一位刚入行的零售商没必要亲自与成千上万的出版商接洽。更重要的是，世界上有 300 万种正在出版的书，远远超过巴诺或者鲍德斯书店的藏书容量。

贝佐斯不能马上创建万货商店，但他能抓住这一特点——即至少在一种重要产品门类中提供海量选择。贝佐斯坦言："由于产品门类繁多，因此可以建立一家网店，其他经营模式没有这样的优势。可以建立一家真正的超市，里面有所有的产品，让顾客坐享海量选择。"[10]

在西45大街120号40层的办公室里，贝佐斯抑制不住他的兴奋心情，与DESCO公司的招聘主管查尔斯·阿戴（Charles Ardai）一同调研了最早的网上书店地址，如座落于俄亥俄州的克利夫兰的书库无限（Book Stacks Unlimited），以及马萨诸塞州坎布里奇的Words Worth。为了更加了解这些早期网上书店，他们会试着在这里买书，阿戴至今还保留着一次购买时的单据。那是一家位于加州帕洛阿尔托的名叫Future Fantasy的书店的网址，阿戴在那买了一本《网络梦想》(*Cyberdreams*)，作者是艾萨克·阿济莫夫（Isacc Asimov），价格是6.04美元。两周后，书送到他的手中，阿戴撕开了纸箱包装，递给贝佐斯看。由于运输的原因，书籍已经破破烂烂的了。那时没人知道怎么才能更好地通过互联网卖书。正如贝佐斯所看到的那样，这是一个无人探索的难得机遇。

贝佐斯知道，如果他在萧氏公司继续工作的话，永远不可能实现自己的创业梦。确实如此，起初公司拥有Judo公司和远见金融服务公司，戴维兼任两家公司的董事长。如果贝佐斯想成为一位真正的所有者和企业家，拥有他亲手创建的公司的股东权益，并像其他商人，如比萨巨头弗兰克·米克斯那样获得未来财富回报的话，他必须离开华尔街；虽然这里既赚钱又舒服。

后面所发生的事情成为缔造互联网的传奇的故事之一。那年春天，贝佐斯找戴维谈话，并告诉戴维，他打算离开公司，然后创建一家网上书店。戴维提议边散步边聊。他们在中央公园漫步了两个小时，在一起探讨创业的初衷。戴维说，他理解贝佐斯的这一设想，并对此给予充分肯定——因为他当初离开摩根士丹利时也有同样的经历。他也提到，萧氏公司正在迅速壮大，而贝佐斯也已经身居要职。他还告诉贝佐斯，公司也许会和贝佐斯的新企业展开竞争。他同意给贝佐斯几天考虑的时间。

当贝佐斯思考下一步的计划时，他刚看完石黑一雄的小说《长日将尽》（*Remains of the Day*），讲的是一个管家满怀惆怅地回忆，在英国战争时期服役时的个人抉择和事业选择。贝佐斯一直在回首人生的重要关头，当时他产生了一个想法，称其为“后悔最小化模型”，以此来确定在这个人生的重要关头，下一步该怎么走。

几年后贝佐斯说：“当你处于危急时刻时，小事也会成为你的绊脚石。我知道，当步入 80 岁高龄时，我不会考虑为何在 1994 年的人生低谷时放弃了华尔街的优厚待遇。因为当你 80 岁高龄时，你不会再担心这些事情。与此同时，我会为没有亲历互联网浪潮而感到后悔，因为那是一件具有革命性意义的事情。当我这样思考问题时……就不难做出决定了。”[11]

当贝佐斯的父母迈克和杰姬接到电话时，他们正要结束在哥伦比亚波哥大为期 3 年的漂泊生活。迈克当时在埃克森石油公司工作，是一名石油工程师。据迈克 · 贝佐斯回忆，当他们听到这一消息时，他们的第一反应是：“什么意思，你要在网上卖书？”他们一直在使用老的网络服务设施Prodigy保持联系，并安排杰夫和麦凯奇的订婚晚宴，因此并不是因为不懂得新科技才令他们不解，而是难以理解看到事业有成的儿子抛弃了华尔街优厚的待遇去追求一个疯狂的梦想。杰姬 · 贝佐斯向儿子建议，可以在晚上或周末经营他的新网店。贝佐斯告诉妈妈：“不，事情瞬息万变，我需要马上行动。”

随后杰夫 · 贝佐斯开始筹划他的旅行。他在曼哈顿上西区公寓里举办了一个晚会，让大家观看《星际迷航：下一代》的最后一段情节。然后他飞到加州圣克鲁兹，去面见两位资深程序员，他们是由戴维的第一位员工

彼得 · 拉文索尔（Peter Laventhol）推荐的。他们在圣克鲁兹的一家咖啡馆点了蓝莓薄煎饼。贝佐斯想引起其中一位的兴趣，这位就是经验丰富的谢尔 · 卡芬（Shel Kaphan）。卡芬说："当我们谈到互联网的未来时，贝佐斯的热情和我一样高涨。"他们一起寻找圣克鲁兹的办公场所。贝佐斯后来听说，1992 年美国最高法院决定，依旧延续以前的法律规定，即商人在没有运营实体业务时，可以不用上缴销售税。同时，邮购业务可以避免把办公区设在人口密集的加州和纽约州。

回到纽约以后，贝佐斯告诉他的同事，他要离开萧氏公司。杰夫 · 霍尔顿作为伊利诺伊大学香槟分校刚毕业的一名大学生，曾经在第三市场业务中做贝佐斯的工程师。一天晚上贝佐斯和他一起去酒吧喝酒。他们俩关系非常亲近。霍尔顿来自于密歇根州罗切斯特山，十几岁的时候，他已经能够熟练地破解版权保护软件。他还是一名轮滑爱好者，同时是一位语速极快的人；因为讲话太快，贝佐斯经常戏称，霍尔顿"可以使我的听力速度加快"。

一天，他俩面对面坐在位于 44 大街一家叫做 Virgil 的烧烤店里。贝佐斯决定暂时把公司命名为 Cadabra，但不打算长期用这个名字。霍尔顿在笔记本的一页中写满了备选方案。贝佐斯最喜欢的是 MakeItSo.com，这是《星际迷航》中主人公皮卡德舰长频繁发出的一个指令。

酒过三巡，霍尔顿告诉贝佐斯自己想跟随他一同创业。但贝佐斯感到为难：因为他与萧氏公司的协约规定，如果他离开公司，至少两年内不得雇用 DESCO 的员工。他不想和戴维闹掰了。因此贝佐斯对霍尔顿说："你刚走出校门，还背负着债务。这是相当冒险的。留在这儿吧！攒些钱，我会和你保持联系的。"

月底，杰夫和麦凯奇打点行装，告诉搬家公司先把行李运过去，隔日再打电话联系，告知他们目的地。他们先飞到得克萨斯州的沃思堡市，然后从贝佐斯父亲那里借了一辆 1988 年出产的雪佛兰开拓者轿车。随后他们驱车向西北方向行驶。贝佐斯坐在副驾驶位置，往Excel电子表格里输入收入预测值（后来证实这些数字很不准确）。他们想入住得克萨斯州沙姆罗克6号汽车旅馆，但客人已满，只得在一家叫做Rambler的汽车旅馆住下。[12]当麦凯奇那天晚上看到房间以后，睡觉时连鞋都不肯脱。一天后，他们在大峡谷停了下来，欣赏了那里的日出。那时贝佐斯31岁，麦凯奇24岁，他们共同书写了这一创业故事，令成百上千万的互联网用户和踌躇满志的创业者把众多的想象铭记在心。

一年多以后，杰夫·霍尔顿再次与贝佐斯取得了联络。此时贝佐斯已经在西雅图安顿下来，他给霍尔顿发了电子邮件，并给了一个网站链接。他们现在称其为亚马逊（Amazon.com）。这家网站尚显粗糙，大部分被文字占据，并不吸引人。霍尔顿通过该网站购买了几本书，并且提出了反馈意见。又一年过去了，贝佐斯和戴维之间签订的反侵权协议失效的几个月后，霍尔顿的电话铃终于响了。

是贝佐斯打来的。他说："是时候了，马上行动。"

第二章
贝佐斯的书

1994 年 8 月 21 日，Usenet 网站的一则招聘公告上说：

资本雄厚的创业型公司，欲招募熟练使用 C 语言、C++ 语言、Unix 操作系统的开发人员来进行网上交易的创建。须拥有设计和创建大型综合计算机系统的经验，而且只用大多具备应聘资格人员三分之一的时间来完成任务。必须拥有计算机学士、硕士或博士学位或同等学力。具有一流的交际能力。熟练掌握网络服务器和超文本标记语言者优先。

期待富有才华、上进心强、热情和有情趣的人士加盟。必须定居西雅图（我们将负责搬迁费用）。

你将拥有一笔可观的期权。

请向杰夫 · 贝佐斯寄送个人简历和求职信。

邮寄地址为：华盛顿州西雅图贝尔维尤 28 号大街 10704 号 Cadabra 有限公司。邮编 98004。

所有应聘者机会均等。

“创建未来比预见未来要简单得多。”

——艾伦 · 凯

他们一开始就知道，他们需要一个更好的公司名字。1994 年 7 月，他们在华盛顿州注册以后，据贝佐斯的第一任律师托德 · 塔伯特（Todd Tarbert）所言，Cadabra这个名字非常晦涩难懂，更有甚者，人们还会听成“死尸”这个词[①]。那年夏末，贝佐斯夫妇在西雅图东部贝尔维尤郊区租了一幢拥有三居室的乡间别墅，然后开始就新名字展开头脑风暴。历史记录表明，在此期间，他们注册的网络域名有Awake.com、Browse.com和Bookmall.com。贝佐斯还从一个荷兰语缩写中获得了一个域名：Aard.com，以此暗指公司在所有网名中位列第一，因为那时的网名是按照字母排列的。

贝佐斯夫妇还对另一个域名产生了兴趣：Relentless.com。朋友们认为这个域名有些恐怖。但贝佐斯很钟情于它——他于 1994 年 9 月注册了URL，而且一直使用它。即使是现在，当你把Relentless.com输进计算机时，它还会带你走进亚马逊的世界。

贝佐斯选择在西雅图创业，源于西雅图久负盛名的技术中心地位和华盛顿州稀少的人口（与加州、纽约州及得克萨斯州相比），这就意味着，亚马逊只需要为较少的顾客缴纳消费税。由于西雅图相对地处边缘，格朗基摇滚乐在当地非常盛行，但商业却不是很发达。此时微软正在附近的雷德蒙德地区大跨步发展，而且华盛顿大学也源源不断地为其输送计算机人才。西雅图距两大图书销售商之一的英格拉姆很近，英格拉姆在俄勒冈州罗斯堡有一家仓库，离贝佐斯的公司大约 6 小时的车程。贝佐斯通过朋友介绍认识的本地商人尼克 · 汉诺尔（Nick Hanauer）就住在那里，他让贝佐斯在西雅图赌一回。在向贝佐斯推荐未来投资商方面，他是一位关键性人物。

① Cadabra与Cadaver（死尸）发音很相似。——译者注

那年秋天，谢尔·卡芬驾驶一辆U型拖车，车上载满家当，从圣克鲁兹赶来正式加盟贝佐斯夫妇的团队，他因此成为亚马逊最早的员工及技术主管。卡芬在旧金山湾区长大，少年时就是一位电脑爱好者，他开发过阿帕网，这是美国国防部开发的网络的前身。卡芬高中时结识了作家和反文化倡导者斯图尔特·布兰德（Stewart Brand），毕业的那年夏天，卡芬在全球概览公司谋了一份差事，在布兰德的引导下，开始接触网络和有关新信息时代的书籍。卡芬留着嬉皮士似的发型，蓄着络腮胡子，在布兰德位于门罗公园的全球概览公司运输部工作。这是一个自动借书的图书馆，以教育类图书为主。他每天负责收银、订阅，还为顾客的货物进行包装以及产品目录分发。

在位于圣克鲁兹的加州大学，卡芬获得了数学学士学位。后来，卡芬在湾区的好多公司工作过，包括苹果公司和与IBM合作成立的Kaleida实验室，这间实验室曾经为个人电脑开发了媒体播放器软件，但后来却被关闭。卡芬为这些经历而感到沮丧，他的朋友称其为“灰暗时刻”。当他到达西雅图时，卡芬对年轻的创业公司是否能成功还心存疑虑。他也对公司的名字感到忧虑。他说：“我曾经受雇于一家叫做对称集团（Symmetry Group）的小型咨询公司，人们却经常误以为我们叫墓地集团。[①]当我听到尸体有限公司时，我想，‘天啊，又来了。’”但卡芬（现在剪去了长发和胡须，40岁就开始谢顶了）还是看到了亚马逊未来发展的潜力，决心用网络来实现全球概览公司的蓝图，让信息和计算机在全世界普及开来。

起初，卡芬想写一些计算机代码，然后回到圣克鲁兹进行远程工作，所以他把一半的行李留下，在贝尔维尤的贝佐斯夫妇家待了几天，期间也找着房子。他们在贝佐斯家一间经过改装的车库里建起了店面，这是一个相对封闭的地方，中间没有隔开，房间中央放着一个又大又黑的炉子。贝佐斯

① Cemetery与Symmetry英语发音近似。——译者注

从家得宝（Home Depot）花了 60 美元买了一些浅黄色的门板，做成两张桌子。当时创业的艰辛对于亚马逊具有里程碑式的意义，就像诺亚制造了方舟一样。9 月末，贝佐斯驾车前往俄勒冈州的波特兰，开始了为期 4 天的售书会之旅。这是由美国书商协会（American Booksellers Association）主办的活动，该协会是一个面向个体书店的行业组织。活动期间的讲座包括这样一些话题："选择初期存货"和"库存管理"。[1] 与此同时，卡芬开始搜寻计算机和数据库，学习如何给网站添加代码——在那段时期，网络上的信息必须是顾客定制的。

所有这些工作都是用最低的预算完成的。据公开资料称，起初，贝佐斯自己出资 1 万美元，在后面的 16 个月里，他又追加了 8.4 万美元无息贷款。卡芬与公司的合约中规定，他在加盟时，必须购买公司 5 000 美元的股票。他还额外购买了 2 万美元的股票，因为在创业之初，他和贝佐斯一样，只能拿一半薪水，每年只能挣到 6.4 万美元。卡芬把自己视为亚马逊的合伙人，他说："当时一切都是未知数，什么也没想，眼前只有一个家伙大声狂笑。在他改装过的车库里，我们把门拼成桌子。大老远跑来接受了一份低薪的工作，想想还是挺冒险的，即使现在有了一定的积蓄，依然未达到我的期望值。"

1995 年初，贝佐斯的父母杰姬和迈克向亚马逊投资 10 万美元。迈克在挪威、哥伦比亚和委内瑞拉工作时，埃克森公司支付夫妇俩的大部分生活费，所以他们有不少积蓄，也乐于把大部分积蓄投在他们的大儿子身上。迈克·贝佐斯说："我们看到了这个计划，但它超乎我们的想象，虽然这主意听起来不怎么样，但我们还是要在杰夫身上赌一把。"贝佐斯告诉父母，这笔钱被赔光的概率为 70%。他说："我想让你们知道这意味着什么样的风险，如果不成功，这个感恩节我就回家。"

从这个角度来看，亚马逊更像是一个家族企业。麦凯奇原本是一位颇有天赋的小说家，现在她却成为公司第一位正式的会计师，来打理公司财务、开支票，并协助人才招聘。在休息和开会时，员工就去附近的巴诺书店，这真是一个讽刺，后来贝佐斯经常在演讲和接受采访时提到这件事。

至少在初期，没有什么紧急的事务需要处理。卡芬回忆道，在贝尔维尤时，10 月的一天早晨，贝佐斯宣布，所有人放假一天去远足。卡芬说："天气在变，白天也变得越来越短了。我们对这儿都不熟，没有去过多少地方。"贝佐斯、麦凯奇和卡芬驱车 70 英里，来到雷尼尔山。在秀美壮丽的火山区，他们行走在大片的积雪上。当时西雅图天际浩渺，晴朗无云。

那年秋末，他们雇用了保罗 · 戴维斯（Paul Davis），他出生于英国，是一位程序员，曾经是华盛顿大学计算机工程系的工作人员。戴维斯的同事对他去一家还未成形的网上书店工作感到不理解，甚至担忧他的生计问题，因此想为他募集一点钱。戴维斯加入了卡芬和贝佐斯的车库阵营，主要从事太阳微系统公司（Sun Microsystems）的SPARC站点服务器的维护工作，这些服务器形状像比萨盒，耗电量惊人，不断烧坏家里的保险丝。最后他们不得不从其他的房间里引出黄色的延长线，把电脑和各种电路连接起来，而最终家里连吹风机和吸尘器都用不了了。[2]

戴维斯说："创业初期十分艰难。"每天，戴维斯都穿着防水的袜子，然后把裤腿塞进袜子里，骑自行车到贝尔维尤。"我们正在做前期准备。办公室里只有谢尔、杰夫和我，我们围坐在一张桌子前，上面有一个白板，探讨如何分配编程方面的工作。"

他们的一项计划是制定一个优于现存网上书店的最优方案，包括Book.com，这是位于克利夫兰的一家书店。戴维斯说："听起来有些不可思议，似乎我们面临的第一个挑战就是要做得比其他人更出色，现在已经存在竞争了。似乎不仅仅是杰夫有新的创意。"

在那段时间里，Cadabra的名字依旧使用。但在 1994 年 10 月末，贝佐斯查阅字典中以A字母打头的词，当他看到Amazon这个词的时候，突然灵光一现。这不是世界上最长的河流吗？难道不能指代世界上最大的书店吗？[3]一天早上，他走进车库，告诉同事们这个新名字。他似乎不想听任何人的意见，于是在1994年11月1日注册了新的URL。贝佐斯说："它不仅是世界上最长的河流，还比其他任何一条河流都大上好多倍。它可以湮没其他任何一条河流。"

虽然贝尔维尤的车库将会成为亚马逊早期时梦想的见证——早期创业的艰难，这与苹果和惠普（Hewlett-Packard）这些传奇公司都有着相同的经历，但亚马逊只在那里待了几个月。随着卡芬和戴维斯快要完成最初的网络测试版，贝佐斯开始考虑招募其他员工——这意味着要找到一个更理想的工作场所。那年春天，他们搬到了一处狭小的办公室，在Color Tile零售书店上面，位于SoDo工业区，邻近西雅图市中心。亚马逊终于有了自己的仓库，位于那栋楼的地下室：200平方英尺，没有窗户，以前是一个乐队的练习场地，漆黑的门上依稀可见喷涂的文字"音乐丛林"。不久后，贝佐斯夫妇离开了贝尔维尤，重新回到那种充满活力的都市生活，他们搬到了贝尔镇一座具有现代气息的公寓，大约有900平方英尺。

1995年春天，贝佐斯和卡芬发布了网络测试版，并邀请了十几位朋友、家人和以前的同事试用。当时，网站的内容非常贫乏，网页上满屏的文字只支持最基础版本的浏览器，打开网页速度缓慢。"大约有100万个条目，商品始终是很低的价格。"网页上满屏的文字旁边是设计得不够专业的标志：一个巨型的字母A后面是大理石蓝色的背景，图形是一条河流蜿蜒着穿过字母A。对于有知识的人来说，网站没有什么吸引力，因为他们更乐于在书店和图书馆的书架旁浏览。苏珊·本森（Susan Benson）的丈夫埃里克·本森（Eric Benson）是卡芬的前同事，她说："我当时还在想，人们不可能通过网络来买书。"后来，他们夫妇俩成了亚马逊资深员工。

卡芬邀请了一位以前的同事约翰·温赖特（John Wainwright）来试用，温赖特因此成为他们的第一位顾客，完成了亚马逊具有历史意义的第一笔订单：道格拉斯·霍夫施塔特（Douglas Hofstadter）的科学著作，名叫《流体概念和创造的类比》（*Fluid Concepts and Creative Analogies*）。那是 1995 年 4 月 3 日。如今，亚马逊西雅图园区的大楼被命名为“温赖特”。

虽然站点不算出众，但卡芬和戴维斯在这几个月还是完成了不少工作。他们设计了一个购物车图标，以及输入信用卡号时的安全方式，还实现了打开浏览器去搜索光盘驱动器上的在版书目表的构想，此表源于R.R.Bowker，也就是美国识别国际书号的供应商。卡芬和戴维斯还开发了一个系统，可以让读者通过早期的网络服务（如Prodigy和美国在线）来获取图书信息，并通过电子邮件订购——虽然业务没有全面铺开。

在艰难的网络创建初期，这属于最前沿的科技革新，那时的计算机非常粗糙，技术也在不断地演变。当时，超文本标记语言标准本身、Web通用语都仅有 5 年的历史，而现代语言系统，如JavaScript和AJAX，都是多年后才出现。亚马逊初期的技术人员把计算机编程语言称为C语言，决定把网站和书目存到现成的甲骨文（Oracle）数据库里，当时看不到流量，但过段时间就能显示出来。

网站上线初期，每笔订单都能让亚马逊员工感到异常兴奋。当有人下订单时，亚马逊的电脑上会响起铃声，办公室的人都簇拥在一起，看看是否认识这位顾客。（几周后，铃声频繁响起，他们不得不把它关掉。）亚马逊开始从两大销售商那里订购图书，并按照批发价订购，价格是书上标价的一半。

亚马逊早期的供货渠道缺乏技术含量。起初，公司没有存货。当顾客下单买书时，亚马逊再去订购，书将在几天内到货，公司先把书放进地下仓库里，然后送至顾客手中。有时，公司会花一周时间才能把书送到顾客手里，紧俏的书需要几周甚至一个多月才能送达。

那时，亚马逊从大部分的订单中只能赚取微薄的利润。畅销书和备受读者关注的书的售价比标价要便宜 40%。而对于其他图书，公司给出的价格比标价便宜 10% ；对于只买 1 本书的订单，亚马逊还要加收起价为 3.95 美元的运费。

最初的难题是，图书批发商要求零售商必须一次订购 10 本。亚马逊当时还没有那么大的销售量，贝佐斯却为当初克服困难的勇气而津津乐道。他说："我们发现了批发商订购规则的一个漏洞，他们的系统是这样设计的，你没有必要真买 10 本书，但你必须至少订 10 本书。我们发现有一本书，是描写'地衣'的，系统里面有，但脱销了。我们开始订购 1 本我们想要的书，还有另外 9 本'地衣'。然后他们会运来我们需要的那本书，并附上一张纸条：'抱歉，我们的书脱销了。'" [4]

6 月初，卡芬花了一个周末的时间就用编码制作了一个专题综述。贝佐斯相信，如果亚马逊网站拥有比其他网站更多的用户评论的话，这将非常有利于公司的发展，顾客就不会光顾其他网上书店了。他们已经讨论过，这些未经过滤的读者评论是否会使公司陷入麻烦。贝佐斯决定对那些有攻击性内容的评论严格把关，而不是在发布前全部浏览一番。

最初，早期的员工和他们的朋友写了许多评论。卡芬从书架上取下一本书，这是一本中国人的回忆录，名为《西风烈：我早年在中国劳改营的回忆录》(*Bitter Winds: A Memoir of My years in China's Gulag*)。他从头到尾阅读了此书，然后写了第一个评论。

当然，有些评论带有一些负面评论。后来，在一次演讲中，贝佐斯回忆道，他收到了一封图书出版社的工作人员写来的信函，里面充满了愤怒，大意是，贝佐斯不明白他是卖书的，而不是把书当做垃圾来处理的。贝佐斯说："我们的观点不一样，当我读到那封信时，我认为我们并非为了赢利而销售，而是通过帮助顾客做出购买决定来赢利。" [5]

这个网站运营到1995年7月16日，所有的网络用户都知道了它的存在。正如人们传颂的那样，亚马逊这个小团队立即意识到，他们为人们的行为方式打开了一扇窗。最早的互联网使用者订购了电脑手册，还有呆伯特（Dilbert）卡通集、修理古典乐器的书籍以及性生活指南。亚马逊第一年的畅销书是：《如何建立和维护一个万维网址：信息提供者指南》（*How to Set Up and Maintain a World Wide Web Site: The Guide for Information Providers*），作者为林肯·D·斯坦（Lincoln D. Stein）。

有来自于美军海外部队的订单，还有一个来自于俄亥俄州的人写信说：他家离书店50英里远，亚马逊是上帝所赐的礼物。位于智利的欧洲南部天文台（European Southern Observatory）的一位顾客订购了1本卡尔·萨根（Carl Sagan）的书——很明显，他是想尝试一下，当订单成功之后，这名顾客又订了几十本相同的书。亚马逊第一次感受到“长尾”现象——因为大量精深专业的书籍只针对少数读者。保罗·戴维斯曾经抽查过存在地下室书架上的书，这些书分类非常奇怪，他抱怨说：“这是世界上最小的和最不专业的书店。”

公司一直没有专人负责图书的包装，因此，当订货量大的时候，公司在运输方面就会延迟。贝佐斯、卡芬和其他员工只能在夜里来到地下室，根据顾客订单配货。转天，贝佐斯、卡芬或另一位员工驾车把货物送到联合包裹服务公司（UPS）或者邮局。

包装的工作非常辛苦，经常要干到夜里。员工在地上配货，把书放在坚固的纸板箱里，一本本紧挨着。那年夏天，曾经为戴维工作过的尼古拉斯·拉夫乔伊离开了那家套保基金公司，来到西雅图一所高中教数学，业余时间到亚马逊做兼职，他大胆提出要在仓库里添置一些包装台。这一建议立刻体现在“杰夫主义”的目录表中，并且20年来一直在重复执行。贝佐斯在一次演讲中称：“我认为这是我一生中听到的最棒的创意。”贝佐斯一边夸赞这个新奇的主意，一边又仰天大笑。[6]

贝佐斯让拉夫乔伊协助招聘工作，告诉他要把知道的最聪明的人招来——就像戴维·萧那样的人，贝佐斯希望他所有的员工都能具有高智商并且勤奋异常。拉夫乔伊从他的母校里德学院招来了4位朋友，其中一位叫做劳雷尔·卡南（Laurel Canan），24岁，是一位木匠，想继续接受教育，然后成为乔叟①一样的学者（最终没能实现）。卡南协助完成了急需的包装台，然后正式加入公司，来负责仓库的工作。（房主最终同意亚马逊公司把仓库扩展到“音乐丛林”之外，这样整个地下室就归亚马逊了。）卡南入职后做的第一件事就是把咖啡给戒了。他认为：“你不能依赖咖啡因，而是要靠碳水化合物来提神。”

在这个具有挑战性的特殊环境里，这支团队博采众长共同向互联网这个新鲜事物迈出了探索性的一步。令人惊奇的是，他们被淹没在这股激流中。据亚马逊的投资人之一埃里克·狄龙（Eric Dillon）称，正式上线的一周内，他们收到了1.2万美元的订单，但只送达了846美元的图书。第二周，他们收到了1.4万美元的订单，发出了7 000美元的图书。从一开始他们就为赶制订单而疲于应付。

公司开业一周时，斯坦福大学毕业生雅虎创始人杨致远和大卫·费罗（David Filo）给亚马逊写了一封电子邮件，问他们是否有兴趣在雅虎网站开设专栏，然后把紧俏的商品列在上面。那时，雅虎是访问量最大的网站之一，它的主页拥有互联网最早期的许多用户。贝佐斯和同事当然听说过雅虎。那天晚上他们围坐在一起吃中餐，探讨是否准备好了去迎接新一轮商业浪潮，毕竟，目前的订单量已经让他们应接不暇。卡芬认为，这就像是“从消防水带啜饮一样”。[7]但他们还是决定要做。紧接着，开业的第一个月，他

① 杰弗雷·乔叟，英国中世纪作家，其代表作为《坎特伯雷故事集》。——编者注

们就向全国 50 个州和 45 个国家销售了图书。[8]

随着每天订单量的增加，一切都像一团乱麻——此时，竞争对手开始打压这家年轻的公司。贝佐斯认为，公司应该推出对顾客有益的 30 天退货规定，但现在还没有办理退货的具体方法；再有，虽然公司有信誉登记，但经常会发生透支的情况，麦凯奇这时不得不去银行，开一张支票然后再重启账户。那年夏天，汤姆 · 舍恩霍夫（Tom Schonhoff）在华盛顿大学取得计算机学位后来到公司，他记得，贝佐斯每天早晨手拿一杯拿铁咖啡，在乱糟糟的办公桌前坐下。有一天，这位年轻的CEO错抓起了另一个杯子，里面是已经凝固了一周多的咖啡。他一整天都在唠叨应该去医院看看。每个人都超时工作，紧赶慢赶，睡眠严重不足。

1995 年 8 月 9 日，网景通讯公司（Netscape Communications）上市了，其前身为Mosaic网络浏览器公司。第一天，它的股票价格从最初的每股 28 美元飙升至 75 美元，全世界把目光都投向互联网领域。

当贝佐斯与同事拼命工作时，贝佐斯正在考虑募集资金。那年夏天，贝佐斯家人通过吉斯家庭信托（吉斯是贝佐斯母亲的娘家姓），又向亚马逊投入了 14.5 万美元。[9]但公司不能依赖贝佐斯家的积蓄来扩大规模。同一年夏天，西雅图商界的尼克 · 哈诺尔——此人特别爱唠叨，其父曾经成功创办枕头制造公司——召集了 60 位潜在投资商，争取筹资 100 万美元，每人投资 5 万美元。[10]

在开会时，贝佐斯含糊地描绘了亚马逊未来的图景。那时，亚马逊拥有 13.9 万美元的资产，其中 6.9 万美元为现金。1994 年，公司已经赔了 5.2 万美元，预计还要赔掉 30 万美元。

虽然置身于创业初期的严峻环境中，但他告诉投资商，如果一切运行正常的话，预计在 2000 年，销售额能达到 7 400 万美元；如果情况更乐观一些，将达到 1.14 亿美元（2000 年的净销售额是 16.4 亿美元）。贝佐斯还预测公司到 2000 年会适度赢利（2000 年净亏损 14 亿美元）。他还把公司估值为 600 万美元——这个估值太过乐观，像是在吹泡泡。他对投资商说的话与告诉家人的如出一辙：公司有 70% 的可能性会失败。

虽然他们当时都不知道结果会如何，但投资商们都把它当作平生难得的机遇。这位志存高远的年轻人谈到互联网的未来时，一副踌躇满志的样子，因为它能为顾客提供更加便捷的购物体验，而不是挤在一个大盒子一样的店铺里，并且售货员始终不理会顾客的需求。贝佐斯预测公司未来能够使网络走向个性化，根据顾客以前的购物习惯定制他们的需求。他预言未来终究会是什么样子：终有一天，人们会高速上网，而不是听着调制解调器刺耳的拨号声，网络购物可以实现人们想象的万货商店的梦想——商店里拥有海量的库存。

贝佐斯在埃里克 · 狄龙的家乡美色岛（Mercer Island）开始了寻找投资人之旅。埃里克是一位身形高挑、满头金发的股票经纪人，也是哈诺尔最好的朋友。狄龙说："他让我深深折服，他非常自信，甚至认为他所干的事就是上帝的安排，财富梦想无论如何都会变为现实。他真是一个万能的家伙，他能经营好一个企业吗？他从不贪心。当然，两年后我就会说，'天啊，他做到了！'"

贝佐斯还锁定了鲍勃 · 格尔丰德，他曾是萧氏公司的一位同事。格尔丰德试图劝说他满腹狐疑的父亲。其父曾长期从事图书出版工作，也曾有过进军个人电脑领域却铩羽而归的经历。他父亲不赞成投资，但格尔丰德曾目睹贝佐斯在套保基金的公司里大展拳脚，因此对他的这位朋友非常有信心。他说："有好主意是一回事，但对一个执行人抱有信心又是另外一回事。"

很多人都让贝佐斯吃了闭门羹。哈诺尔和他母亲决定投资，但他父亲和兄弟却不打算投资。汤姆 · 阿尔伯格（Tom Alberg）以前是麦考电话公司

（McCaw Cellular）的一位管理人员，和贝佐斯见面后迟疑不决，因为他特别喜欢逛书店。几天后，他发现在一家本地书店找不到一本儿子需要的商业书籍，因此，他改变了主意，准备投资。一位律师给阿尔伯格出主意，邀请贝佐斯在一次投资聚会上发言，这样的聚会在西雅图的托尼 · 雷尼尔俱乐部定期召开。阿尔伯特认为此事意义重大，便答应了。

后来，贝佐斯在接受沃顿商学院线上杂志的采访时说："我们接受一切善意的建议，即使他们对我们的商业计划没有信心；其实他们只是认为行不通。"[11] 在人们关注的焦点中，最引人注目的就是一位投资商的言论："如果你成功了，你将需要一间同国会图书馆一样大的仓库。"

托德 · 塔伯特是亚马逊的第一位律师，回忆起当初决定是否投资该公司时，他深深地叹了口气。这是他平生第一次想要为一个客户的公司投资，他从华盛顿州律师协会开具了书面许可来进行担保。他还找父亲谈了他们共同投资的一家农场的贷款事宜。但由于塔伯特的儿子早产，他休了一个月的假，因此没有抽出时间来开一张 5 万美元的支票。塔伯特休假回来后，贝佐斯已经筹集了 100 万美元，"稍微低于"预期的 500 万美元。

1997 年末的一天，亚马逊刚完成首次公开募股后，塔伯特和父亲去打了次高尔夫球。

他问父亲："你知道一个叫做亚马逊的公司刚刚上市吗？"

他父亲问："是我们谈论过的那家公司吗？发生了什么事？"

塔伯特答道："是的，爸爸。你可能不想知道。"

他父亲继续问："那么，今天的市值是多少？"

"至少几百万。"塔伯特答道。

那年夏末，尼古拉斯 · 拉夫乔伊告诉贝佐斯，他想由兼职变为全职。出乎他的意料，这位萧氏公司的老同事不希望他转为全职。拉夫乔伊每周在公司工作35小时，业余时间就去玩终极飞盘、划独木舟或泡女友，但贝佐斯认为亚马逊应该拥有一种不同的文化，那就是所有的员工都不知疲倦，为了基业长青和提升他们自身价值而努力工作。拉夫乔伊恳求说，他会和其他员工一样，一周工作60个小时，但他还是没有使贝佐斯改变主意。贝佐斯甚至提出让他找一位全职员工来代替他，这似乎有些不通人情。最终，拉夫乔伊递给他一摞简历，把他自己的放在最上面。他还向麦凯奇、卡芬以及戴维斯求情，希望他们能劝老板改变主意。接下来的几年里，拉夫乔伊将要在亚马逊从事不同的工作，写编码和书评、半夜向邮局投送包裹，最终还接触了财务工作。

贝佐斯认为，雇佣最优秀和最聪明的员工是公司走向成功的保证。数年来，他亲自面试了所有有潜质的应聘者，并询问他们SAT（学术能力评估测试）的成绩。他宣称："每次招募员工时，无论是男性还是女性，都要一个比一个水平高，只有这样，才能使整个人才储备的标准提高。"这又一次展现了杰夫主义风格。这种风格引起了不少的摩擦。当亚马逊成长壮大时，急需更多的人才，老员工都把自己的朋友介绍来，其中不乏有所成就的人。像在萧氏公司一样，贝佐斯喜欢向应聘者询问一些奇怪的问题，像"美国有多少座加油站"，以此来测试员工的思维能力。贝佐斯不需要正确答案，只是让员工展示其创新能力，来寻找解决问题的最佳方案。如果一位有潜力的应聘者想在工作与家庭之间寻找平衡，那他就大错特错了，贝佐斯肯定会把他拒之门外。

保罗·戴维斯对此持怀疑态度。当时，他在亚马逊年薪6万美元，期权价值不定，医疗保险也不完善，而且医保费用扣除率很高，还有近乎疯狂的工作节奏。戴维斯说："我们看着他问，公司这样的财务背景如何能吸引人才。公司没有收入，未来预计也不会有太高的收入，我在这里看不到任何吸引力！"

渐渐地，CEO向他的员工展示了真实的自我，感染人的大笑、秃秃的头顶和神经质的举止。他异乎寻常地自信，比想象中还要固执。他近乎偏执地认为，员工都要不知疲倦地卖命，并且经常要大发豪言壮语。他一直雄心勃勃，但却行事谨慎，一些计划有时甚至连卡芬都蒙在鼓里。

当他的计划泄露出去时，这些计划肯定已不是什么宏伟计划。虽然在创业初期，公司的目标主要是经营图书，但据戴维斯回忆，贝佐斯想建立"第二个西尔斯"，即一家在零售业占据主要地位的常青树。爱好独木舟的拉夫乔伊记得，贝佐斯曾告诉他，总会有那么一天，网络上不仅销售关于橡皮艇的图书，还要销售橡皮艇、订阅橡皮艇杂志并预定橡皮艇之旅——跟运动有关的一切东西都能买到。

拉夫乔伊说："我想他是疯了，当时我们提供了150万种图书，但只有120万种图书可供订购。当时都是从Baker&Taylor那里订购图书，我们仓库里只有40本书。"

贝佐斯有时还是个让人扫兴的人。有一次，技术人员们开发了一个叫Rwerich的数据库指令，用来跟踪每天的购买量以及公司所有的订单量。他们痴迷于这些不断增长的数字，在疯狂工作的一天中，这是他们最快乐的时刻。贝佐斯最终命令他们停止这样做，因为这给服务器增加了更多的压力。当亚马逊第一次突破单日5 000美元的订单时，拉夫乔伊建议搞个聚会，贝佐斯也没答应。他说："将来会有很多有意义的事情，我不想这样庆祝。"

1996年初，这家年轻的公司已经扩展到Color Tile大楼之外。在此之前，员工们挤在3间小屋里，每间屋只有4张用门拼成的桌子，地下室里堆满了书。卡芬、戴维斯和贝佐斯一道，想在华盛顿湖附近的工业区寻找一间更宽敞的办公室。戴维斯回忆道，贝佐斯从每栋楼走出来时的第一句话就是，这些地方都太小。他想找一处能跟上公司扩张趋势的办公场地。

那年的3月，亚马逊终于搬到了一栋较宽敞的办公楼，在几个街区以外是一个比较宽敞的仓库。新办公室紧邻佩科斯，这是一处著名的烧烤区域，每天早上10点钟左右，一阵阵令人垂涎的烤肉香就会飘进仓库。

但有一位老员工没有跟他们走，这就是后来开源软件开创者保罗·戴维斯，他对亚马逊强制执行"一键下单"（1-Click）提出批评，他告诉贝佐斯，他想多陪陪刚出生的女儿。由于他离开亚马逊太早，因此不能认领股票期权，从而错失了不少钱。几个月以后，他正要变卖家产时，不慎割掉了大拇指尖，他特别强调，这是由于失误造成的。贝佐斯和汤姆·舍恩霍夫到医院探望了他。

戴维斯是土生土长的伦敦人，因此不买贝佐斯的帐。他在斜睨这位工作狂时也注意到。贝佐斯当时已经改变了"在三种工作方式中进行选择"的激励语句。过去在贝尔维尤的车库里工作时，贝佐斯曾对卡芬和戴维斯说："你们可以超时工作、勤奋工作、动脑工作，但在亚马逊，你只需三选二。"现在，这位年轻的CEO（首席执行官）已经改变了措辞："你可以超时工作、勤奋工作、动脑工作，但在亚马逊，你不能三选二。"

戴维斯的本田思域车的保险杠上贴着"杀死你的电视"几个字，是为了纪念自己的离开，贝佐斯当时在停车场的地上铺了一块油布，把一台老旧的电脑主机和键盘放在上面。他交给戴维斯一把大锤，然后拍下他砸烂电脑的全过程。后来，戴维斯一直保存着这台电脑的Esc键。

* * *

到1996年的第一周，亚马逊月收入已经增长了30%到40%，这样疯狂的增长率使他们的计划赶不上变化。后来，当员工尽量回忆当时的销售数据，发现那些令人眼花缭乱的数字和他们的记忆有所出入。没人知道谁能应对得了这样的增长速度，只能随着发展的脚步来即时制定计划。

那年春天，在美国出版协会的年会上，兰登书屋（Random House）的董事会主席阿尔伯托·维塔利（Alberto Vitale）接受《华尔街日报》的采访时说，新型的网络书籍销售在整个太平洋西北地区引起轰动。几周后，亚马逊登上了《华尔街日报》头条新闻："华尔街上的奇才是如何发现网上售书秘诀的？"贝佐斯模糊不清的画像也第一次出现在美国最大的财经报纸上。接下来的几天时间，亚马逊的每日订单量保持了两倍速度的增长。现在世人都知道了亚马逊网站的存在，规模堪与当初国内最大规模的书店连锁巴诺以及鲍德斯比肩。

随着100万美元资金的注入，公司升级了服务器和软件，更重要的是，它又开始招募员工了。贝佐斯把大量新招募的员工分配到客服部、仓库和卡芬的技术部。他开始建立编辑团队——作者和编辑会为网站设计留言板，为的是吸引回头客。团队的宗旨是使亚马逊成为最权威的网上图书信息源，并用精炼的文学语言来复述这家个性化书店的信誉度。刚晋升主编的苏珊·本森说："我们正鼓励顾客在计算机上使用信用卡，当时这个想法非常超前。编辑团队不仅要营造良好的购物体验，还要让顾客欣然接受这一想法：电脑另一端的人也值得信赖。"

那年夏天，公司实行了第一项创举：当其他网站把顾客链接到亚马逊来购书时，允许该网站赚取一笔费用。亚马逊为这些授权网站的推荐行为支付8%的佣金。这种联手项目并非是第一个，但它的确是最卓越的创见，并且协助孵化了一年数十亿美元的产业，这就是联合营销。从一开始，这种模式就使亚马逊把它的触角伸到各个网站，以在竞争来临之前确立自己的地位。

那年春天，由于公司在招聘员工、购置设备和扩大服务器空间上花费巨大，贝佐斯决定发行风险基金。他开始与位于波士顿的泛大西洋资本集团（General Atlantic）谈判，他的合作伙伴给他的公司估值1 000万美元。对于一个刚刚步入正轨的公司而言，这个估值非常合理，它那年的销售额为1 570万美元，亏损为580万美元。约翰·杜尔在蜚声国际的硅谷风险投资公司凯鹏华盈公司（Kleiner Perkins Caufield & Byers）中是一位合伙人，他在得知了亚马逊当时的情况后，立即动身飞往西雅图进行拜访。

杜尔说："我走进那扇门时，这家伙大笑着，浑身充满活力，健步迈下台阶。在那一刻，我有一种想和杰夫做生意的冲动。"杜尔曾经成功注资过网景公司和直觉公司（Intuit）。贝佐斯把他介绍给麦凯奇和卡芬，并带着他参观了仓库，所有要发的货都整齐地码放在门桌上。当杜尔问到一天的交易量时，贝佐斯正在看电脑，他在UNIX操作系统提示旁发了一个Grep[①]指令，立即搜索出一串数据，展示了其技术的娴熟程度。这令杜尔大开眼界。

接下来的几周里，凯鹏华盈公司与泛大西洋资本集团一直针对投资事宜展开竞争，由此把亚马逊的市值拉升到连贝佐斯都没有想到的高度。贝佐斯之所以把凯鹏华盈列为备选名单，是因其在技术领域的声誉。凯鹏华盈公司投资800万美元，并获得了公司13%的股权，市值约在6 000万美元。作为交易条件，凯鹏华盈公司想让公司一位年轻员工加入亚马逊董事会，贝佐斯坚持让杜尔自己加入董事会。杜尔的直接参与，会为任何一家新科技公司赢得大众的信任。

贝佐斯的大脑中突然又产生了灵感。为了获得历史上最低价格的所有权，利用大众对硅谷互联网发展的乐观预期并营造一种特殊的投资环境是非常有益的。杜尔对互联网的乐观预期，以及贝佐斯对市场看涨的信心使两人雄心勃发，并开始酝酿扩张计划。贝佐斯不仅要建网上书店，还要建立第一家长期的互联网公司。杜尔说："杰夫思路非常宽，但要进入资本世界需要的是能力。"詹姆斯 · 马库斯（James Marcus）是编辑团队的一位员工，对此也持相同的观点，在2004年的《亚马逊回忆录》（*Amazonia*）中提到："凯鹏华盈公司的投资就像一剂兴奋剂，触发了贝佐斯的创业激情，他比以前更

① Grep：一种UNIX系统程序。——译者注

加有信心了。”[12]

员工们很快又听到了一个新的名词：“扩张优先”（Get Big Fast）。贝佐斯解释说，这意味着公司越壮大，就越能从批发商英格拉姆、Baker & Taylor那里拿到低价货物，渠道能力就会越强。公司成长越快，就能进军更多的领域，那么就有资格加入电子行业前沿领域，并参与树立新品牌的角逐。贝佐斯再一次强调了紧迫性：领先的企业现在要保持这种紧迫的状态，只有保持领先地位才能为顾客提供最优质的服务。

当然，这意味着亚马逊的每位员工都必须加倍努力。今后就没有任何公休日可言了，包括周末。苏珊 · 本森说：“没有人说过你不能休周末，也没有人认为你可以休周末。”埃里克 · 本森补充道：“任何一项工作都有冷冰冰的最终完成期限。”

在仓库里，这个不断壮大且博采众长的团队正在加速处理顾客雪片式的订单。一位亚马逊正式员工对一位临时工说：“来点刺激的。”这位满身珠光宝气、文身染发的员工做出了回应，他每天在佩科斯附近的仓库里没日没夜地工作，不时轮流播放一些音乐，音乐通过一个硕大的音箱播放出来。这些音乐中包括大约300磅体重的男中音歌唱家高唱的俄罗斯咏叹调，声音弥漫在整个仓库里。

克里斯托弗 · 史密斯（Christopher Smith）是一位23岁的仓库临时工，前臂上刻着带有中国字的刺青，14年来，他在公司的不同岗位轮换工作。他每天凌晨4点半钟起床，然后骑车去上班；6点半钟把英格拉姆公司的送货员放进来；经常工作到深夜，拼命地打包，接发顾客的邮件；下班前，在仓库里喝上几瓶啤酒，然后蹬车回家。他说：“每天支配我大脑的就是……跑。周围是堆成山的纸板箱和包装材料。”

史密斯如此拼命地工作，连着8个月不休息，甚至把他浅蓝色的标致旅行车都忘了。车停在了西雅图国会山附近的公寓旁。可想而知，他的车会遭遇什么命运。他的公寓门外后来堆了一摞信函，有一天，他撕开一封信函一看，里面一连有好几张罚单；还有一张通知单，告知他汽车已经被拖走了；还有几张拖车公司的警告函；最后一张是通知他，车已经以700美元的价格给拍卖了，而他尚有1 800美元的汽车贷款没还清。这件事还影响到他的信用级别。但当时他也顾不了这些了。

史密斯说："一切生活都好像凝固了，你被困在一个类似于琥珀的盒子里。但在那个琥珀里，你需要疯狂地工作，任何人都难以想象。"

埃里克和苏珊每天来亚马逊上班时，会把威尔斯种矮脚狗鲁弗斯也带着。因为两人每天工作时间太长，贝佐斯允许他们把狗带来。在SoDo办公区时还没问题，然而，1996年夏末亚马逊搬到了市中心的一处办公楼，公司不得已把鲁弗斯委托给新的房东。这条狗非常友善，喜欢趴在会议室里，偶尔也会感到肠胃不适，因为员工给它喂食太多了，它成了公司创业初期的吉祥物。有一个迷信的说法，如果它的爪子敲击键盘，就意味着公司会有新的起色。虽然它早已去世，但现在亚马逊在西雅图园区还有一栋办公楼以它的名字命名。似乎贝佐斯有一种怀旧情结，一栋楼命名为菲奥娜（Fiona），这是最初的电子阅读器Kindle的名字；另一栋楼叫奥比多斯（Obidos），这是谢尔·卡芬对公司原来计算机设施的称谓，是根据巴西的一座城市命名的，此处有多条支流汇入亚马逊河。

亚马逊这时拥有150名全职员工，不到三分之一的员工在仓库中工作。几个月以后，仓库也迁走了，迁到了一处宽敞（大约有9.3万平方英尺）的办公地点，位于西雅图南部的道森大街（另外一栋亚马逊的办公楼就叫道森）。这个位于市中心的新办公地点并不是一流的。亚马逊租下了哥伦比亚大楼第4层，它位于市中心第二大街上，周围破烂不堪，有许多脱衣舞俱乐部，离旅游景区派克市场两个街区远。公司搬进去的那天，有趣的是有一位长期睡在公司门口的流浪汉告诉员工怎么用新发的磁卡进入大楼。

大街对面有一家戒毒所，一家假发店，吸引了很多有异装癖的人。新西兰人凯·丹加德（Kay Dangaard）一直穿梭在两个职业间，一个是记者，一个是广告经理，她是第一位以公关人员的身份加入公司的。从新楼的办公室里，她可以通过窗户看到一条小巷，里面有一所公寓，一位妓女就住在那里，天色一擦黑，她就开始在昏暗闪烁的灯光下招揽生意。

停车场车位稀少且昂贵。尼古拉斯·拉夫乔伊向贝佐斯建议，公司应该给员工补贴公交车费，但贝佐斯不予理睬。拉夫乔伊说："杰夫不想让员工下班后去赶公交车，想让他们都有自己的汽车，那么他们就不会为回家的交通工具担心了。"

那年秋天，公司致力于为每一位顾客定制个性化页面，正像当初贝佐斯向老投资人承诺的那样。公司首先以Firefly网络公司（麻省理工学院媒体实验室的一个分支机构）所开发的软件为依托，并把这个特色项目称为Bookmatch，让顾客先对几十本书进行评论，然后根据他们的爱好推荐一些书籍。这个系统运行太慢，且经常瘫痪，亚马逊后来发现，顾客因为嫌麻烦，不愿意写评论。

因此，贝佐斯建议个性化定制团队开发一款更简单的程序，凭借顾客购买的书来推荐书单。埃里克·本森花了两周时间开发了一款测试版，把具有相同购买记录的顾客集中到一起，然后列出每一组感兴趣的书单。这个项目被称为"同质"（Similarities），一经上线立即引起销售额的暴涨，同时，亚马逊也可以向顾客推荐他们没找到的新书。格雷格·林登（Greg Linden）是这个项目的工程师，他回忆道，贝佐斯当初来到他的办公室，趴在地上，调侃道："我甘愿向你俯首称臣。"

"同质"最终取代了Bookmatch系统，并且成为造就亚马逊个性化这一伟大业绩的基础。贝佐斯相信，这一电子商务的优势将是其他实体对手所不能匹敌的。他说道："以前再伟大的商人也意识不到顾客所具有的个性化特征，只有电子商务才能改变这一现实。"[13]

当公司及其技术不断进步的时候，有个人正享受着无比轻松快乐的生活，这就是谢尔·卡芬。他当时43岁，正努力把贝佐斯的愿景变为现实，即拥有一家书店，里面有无穷无尽的图书，向世界各地传播知识。他像是一个监护人一样守护着公司的技术系统：在公司迁往佩科斯附近办公室的途中，他把公司的两个服务器伯特和厄尼装进他本田车阿库拉的后备箱里，然后独自驾车前往新办公区。

卡芬在办公桌的计算机显示屏上输入了一条信息，上面写道：不要让任何人迫使你改变密码。

卡芬和贝佐斯偶尔绕着城区散步，探讨生意、卡芬所关注的技术问题和未来计划。有一次散步时，卡芬问贝佐斯，既然他们现在已经实现了一些早期目标，为何还极力向外扩张。贝佐斯回答："当公司规模还非常弱小时，其他大公司会随时出现，并且极力抢夺你的果实。因此我们必须平衡竞争力量，来和那些老牌图书销售商抗衡。"

当时，有一件事困扰着卡芬。他有足够的经验来应对技术创新，并了解风险投资家们的到来经常会伴随着能力卓越的新员工的引进。他当时走进贝佐斯的办公室，大声说出心中的疑虑："我们现在已经发展得够快了。你想让人顶替我吗？"

贝佐斯没含糊，说道："谢尔，只要你想干，这个职位永远是你的。"

1997年初，马克·布莱尔（Mark Breier）作为Cinnabon公司的一名前管理人员，是卡芬一直仰慕的管理人才之一。布莱尔，这位亚马逊的市场营销部副总裁邀请他的部门来到贝尔维尤的家中会面。那天下午，向员工介绍了一种类似于橄榄球的游戏。布莱尔的父亲曾经在贝塞斯达的IBM做过工程师，他在赴IBM加拿大办事处途中，见过这种在冰上玩儿的游戏。布莱尔推荐的是在地面上玩儿的游戏，队员要在草地上用东西来击球，从车库里拿来扫帚或随便什么工具来充当击球工具。

这像是傻瓜玩儿的游戏，但是很激烈。换句话说，这正符合杰夫·贝佐斯的性格，会议休息时，大家满怀热情地投入到击球游戏中。有一次，一位哈佛毕业的新员工安迪·雅西（Andy Jassy）用橡皮艇桨击球时，不小心打到了贝佐斯头上，因此给公司留下了不同寻常的第一印象。后来，贝佐斯又把球打到篱笆里，拣球时把他的蓝色牛津衫给剐破了。

布莱尔在亚马逊的任期很短暂，且挫折不断。贝佐斯想改造所有的营销理念，例如，建议每年要评估广告代理公司的业绩，以便让它们不断为争取到亚马逊而产生压力。布莱尔解释说，广告业一般不那么做。他大概在亚马逊干了一年。亚马逊的头十年里，市场营销部的副总裁就像具有讽刺意味的"刺脊乐队"鼓手一样，命运似乎早就被安排好了。贝佐斯不断地雇佣、解聘，努力寻找和他一样想打破常规的人。但布莱尔介绍的类似于橄榄球的游戏，已经成为亚马逊员工野餐和户外会议的常规娱乐项目，员工们会用颜料把自己的脸涂上颜色，像是战场伪装一样，贝佐斯也会参与进来。

正如谢尔·卡芬担心的那样，布莱尔的到来只是引进资深管理人才的开始。由于银行投资基金的注入，贝佐斯打算进行首次公开募股，并开始疯狂招募员工。因为萧氏公司的非竞争条款已经失效，因此他打电话给杰夫·霍尔顿，让他赶紧打点行装。霍尔顿还说服了DESCO公司的其他几位同事跟他前来。有一位叫做保罗·科塔斯（Paul Kotas）的员工，都已经把行装放在了霍尔顿的U型拖车上，但又改变了主意。（科塔斯两年后还是来到了华盛顿，成了一名亚马逊的长期员工，因为之前的犹豫不决，他损失了价值数以百万美元计的股票。）

贝佐斯开始充实它的高层后备力量，组建了一支J团队，即杰夫团队。亚马逊招募的高级管理人员有来自于巴诺公司和赛门铁克软件公司（Symantec）的；有来自微软的——一位是技术部的副总裁乔尔·施皮格尔（Joel Spiegel），最终成为零售部主管，一位是戴维·瑞舍（David Risher），他是因为受到了亚马逊创立者大胆远景的鼓动才来的，贝佐斯告诉他："如果我们能成功，到2000年，我们就会成为一家拥有10亿美元的公司。"瑞舍把这一离职想法告诉微软的创始人比尔·盖茨，并要求离开微软，转投到湖对面的书商门下。盖茨对此感到非常惊讶，他低估了互联网对未来带来的长期影响。瑞舍说："我想他确实大吃了一惊，某种意义上来说，他是正确的。然而他的话已经没有意义了。"

瑞舍的第一项任务就是接手与跨区的咖啡巨头星巴克的谈判，星巴克提议在收银台旁设立一个亚马逊产品的货架，条件是成为公司的股东。瑞舍和贝佐斯来到位于SoDo的星巴克总公司，拜访了CEO霍华德·舒尔茨（Howard Schultz），他对两人说，目前亚马逊问题很多，他可以帮助解决。这位身材颀长的星巴克创始人给客人煮咖啡时说："你们没有实体店，这将会阻碍你们的发展。"

贝佐斯不同意这一说法。他看了看舒尔茨，然后告诉他："我们将把它带向月球。"双方决定开始谈判，但几周后，当舒尔茨的高管提出要持有10%股份并占有董事会一席时，双方谈崩了。贝佐斯只想给对方不超过1%的股份。即使在今天，亚马逊依旧在考虑其他零售业形态的可能性。瑞舍说："我们一直希望在零售业找到机会。"

另一位新来的员工叫乔伊·科维（Joy Covey），担任CFO（首席财务官）。她激情十足，常对下属很严厉。她成为贝佐斯的智囊团中的一员，而且是亚马逊早期扩张战略的主要策划人。她的背景非同寻常。乔伊来自于加州圣马特奥市，智力超群，但性格孤僻，高中一年级时曾离家出走，在夫勒斯诺市一家食杂店做店员。她17岁时考上夫勒斯诺市的加州州立大学，两年后毕业，19 岁时考取了注册会计师，当时她没有经过系统学习就成为美国分数名列第二的考生；随后还获得了哈佛大学的商业与法律系的双学位。当贝佐斯发现她时，她在一家硅谷数字音响公司Digidesign做CFO，此时她已经 33 岁了。

在后来的几年，乔伊一直致力于严格执行贝佐斯的“扩张优先”规则，其他一切事情都变得无足轻重。有天早晨，她把车停在公司车库，由于分心，车一整天都没熄火。那天晚上，她找不着汽车钥匙了，以为丢了，只得徒步回家。车库的保安几小时以后打电话要她来公司取回那辆一直打着火的汽车。

乔伊加入公司以后一个月就开始为首次公开募股忙碌。亚马逊不急于收回公开发行股票筹得的资金——它必须发布新的上架产品目录，西雅图南部 9.3 万平方英尺的仓库可以满足公司仓储的需要。但贝佐斯相信，公开筹股是一个全球化的品牌战略，可以巩固亚马逊在顾客心目中的地位。在那些日子里，贝佐斯抓住任何机会在公开场合露面，告诉人们亚马逊网站的发展历程。（他经常用Amazon.com 而非Amazon，就像当初戴维 · 萧坚持在公司名字D和E间留下空格一样。）贝佐斯决定上市的另一个原因是，网上竞争正在迫近，因此要像图书销售垄断巨头巴诺一样占据市场。

巴诺连锁店由林恩 · 李吉奥（Len Riggio）经营，他生于纽约市北端的布朗克斯区，性格倔强，喜欢高档西服，热爱美术，还经常把衣服随意挂在位于下曼哈顿区办公室的墙上。二十多年来，巴诺为图书销售做出了不少创新。它引进了新书的价格折扣，在和竞争对手鲍德斯书店抗衡时，传播了大型图书超市的理念，使许多购物中心和个体书店退出竞争。据美国书商协会统计，从 1991 年到 1997 年，美国个体书店的市场份额从 33% 下滑到 17%，那段时间，加盟店也从 4 500 个下降到 3 300 个。

曾经，巴诺连锁书店面对的似乎是一个无足轻重的暴发户。亚马逊 1996 年的销售额只有 1 600 万美元；而同一年，巴诺的销售额达到了 20 亿美元。

1996年，《华尔街日报》的文章发表以后，李吉奥给贝佐斯打电话，说他想和哥哥斯蒂芬到西雅图来谈一笔交易。贝佐斯由于在这方面没有经验，因此给投资人打电话，还叫来了董事会成员汤姆·阿尔伯格，约好与李吉奥共进晚餐，让汤姆作陪。他们提前就想好了策略，一是小心，二是奉承。

四个人在西雅图一家著名的餐馆Dahlia Lounge进餐。餐馆位于哥伦比亚大楼附近的第四大街，这是西雅图具有代表性的一家餐馆，霓虹灯闪烁，招牌是一个厨师捧着一条直挺挺的大鱼。李吉奥西装革履，给人留下很深刻的印象。他们告诉贝佐斯和阿尔伯格，他们马上有一家网站要发布，会击败亚马逊。但同时还表达了对贝佐斯所作所为的倾慕，建议双方进行多渠道的合作，如为亚马逊申请技术许可，或者开一家联合网站。阿尔伯格说："他们并没有直接说出想收购我们。没有什么特别的。这是一次友好的聚餐。没有任何威胁可言。"

后来，阿尔伯格和贝佐斯告诉李吉奥，他们会考虑合作事宜的。阿尔伯格和贝佐斯互通电话以后，一致认为这样的合作似乎不可行。阿尔伯格说："杰夫坚信越是名不见经传的小公司，越有取胜的可能。这不是世界末日。我们知道肯定会面临挑战。"

遭拒后，李吉奥兄弟俩打道回府，开始了他们的网站建设工作。据一位在巴诺工作过的人称，林恩·李吉奥想给网站起名为"图书捕猎者"(Book Predator)，但同事认为这个主意不怎么样。巴诺书店将要花费数月时间重新振作起来，还要加快网站的运行，那时，贝佐斯团队也加快了革新的脚步和扩张的速度。

乔伊·科维认为摩根士丹利和高盛投资公司应该是亚马逊首次公开募股的主要买家，但她却把目光锁定在德意志银行以及身材高大、蓄着小胡子的科技类企业投资人弗兰克·奎特隆（Frank Quattrone）那里。奎特隆的首席分析师、未来风险投资人比尔·克里（Bill Curley）已经关注亚马逊一年多了，并预见它将成为一个“弄潮儿”，会把互联网的优势挖掘出来。

那年春天，贝佐斯和乔伊走遍了美国和欧洲，为亚马逊寻找未来的投资商。3 年来的销售业绩表明，公司已经走出了自己的路子。亚马逊不像其他零售商那样，他们对业绩不太好的周期同样也信心满满。当顾客的书到货时，他们立刻用信用卡支付，但亚马逊和图书批发商每几个月才结一次账。每一笔交易后，贝佐斯把大部分收入存在银行里，为的是使资金稳定，以用来投资公司的运行及扩充实力上。[14] 公司还在投资资本收益率上希望得到更高的回报。不像其他传统零售商把货物储存在全国成百上千家店面里，亚马逊只有一家网站，而且那时只有一个仓库和一份存货清单。亚马逊收入中的固定成本回报比率要比其他线下竞争对手高。换句话说，贝佐斯和乔伊认为，向亚马逊的基础设施投入 1 美元，相比投入到其他传统零售业，能得到呈几何级数的回报。

每一笔交易完成后，这些投资商似乎都要求二人进军其他领域。但贝佐斯不答应，他坚持只经营图书。投资商们为了进一步说明问题，还拿自己的实力与当时志得意满的计算机制造商戴尔（Dell）相比。但贝佐斯擅长于严守秘密，在不违背法律规定的前提下，他只透露了一点信息，许多数据都没有披露，诸如，亚马逊需要投入多少才能吸引一个新用户，一个忠诚的顾客在网站上消费额是多少，等等。他想通过首次公开募股来募集资金，但他不想向对手披露经营秘诀，因为他们会纷纷效仿。科维说：“在前进的道路上有许多不确定性，许多人认为你会满盘皆输，认为巴诺会击垮你，你怎么知道人们不会窥探信息？”

从另一方面来看，首次公开募股的过程非常艰辛：美国证券交易委员会规定，在为期 7 周的休市期间，贝佐斯不得向媒体披露任何信息。他抱怨说：“难以置信，我们不得不拖延 7 年。”他之所以把 7 周视为 7 年，是因为他坚信，互联网是以非常迅猛的速度发展的。

避开媒体的视线并非易事。亚马逊上市3天前，巴诺一纸诉状把亚马逊告上联邦法庭，称亚马逊做虚假宣传：他们自称为“世界上最大的书店”。李吉奥的担心没错，但是这场诉讼给这个小兄弟敲了警钟。月末，李吉奥发布了他们自己的网站，似乎许多人都在看亚马逊怎么破产。福雷斯特研究公司（Forrester Research）是一家受到广泛关注的技术研究公司，其CEO对外发布了一篇报道，称亚马逊为“亚马逊珍重网站”。

面对法规的束缚，贝佐斯需要保持冷静，他本想派几个小丑穿着亚马逊的T恤衫，隐藏在李吉奥的现场发布会上。奎特隆本也对这个想法跃跃欲试。

后来，据贝佐斯回忆，在一次全体大会上，他宣布了巴诺对亚马逊的攻击。他对员工说：“各位请注意，每天一睁眼就要有忧患意识，但不用关注我们的对手，因为他们不会给我们送钱。让我们更关注顾客吧，各位一定要脚踏实地。”[15]

第二年，亚马逊网站和巴诺展开竞争，每一家都坚称自己可以提供更多的货源和更低的价格。巴诺宣称要提供更详细的目录表；亚马逊努力增加稀缺图书和不再发行的图书的品种，派员工在其他个体书店或古籍书店搜寻。1998年，巴诺加快了分网站的建立，资金来源于德国媒体大亨贝塔斯曼（Bertelsman）的2亿美元投资，随后上市；亚马逊通过扩展其他商品的经营（如音像和DVD）来围攻对手。

贝佐斯预见过连锁零售经营会遭遇到来自于网络的残酷竞争，最终他的话应验了。李吉奥在小规模经营上不愿意赔钱，并且不愿白养活这些经验丰富的员工，因为那会造成书店的利润受损。另外，公司的营销渠道已经确立，主要集中在向大批实体店运送大批量图书上；要想从这种经营方式转变成向个体用户寄送小批量货物，还需要假以时日，而且过程也非常艰难，可能经常会发错货。然而，对于亚马逊来说，这个本领已经是驾轻就熟了。

虽然和后来那些臭名昭著的网站相比，亚马逊的融资量相对比较保守，然而亚马逊还是于 5 月 15 日成功上市了。贝佐斯和银行家据理力争，希望把每股提高到 18 美元来发行，然而一个多月以后，股票缩水了，甚至低于首次公开募股的发行价。但亚马逊首次公开募股募集了 5 400 万美元，因此引起了公众的广泛关注，这为公司年收入增长 900% 起到了很大的推动作用，这曾经轰动一时。贝佐斯和他的父母以及兄弟姊妹（早前每个人曾购买了价值 1 万美元的股票）现在成了千万富翁。亚马逊原先的支持者和凯鹏华盈全都在投资上得到了丰厚的回报。但和未来亚马逊呈几何级数增长的股票价值相比，这仅仅是九牛一毛。

股票上市那天，贝佐斯从纽约往亚马逊办公室打电话，要求员工不要过度狂欢或为暴涨的股票价格而得意忘形。一种廉价的啤酒“亨利 · 魏因哈德”在西雅图办公室互相传递，然后，每个人又回到工作岗位，虽然他们时不时地偷看几眼亚马逊的股票。

月末，参与首次公开募股工作的每个人都收到了用木头箱子装着的一瓶龙舌兰酒，在瓶子的标签上附了一封“墨西哥狂欢节”邀请函。狂欢节定于墨西哥洛斯卡沃斯帕尔米亚的周末度假胜地，承蒙凯鹏华盈以及德意志银行的盛情邀请。

贝佐斯、麦凯奇、乔伊 · 科维、谢尔 · 卡芬和尼古拉斯 · 拉夫乔伊都参加了这次聚会，德意志银行合伙人、原达特茅斯学院橄榄球队前后卫杰夫 · 布莱克本（Jeff Blackburn）也如约而至，后来他也加盟了亚马逊，并成为业务发展部主管。周末度假包括游艇一日游，凯鹏华盈的奎特隆教贝佐斯跳赛前舞，虽然身高相差悬殊，但两人还是很优美地翩翩起舞。晚上，他们还在沙滩上享用了一顿大餐，银行家们穿着带有海盗标志的衣服出现。深夜时分，暴风开始席卷沙滩，海面上波涛起伏。一股偏离方向的浪头拍上堤岸，把他们的电线打湿了，立体声音响顿时短路，甜点餐盘也被打翻在沙滩上，这些参加聚会的人们纷纷跑进帐篷。贝佐斯目睹了这一切，于是放声大笑，笑声划破了墨西哥的夜空。

1997 年初，正当亚马逊极力抵抗世界上最大连锁书店的围攻时，乔伊和贝佐斯打算把前美国陆军游骑兵瑞克 · 达尔泽尔（Rick Dalzell）收归麾下。他出生在肯塔基州的乔治城，20 世纪 80 年代，他是一名信号工程师，驻扎在Gamble前哨，后成为驻扎西德的通讯官。回归平民生活后，他任职于世界上技术最精良的零售商的信息系统部，这个零售商就是沃尔玛。

达尔泽尔乐观向上，保持着南方人特有的慢吞吞的习惯，且常年穿着短裤，因此成为亚马逊最受人爱戴和尊重的高管。一开始，他多次拒绝了贝佐斯和乔伊。然而，那年春天，他来到西雅图，航空公司当时把他的行李给弄丢了，因此他从宾馆前台借了一件外套和一条领带，然后一大早就出现在亚马逊公司。此时公司还没上班，空无一人。这里不像沃尔玛，亚马逊的员工工作到很晚，因此起得也晚。当贝佐斯终于出现以后，两人聊了起来，亚马逊创始人不小心还把一整杯咖啡洒在了达尔泽尔借来的外套上。

尽管一开始就出现了这种尴尬的局面，但当达尔泽尔离开西雅图时，还是对贝佐斯的愿景和他超凡的领导魅力很感兴趣。回到阿肯色州的本顿维尔后，达尔泽尔最终被沃尔玛的人“说服”了。沃尔玛未来的CEO李 · 斯科特（Lee Scott）正坐在高尔夫球车的前排座位上，看到球车正在通过一大片物流配送区。斯科特当时主管沃尔玛的物流，他告诉达尔泽尔，亚马逊虽然创意不错，但未来潜力有限。沃尔玛首席运营官唐 · 索德奎斯特（Don Soderquist）说，当时亚马逊没有自己的库存，它只从销售商那订购货物，然后迅速出货——当它的销售额达到 1 亿时，这种模式会碰壁的。他补充道，达尔泽尔是许多好赌年轻人中的一个，然后又放出狠话：“如果你决定离开，你就再也不是沃尔玛大家庭中的一分子了。”

达尔泽尔把这个劝告铭记在心。但他对于网络零售的迷恋丝毫没有减退。1997年初，沃尔玛和山姆俱乐部（Sam’s Club）开始进军电子商务，但达尔泽尔看到，这一努力没有得到公司的全力支持。

贝佐斯并没放弃对达尔泽尔的争取，也没有去寻找另一个有经验的技术类高管取而代之。他让乔伊隔几周就给达尔泽尔的妻子凯瑟琳打电话，然后派约翰·杜尔尽量施展他的魅力来说服她。贝佐斯和乔伊曾一度飞到本顿维尔，就是为了给达尔泽尔一个惊喜，然后邀请他共进晚餐。饭后，达尔泽尔答应加入亚马逊——但后来又改主意了。他当时说：“要想让我举家迁出阿肯色州，势比登天。”[16]

但达尔泽尔怎么也忘不了亚马逊。他曾说：“我妻子了解我，如果我痴迷什么事情，会喋喋不休地谈论它，有一天她对我说，‘为什么你还放不下沃尔玛？’”他终于在8月份接受了亚马逊的工作，这次是真的。收拾东西时，沃尔玛的首席信息官站在达尔泽尔的办公室里，并把他赶出了门。

1997年8月，达尔泽尔开始了在亚马逊出任首席信息官的职业生涯，并成为杰夫团队的一员大将。他是一位颇有经验的经理人，能够迅速招兵买马、组织团队工作并实现远大的目标。达尔泽尔开会时习惯于坐在贝佐斯旁边，并且负责组织人员来执行创始人的意图。亚马逊的一位老技术员及达尔泽尔的朋友布鲁斯·琼斯（Bruce Jones）说：“杰夫的重要决策脱口而出，这简直太简单了，要比真正实施起来快得多。达尔泽尔却能确保重要使命的完成。”

那年夏天，达尔泽尔的加盟产生了一连串连锁反应，这使谢尔·卡芬一直以来的担心更加剧了。首次公开募股前，贝佐斯和他的这位老搭档一同散步，告诉他公司需要更强的技术管理人员，然后想任命他为亚马逊的首席技术官。这听起来像是升职了，但实际上，卡芬将变成一个顾问的角色，既不需要做预算，也不需要负直接责任。卡芬想了几天，没答应，但贝佐斯知道卡芬的性格，然后说“让它过去吧”，就再也没提此事。

卡芬未来几年内一直担任首席技术官，并一直在管理层，但明显被冷落了，因为再也没有员工向他汇报工作了，关键资源的分配也不让他插手了。他的失落感和无可奈何与日俱增。他曾经在竞争的环境中帮助亚马逊创建了公司的早期系统，而且非常注意节省开支。亚马逊的年销量已经接近 6 000 万美元，但基础设施却远远跟不上。卡芬想花时间彻底地改造它，贝佐斯却拒绝了他的请求，想让他的员工想出一些新办法，而不是改造老的经营模式。虽然贝佐斯采用了卡芬的部分计划，并答应开始重建亚马逊的基础设施，但却让其他人来指挥，卡芬只能眼巴巴地看着，他为此感到苦闷。

贝佐斯不再把真正的管理任务交给这位性格内向的程序员，但他对卡芬还是非常欣赏的。1998 年秋天，贝佐斯让卡芬打点行装，陪他去完成一项未来的兼并计划。他是想给卡芬一个惊喜。他们来到了一处叫做 Shelebration 的夏威夷度假胜地，庆祝卡芬在亚马逊工作 4 周年纪念日。贝佐斯还叫来了同事、卡芬的家人和朋友，在毛伊岛租了几间小木屋，在那里逗留了 3 天。每位参与者都获得了一份礼物，是一个装饰瓷盘，上面印着卡芬的画像，头戴一顶电影《戴帽子的猫》（*Cat in the Hat*）的帽子。

那个周末，贝佐斯和其他人之间建立起来的友谊纯属偶然。有一位参加这项活动的人叫做斯图尔特 · 布兰德，就是那位全球概览公司的创始人。布兰德和他的妻子赖安与贝佐斯夫妇建立了稳固的友谊，这促使贝佐斯加入了一个名为“长寿钟”（Clock of the Long Now）的计划。这个计划雄心勃勃，意在建立一座巨大的机械钟，它能连续运行一万年，为的是鼓励长期的思考。由于那个周末的邂逅，几年后，贝佐斯将成为这个一万年大钟的最大资助人，并把它安装在位于得克萨斯州的办公区。

但卡芬在度假时一直愁眉苦脸。他说感觉像是“还没有退休就已经开起了欢送会”。

这时，两个承诺发生了冲突。贝佐斯曾向卡芬承诺，可以永久保留他的工作。但亚马逊的创始人还向公司和投资人承诺，他将会提高应聘标准，亚马逊的命运与招募的技术人员的能力息息相关。瑞克 · 达尔泽尔和乔尔 · 施皮格尔两人擅长于公司政治；而卡芬是一位性格内向的电脑奇才，有些过于理想化，缺乏领导才能，事实上，他已经不再插手员工招聘和壮大自己部门的工作了。但他却默默地为亚马逊奉献了自己，并且帮助亚马逊确立了世界地位。回首当年，贝佐斯的电子表格上就是一串虚无缥缈的数字而已。

卡芬怎么也想不到会离开公司。但他发现自己在不知不觉地计算着，离自己在亚马逊工作 5 周年的日子还剩下几周，他此时非常期待另一个惊喜的出现。

最终他不再来公司上班了。1999 年秋天，他正式离开公司。一天早晨，他从家致电贝佐斯，说他要辞职。卡芬回忆说，贝佐斯说他当时为卡芬的决定感到惋惜，但并无挽留之意。

贝佐斯把卡芬描述为“亚马逊网站成立以来最重要的人物”。[17] 但卡芬回想起这 5 年来的历程却感到有些酸楚。他把贝佐斯不让他参与亚马逊决策一事称为“是对信任的一种背叛”，忘了当初两人共同创业时的艰辛。卡芬说，他得到的是“一生中最令他失望的一次遭遇”。

这些不满是许多亚马逊老员工相同境遇的浓缩版。由于贝佐斯令人信服的信条，使得所有员工都怀有一种信念，他们确实也得到了丰厚的回报。但这位眼神坚定的创始人最终还是把他们解雇了，取而代之的是拥有新观念和更多经验的人。公司前进中，再也看不到这些老员工的身影了，这实在让人心酸，好像是他的孩子离开了家，又搬到了另一个家。最终，贝佐斯向谢尔 · 卡芬坦言，亚马逊只有一个真正的父亲。

第三章
狂热梦想

1997 年初，杰夫 · 贝佐斯飞往波士顿为哈佛商学院做演讲。他来到了选修《市场管理》课程的同学们的班上，但后来毕业生探讨网络零售的未来时，他们假装他并不在场。讨论结束前，他们一致认为：亚马逊如果进军网上销售领域，未必能在这么多传统零售商中生存下来。一位学生甚至坦率地对贝佐斯说："你是一个不错的家伙，但不要走错路，你应该把货物卖给巴诺，然后退出。"

班上的一位叫布莱恩 · 伯特维斯尔（Brian Birtwistle）的学生回忆说，贝佐斯非常谦虚和谨慎。这位亚马逊的创始人跟学生们说："你们或许是对的。但我认为你们或许低估了我们对传统零售业的挑战，任何公司都有自己习惯的做事方式，要对一种新的营销模式采取敏捷的态度或执着于此并非易事。让我们走着瞧吧。"

下课后，只有几位学生过来和贝佐斯交谈，远没有像欢迎大多数演讲者那样的热情。其中一位学生名叫杰森 · 基拉尔（Jason kilar）［他在接手视频网站葫芦网（Hulu）CEO之前的9年来，一直在角逐亚马逊的高管职位]。在伯特维斯尔来到贝佐斯面前时，贝佐斯已到了赶飞机的时间，因此教授建议让伯特维斯尔送他。贝佐斯同意了："太好了，我可以省去出租车费了。"

在15分钟的车程中，贝佐斯以为伯特维斯尔会对亚马逊的工作岗位感兴趣，并开始对他进行面试。他问道："你为何想来亚马逊网站工作？"

伯特维斯尔对这次"面试"没有任何准备，但他还是比较配合。他回答说："我是一名历史系的学生，如果我能在你这样的创业公司工作，感觉就像是要参加什么历史事件一样。"

听到这，贝佐斯几乎喊出声来："这正是我们设想的亚马逊网站的发展方向！你可以拭目以待。在此领域会有很多公司涌现出来，但大部分会生存不下去。只会有几个品牌长盛不衰，我们公司就会是其中一个。"

片刻的沉默之后，贝佐斯又问："为什么下水道的盖子是圆形的？"

"杰夫，如果你想准时赶飞机的话，你就别问我这样的问题。"

贝佐斯发出了一阵震耳欲聋的大笑，吓了伯特维斯尔一大跳，这时车快要下高速了。贝佐斯说："不，我是认真的，我就问你怎么回答这个问题？"

"圆形的东西更容易滚到位置上去。"

贝佐斯说："这个答案虽然不对，但猜得还不错。"[1]

伯特维斯尔从哈佛毕业后，立即同基拉尔和安迪·雅西加入了亚马逊，这几个年轻人数年后开创了亚马逊的云服务。他们是首批受雇于亚马逊的哈佛商学院毕业生，因为亚马逊本来喜欢招募本地的技术人才。对于贝佐斯来说，在公司发展的关键时刻，他们是有用的人才。

1998年初，橄榄球游戏的推广者和市场营销部高管马克·布莱尔给贝佐斯拿来一份调研报告，结果表明相当一部分顾客根本不使用亚马逊网站，并且似乎将来也不打算用，因为他们很少读书。布莱尔说，贝佐斯似乎没有特别关注人们对美国文学的兴趣不减，然而对数学的兴趣却不断走下坡路的情况。他让布莱尔组织哈佛大学新毕业的学生组成一个“特殊战术小组”，来调查拥有高库存单位（以此来决定未来库存的数量）的产品门类，还有实体店中存货不足的产品，以及可以通过邮购能轻易购得的产品。这是亚马逊早期战略的一个重要组成部分：与传统零售商店相比，在提供较好的商品种类上，互联网的能力最大。布莱尔说：“我虽然带给他的是坏消息，但不知何故他却挺兴奋。”

贝佐斯觉得，现在扩充商品门类势在必行。在顾客的印象里，亚马逊只卖书。他想把公司打造为可塑性更强的企业，像理查德·布兰森（Richard Branson）的维珍公司（Virgin）一样，音像制品、机票、酒什么都卖，一应俱全。贝佐斯也想让亚马逊产生更多的效益，然后投资于技术开发以领先于其他竞争对手。曾任职于微软和苹果公司的技术部副总裁乔尔·施皮格尔说道：“贝佐斯已经在纸条上计算了很久，预想早晚会有这么一天。要么做强，要么散伙。”

乔伊·科维相信，从一开始贝佐斯就计划扩展图书之外的经营范围，但他一直在寻找机会。他很有抱负，她说，“这只是在合适的时候展现机会的问题”。

于是那年的春天，雅西开始开发音乐市场，基拉尔调查国内视频市场，一位名叫维多利亚·皮科特（Victoria Pickett）的哈佛老同学分析用收缩膜包装的软件。这种调查涉及各个领域。在威斯汀酒店一处线下管理部门里，一群MBA（工商管理硕士）学生在展示他们的成果。亚马逊高管把音乐当作扩展业务的突破口，DVD其次。令老员工感到不安的是，他们原想在网站上建立一个文学中心，现在这想法看起来要复杂得多。网站的座右铭就是：把世界上最大的书店变成经营图书、音乐和更多产品的网站，不久后，这个世界上门类最齐全的网站就是“万货商店”。

为期一天的线下工作接近尾声，贝佐斯要求每一位员工写下公司未来 5 年的预期收入。尤金 · 魏（Eugene Wei）是策划部的一位分析师，当时做了笔记，他回忆道，贝佐斯的预期最高，他想没人会接近那个数字。他们对于未来心里真没底。

为了开辟新的产品门类并增加仓库存储，亚马逊不光需要计划，还需要更多的资金。那年 5 月份，公司募集了 3.26 亿美元垃圾股，第二年 2 月，又募集了 12.5 亿美元，这是股票发行史上最大量的可转换债券。它的利息是 4.75%，当时算是非常划算的一笔资金。令科维和贝佐斯意想不到的是，他们没有必要再向那些顽固的机构股东重复亚马逊的发家史了。那些通过网络公司平稳获利的投资商们，都在大肆宣传去年纷纷排队急切购买债券的情形。

为签署可转换债券交易的一份期票合约，周六在伊萨夸市的一个修车行，亚马逊的会计和企业发展部主管兰迪 · 廷斯利（Randy Tinsley）找到了财务部同事蒂姆 · 斯通（Tim stone）。廷斯利正为他的吉普车安装一个车载音响，他把一摞文件拿给车行的伙计看并吹嘘到："你们看看这是什么？这值 12.5 亿美元。"

接下来两年的网络风暴后来演变为著名的网络公司泡沫。

20 世纪 90 年代末，网络从电脑极客领域演变成各大报刊的主打内容。当日交易者，还有头一次冒险进入了后来风行天下的网络空间的人们，后来都成了网络空间的常客。最终，产业变化和社会变化的大势成了人们疯狂崇拜的对象，这掀起了一股期权热潮，使那些理智的观察家都质疑自己是否判断错了。雅虎估值远远高于迪士尼乐园，亚马逊又远超著名的西尔斯百货。在硅谷，创业家们及其支持者由于过度乐观和丰厚的投资回报而喝得酩酊大醉，并举办了一个长达两年的大型聚会。投资是这么容易，机会无处不在，到处都弥漫着加有菠萝的伏特加马提尼酒的芳香。

在那段时间，没有人像杰夫·贝佐斯那样大胆，把宝全押在了互联网上。贝佐斯比任何人都相信互联网终有一天会改变公司和顾客的现状，因此他才会毫不犹豫地勇往直前。“我认为公司的价值被低估了，世界不懂得亚马逊究竟要走向何方。”这成为杰夫主义者又一个被多次重复的名言。在1998年到2000年初，那个人们非常推崇可口可乐的年代，亚马逊分别发行了三种债券，筹集了多达22亿美元的巨额资金。这笔资金大部分用来并购，但几年后就表明，这些并购行为几乎没怎么帮到亚马逊的主营业务。亚马逊在美国开设了5家具有现代化设施的物流中心，但为了节省开支，不得已关闭了两家，并解雇了上百名员工。

在这段挫折的岁月中，贝佐斯似乎非常镇定。这些挫折促使贝佐斯更加坚定地向新领域扩张。他对瑞克·达尔泽尔说：“表面上，我像一只鸡那么胆小。但内心却很强大。”瑞克曾是美国陆军游骑兵，后来从沃尔玛加盟亚马逊。苏珊·本森依稀记得有一天与这位亚马逊创始人一同乘坐哥伦比亚大楼电梯时的情景。她牵着小狗鲁弗斯，贝佐斯平静地看着小狗，然后说：“鲁弗斯，你特别乖。”然后抬头看着本森说道，“但你知道，它胆子不大。”

贝佐斯多次用“大胆”（bold）这个词。1998年初，在公司致全体股东的一封信中，“大胆”这个词被用了好多次。这封信是贝佐斯和科维联名撰写的，由会计鲁斯·格兰迪内蒂（Russ Grandinetti）打印出来。信中写道：“当我们看到获得市场领先地位的可能性很大时，做投资决定就要大胆，而不要畏首畏尾。这些投资有些会获得回报，有些则不能，但我们从二者中都会吸取宝贵的经验。”信中还阐明了公司将会依据长远目标来进行决策，鼓励自由现金流和市场份额的增加，而不是把目光仅放在短期效益上。并且，还要专门建立一个部门来为公司树立榜样，为进军华尔街而大胆开拓。

信中还称，“我们相信评估成功的根本标准在于我们长期创造的股东利益。这种利益源于我们扩张和巩固现有市场领导地位的能力。我们的市场领导力越强，我们的经济运行模式影响力就越大。市场领先可以直接创造高收入、高收益率、更快的资金周转率以及更高的投资回报率。”

“我们的决策一贯以此为中心。我们首先用市场领先地位的指标来衡量顾客数量、收入的增长、顾客的回头率以及品牌的竞争优势。我们已经投资并将继续扩大投资，以扩展和利用我们现有的顾客量、品牌影响力和基础设施建设，争取发展成为一个永久性的专营公司。”

在亚马逊内部，致股东的信成了圣经。贝佐斯每年都连同年报一起来发布致股东信，公司也坚持尽量遵守信函中所提到的承诺和原则。

亚马逊把全力进军互联网时代视为一笔交易。公司在20世纪90年代末期花费数百万美元，成为知名网站——如AOL（美国在线）、雅虎、MSN和Excite（美国一款搜索引擎）——的独家图书销售商。这些都是门户网站，对于众多刚入门或技术不精的一般大众来说，它们是入口通道。门户网站适合进行股权交易，但贝佐斯不想把交易交给它们做——他在发放股票时非常小气，就像是对待员工坐飞机去进行业务进修一样吝啬。取而代之的是，他出资说服门户网站为顾客做免费服务：在搜索结果中链接亚马逊书店。例如，如果某人登陆AOL搜索滑雪度假信息时，他会看到亚马逊网站上有关滑雪图书信息的链接。

贝佐斯强调亚马逊日常运行中的节俭习惯。他让员工付停车费，并要求所有高管出差坐经济舱。但他有时又非常奢侈。1998年初，他雇用英特尔公司的兰迪·廷斯利做他的企业发展部主管，他对后者讲的第一句话就是“我特别想跟你一起逛商店”。他们后来一掷千金，奢侈程度令人瞠目。亚马逊后来在众多公司中收购了互联网电影资料库、英国一家网络书店BookPages、德国网络书店Telebuch、网上市场Exchange.com、第一家社交网络PlanetAll以及用户上网信息收集的网站Alexa Internet。收购行为引入了大量有经验的高管，但由于亚马逊发展太快，内部有些混乱，因此需要整合各公司及其技术资源。大部分高管都在一两年后离开，因为他们实在受不了公司疯狂的发展步伐，还有西雅图阴郁的天气，或两种原因都有。

亚马逊也转入了灾难性的风险投资领域。1998年，贝佐斯和风险投资家约翰·杜尔看到了一个机会——一家网上药店，他们成立了Drugstore.com网站，并招募微软的高管。亚马逊拥有其三分之一的股份。风险投资朝着预期的方向进行，因此未来两年内，廷斯利和贝佐斯拿出亚马逊的资金，在一些有潜力的网站斥资数百万美元，包括专营宠物用品网Pets.com、户外装备网站Gear.com、葡萄酒网站Wineshopper.com、车辆销售网Greenlight.com、互联网杂货零售网Homegrocer.com，以及城市送货服务网站Kozmo.com。作为交换，亚马逊持有一少部分股权和每一家网站的一个董事会席位，公司相信，如果这些产品类别都能在网络上成功交易的话，这些网站肯定大有前途。创业者们认为他们的投资非常有实力，因此公司的胜算很大。然而在2000年，网站泡沫突然破裂，几乎所有的网站都全军覆没。那时，贝佐斯无暇顾及这些网站，因为公司还有自身的问题，贝佐斯既没有心情也没有时间救它们于水火。亚马逊在这些投资中损失了数百万美元。廷斯利说："亚马逊必须专注自己的业务。我们最大的错误在于，我们认为自己拥有与所有这些公司合作的能力。"

在亚马逊内部，员工们不得不节俭度日。当贝佐斯不停地往锅里倒薯片时，员工们都诚惶诚恐。吉恩·蒲伯（Gene Pope）是苹果公司的一位老技术员，后来和同事乔尔·施皮格尔一起加入了亚马逊。目睹这几个月疯狂的扩张行为后，蒲伯对施皮格尔说："我们是在建造一个巨大的火箭船，现在正要点火。有可能是去月球，也有可能仅在地面上留下一个巨大的冒烟的弹坑。无论何种结果，我都愿意奉陪到底。"

当公司不断成长时，贝佐斯还有另一种表现，越是别人怀疑的，他越对此信心十足。他又开始从沃尔玛招兵买马。1998 年初，亚马逊对瑞克 · 达尔泽尔以前的一位同事穷追猛打。这是一位从沃尔玛退休的物流部副总裁，名叫吉米 · 莱特（Jimmy Wright）。在沃尔玛，脾气暴躁的莱特经常让人怒发冲冠。有一次，在达尔泽尔的办公室里，俩人大吵了起来，这位前美国陆军游骑兵一把揪起莱特，把他推到办公室外，然后使劲把门摔上。但达尔泽尔知道，只有吉米 · 莱特能够为贝佐斯圆梦，也就是快速建立物流设施。达尔泽尔说："除了莱特，我不知道是否还有其他美国人能成就此事。"

贝佐斯和莱特谈了好几个月，那年夏天，他把莱特带到了位于道森大街上的仓库。贝佐斯说他想建立一个物流系统，要比现在的仓库大 10 倍，不仅在美国，还要在亚马逊的新市场英国和德国也建立物流中心。莱特问贝佐斯他们将要运送什么货物。莱特回忆说："贝佐斯说道，'我不知道。就设计一个能应以万变的东西。'我说，我想走了，你是不是在开玩笑？贝佐斯回答说，'不，这是使命。'我必须找出可以应以万变的办法，但只有航空母舰才做得到。"

莱特从未经历过这么大的挑战。在沃尔玛，物流中心只需每天一次定量向指定的周边地区的所有超市运送集装箱货物。然而在亚马逊，每天会有无数的包裹运往数不清的目的地。这里没有定量，因为亚马逊每年的销售额以 300% 的速度递升。

当莱特开始实施他的计划时，亚马逊在一片嘈杂声中度过了 1998 年的感恩节。节日期间，乔伊 · 科维了解到网站上的订单量和运到顾客手中的实际数量差距正在不断加大，为此她给亚马逊敲响了警钟。亚马逊号召所有人员紧急待命，参与一项叫做"拯救圣诞老人"的计划，道森大街总部和特拉华州新仓库的每一位员工都需要加夜班。他们甚至还动用了家人和朋友。大家只能吃食品车上的墨西哥卷饼，喝咖啡，并经常睡在车上，然后第二天直接去上班。贝佐斯还举行了劳动竞赛，比谁从货架上拿货最快。圣诞节结束后，他发誓亚马逊再也不能这样下去了，因为这样的仓储设施远远不能满足顾客的订单需求。

那段日子里，莱特向贝佐斯展示了位于内华达州里诺以东 30 英里远的弗恩利新仓库的蓝图。创始人的眼前突然一亮，说："吉米，这太美啦！"

莱特询问贝佐斯是否还需要让其他人看看这份蓝图，以及他必须证明这项投资会带来何样的回报。

贝佐斯回答："不用担心，尽管干你的。"

莱特问："我不需要审批了吗？"

贝佐斯说："你只负责实施这项计划。"

莱特仅一年就花了 3 亿美元。他不仅在弗恩利建了个仓库，而且购买和翻新了现有的仓库，一个紧邻亚特兰大，两个位于肯塔基州，还有一个位于堪萨斯州。他把荷兰图形艺术家 M · C · 埃舍尔（M. C. Escher）的作品变成了现实，并把"它们"固定在自动的椽子上，走道和货架两边安上闪烁的照明灯，以引导工人取货；传送带则不停运送 Crisplants 分拣机的大型机器设备，然后从传送带上取货，扫描条码，根据顾客订单分类，最后包装出运。莱特对外宣称，这些设施不能叫仓库，而是物流中心，正像沃尔玛企业内部术语的叫法一样。

莱特把他的家和私人咨询办公室安在了本顿维尔，在来到亚马逊的 15 个月期间，他不断穿梭于本顿维尔和西雅图之间。他还做了其他事情。无论在后院的烧烤聚会上，还是本顿维尔的社区健身中心，他都会向以前的老同事推销，劝他们加入网上零售的队伍。从沃尔玛来到亚马逊的产品采购克里 · 莫里斯（Kerry Morris）说："过去沃尔玛办公楼里连网络都没有，我们不上网，也不发电邮，甚至没人知道网上零售是什么。"

亚马逊知道，沃尔玛对亚马逊挖墙脚的行为肯定感觉不爽。莫里斯说，她的面试是秘密进行的。她住在西雅图的朋友家里，没住旅馆，是在星巴克咖啡馆里接受的面试，而不是亚马逊的办公室。亚马逊还报销了她所有的费用。那一年，大约有十几位沃尔玛员工来到亚马逊。

来自沃尔玛的员工引起了亚马逊公司内部的严重分歧。亚马逊员工大多二三十岁，而且怀有贝佐斯的那种冒险精神，喜欢尝试新生事物；相比之下，来自本顿维尔的员工年纪大一些，大约四五十岁，他们对于这些傲慢的年轻人忍无可忍。其中众所周知的是来自沃尔玛的汤姆·夏普（Tom Sharpe)，他生性刻薄，还是一位外乡人，他接手了市场销售副总裁的职位，干了一年多一点。伯特维斯尔回忆起他和夏普第一次会面的情形。

> 夏普："你说你叫什么？"
>
> 伯特维斯尔："布莱恩·伯特维斯尔。"
>
> 夏普："好吧，听着，布特维泽（伯特维斯尔应是"Birtwistle"，夏普故意说错他的名字)，这儿都是成年人。我们来这儿是为了干大事的。"

来自沃尔玛的员工还产生了另外的矛盾。作为Drugstore网站创始人，贝佐斯和杜尔招募了一位名叫卡·拉曼（Kal Raman）的沃尔玛技术人员，后者还挑选了一位来自本顿维尔的前同事。这终于点燃了导火索。沃尔玛把亚马逊、凯鹏华盈和Drugstore网站一同告上了阿肯色州法庭，对外宣称亚马逊要窃取他们的商业机密。约翰·杜尔调侃说，他不能再安全回到阿肯色州了。

案子本身明显是一个警告，最终结案时双方没有任何损失，但却使处于统治地位的零售王国老大和傲慢的网络新军之间的紧张关系日趋白热化。瑞克·达尔泽尔的妻子凯瑟琳为新老东家的不睦感到担忧。有一次达尔泽尔向贝佐斯提及此事，不久，贝佐斯夫妇就前往达尔泽尔的家中进行了拜访，并带去了鲜花和山姆·沃尔顿的自传《山姆·沃尔顿：富甲美国》（*Sam*

Waron: Made in America）。

贝佐斯吸取了沃尔顿自传中的精华，而且沿用沃尔玛创始人的节俭作风以及“崇尚行动”的做法，并使其融入了亚马逊的文化中。在送给凯瑟琳·达尔泽尔的那本书中，他特意强调了一段文字，里面描述说，要从竞争对手身上吸取最好的想法。贝佐斯认为，每一家零售企业都应该站在前一位巨人的肩膀上。这本自传与亚马逊的创始人产生了共鸣。自传的最后一页写于沃尔顿逝世几周前：

> 沃尔玛式的传奇在今天这个时代还能重现吗？我的答案是，当然还会。或许现在就有人正在跃跃欲试——或许有成千上万的人在做——他们有足够多的创意支持其一路走下去。假如有人非常热切地追求自己心中的梦想，虽然期间会经历很多的失败，但也要锲而不舍地坚持下去。这全仰仗一个人的态度和能力，要不断研究和探寻商业管理的秘诀。

杰夫·贝佐斯就具备了山姆·沃尔顿所描绘的那些品质。他一直不愿意让亚马逊屈从于任何官僚的慵懒作风，希望不断有新的想法涌现，想方设法改进网站的过去做法，以吸引更多的顾客，始终走在对手的前头。

1998年初，贝佐斯全身心投入到一个叫做“个性化和共同体”（taxonomy of popularity）部门的工作中。这个部门主要是帮助顾客链接到感兴趣的图书、音乐和电影。那年5月，贝佐斯通过调研得知了亚马逊畅销书榜单排名前500位的图书，此时他灵感突发——为何不把所有书都放到网上，而不只是畅销书？他在接受《华盛顿邮报》采访时说：“当时我想，‘嗨，为什么我们的书单就列了几百本书？这可是互联网啊！不只要列出报纸上的畅销书，还要不间断地更新书单。’”[2]

这一想法不仅创造了一种新的畅销书分类方法，而且还向作者、读者和出版商提供了一个更佳的渠道——即极力迎合大众的趣味。一位亚马逊的老技术员格雷格·林登说："贝佐斯了解，对于作家来说，销售排行就像是兴奋剂。因此他坚持认为，只要新订单一来，书单就要随时更新。"

这是一个不小的挑战。亚马逊超负荷的服务器已经到极限了，甲骨文数据库的软件设计不能承载网络不断增大的访问量。技术人员要不断更新内容，迅速记录销售数据，且每几分钟就要更新网站新的排名。这个叫做"亚马逊销售排行"的服务系统于6月份推出以来，它不仅让那些每天不分昼夜地查看自己著作排名的作者感到不安，还让他们的配偶以及不少认真的编辑和出版商闲不住。资深编辑约翰·斯特林（John Sterling）说："我知道这会让人上瘾，但他们可能会提高效率，可以知道应该写一本什么内容的新书。"[3]

与此同时，亚马逊还申请了一项叫做"一键下单"的专利。这个系统是早在1997年贝佐斯和谢尔·卡芬以及界面设计师派瑞·哈特曼（Peri Hartman）共进午餐时想出来的，席间他说要让顾客在网上尽可能地轻松购物。哈特曼是华盛顿大学计算机系的毕业生，他设计了一个系统，可以预先把顾客的信用卡信息以及送货地点输进去，当顾客订货时只需敲一下按键就可以轻松完成一笔交易。

通过减少网络购物的一点阻力，即使是很小的一点，亚马逊又可以增加数百万美元的收入，与此同时，也为公司筑起了堡垒以抵御对手的入侵。名为"借助通信网络预制订单的方法和系统"（Method and System for placing a purchase order via a Communications Network）这一长达19页的专利申请于1999年秋通过批准。亚马逊注册了"一键下单"这个商标名称，一场多年来围绕着保护企业基础设施合法性想法的争论战打响了。

批评者认为这种一键式构想没有什么新意，通过这项专利表明了美国专利局懒散的官僚作风和不合理的专利审批程序。贝佐斯对此并没有提出反对意见——理性地说，他是专利改革的支持者——但他还是决心发掘任何现存的可能优势。他控告了巴诺1999年末对其专利的侵权行为，一审胜诉后，法院强令这家书商进一步增加其审核程序。2000年，亚马逊在授权费没有披露的情况下把专利授权给了苹果公司，并且想继续用它来对正在壮大且令人不安的对手施加压力。这个对手就是1998年中期头一次出现在亚马逊视线内的易趣（eBay），虽然事实证明成效并不是很大。

杰夫·布莱克本以前是一位达特茅斯学院橄榄球队的队员，后来成为亚马逊企业发展部的主管，他认为易趣对亚马逊的威胁比其他网站都要大。这是一家硅谷创业公司，成立于1995年，当时的网站叫做拍卖网（Auction Web），1997年赢利570万美元，1998年赢利4 740万美元，1999年赢利2.247亿美元。布莱克本意识到它发展的速度惊人，并且，更令人不安的是——这和亚马逊不同——它一直在赢利。公司拥有完善的商业模式：每一笔销售都获取佣金，且没有库存和邮购包装成本。卖主在网上发布公告来销售产品，谁出价高就卖给谁，然后他们自己负责把货物运给顾客。这家网站从一些收藏品销售起家，如豆豆娃（Beanie Babies）、棒球卡等，但它却阻碍了贝佐斯货品一应俱全的梦想的实现，并抢占了亚马逊万货商店的风头。

1998年夏，贝佐斯邀请易趣的创始人、伊朗裔美国人皮埃尔·奥米迪亚（Pierre Omidyar）和迪士尼前高管、现CEO梅格·惠特曼（Meg Whitman）到西雅图作客。当这两支高管团队初次见面时，易趣刚刚起诉了亚马逊；然而后来的十几年这两家公司的命运一直交织在一起。贝佐斯带着易趣团队参观了道森大街的物流中心。奥米迪亚回忆说，自己当时被仓储设施的现代化程度深深吸引，对工人们刺耳的说话声和身上的刺青也颇感惊讶。他说："我感觉这里的一切都很酷。"后来惠特曼告诉他："皮埃尔，别害怕。虽然这有些吓人，但我们过去根本想不到可以用这种方式来管理仓库。"

会议期间，高管们探讨了多种合作方式。奥米迪亚和惠特曼建议，当顾客搜索一些稀有货品时——如豆豆娃——可以把易趣的链接放在亚马逊网站上，同样他们可以在易趣上搜索汤姆 · 沃尔夫（Tom wolfe）这样的畅销书作家的作品。贝佐斯提出了亚马逊投资易趣的可行性。易趣高管于是转身走开了，因为他们觉得贝佐斯要斥资大约 6 亿美元收购易趣——差不多是其首次公开募股的市值，虽然后来布莱克本记不得当时是否签署了正式的协议。 然而，这没有关系。易趣高管相信，他们是在尝试一种新的虚拟商业模式——用供求关系来决定产品合适的价格。谈到一半时，贝佐斯又发出了狂笑。支持易趣的风险投资家们到处打探消息，人们议论说谁也不能跟杰夫 · 贝佐斯合作，而只能替他卖命。

贝佐斯并没有一眼看透易趣对其造成的直接威胁。但当易趣的销售额和利润上涨时，他还是担心顾客会自然而然地把易趣当做网上购物的自然出发点。虽然贝佐斯时常强调，亚马逊会把自己定位成 “一家以顾客为中心的公司，而并非以竞争者为核心的公司”，[4] 易趣带来的忧虑还是逐渐蔓延开来。员工们向报纸和杂志披露，新经济空谈会阻碍亚马逊的稳定发展，他们不仅担心易趣的前景，还担心零售价格的稳定性将会成为过去。

1998 年年末，贝佐斯在哥伦比亚大楼二层一处隐蔽的地方启动了一项秘密拍卖计划，这项计划被冠名为EBS，即世界上最重要的选择[即 Earth’s Biggest Selection，或者像员工们戏称的“明年春天的易趣”（eBay by spring）]。贝佐斯既没告诉他的员工，也没有通知他的高管，主要是因为直觉公司的创始人斯科特 · 库克（Scott Cook）兼具亚马逊和易趣两家董事会成员的双重身份。乔尔 · 施皮格尔和杰夫 · 布莱克本共同完成了这项计划，他们被授权在三个月内完成复制易趣的计划。

贝佐斯对击败易趣信心满满，特别是因为资金雄厚的亚马逊可以向卖方收取更低的上架费，并免费提供欺诈保险。因为预见到未来买卖双方需要与拍卖业实现无缝对接，贝佐斯斥资 1.75 亿美元收购了一家公司 Accept.com，这家公司为客户提供长达六个月的付款期限，当时尚未提供一项服务。但当贝佐斯突然空降时，它已经接近和易趣谈成一笔生意。

那年冬天，贝佐斯和库克及杜尔去阿斯彭滑雪，最后才告诉他们事情的原委。库克说：“他说，‘我们就要赢了，所以你们要考虑是否仍继续留在易趣，’他认为这是唯一的必然结果。”库克说他想再观望一下事情的进展。

亚马逊网上拍卖业务于 1999 年 3 月启动，虽然刚一开始进展缓慢，贝佐斯还是加倍努力，争取迅速步入正轨。他让一家公司在网上直播拍卖的过程，并且和老牌拍卖行索斯比签约，以进军高端产品，但还是徒劳无益。顾客可以通过亚马逊主页的分页来登陆亚马逊拍卖网。对于那些习惯于用老方法登陆亚马逊购物并且每件价格都可以预测的顾客来说，这简直就像是个臭烘烘的垃圾箱。

高科技企业从网络作用的活力中得到了启发——随着更多顾客的使用，产品或服务会变得越来越有价值。在网上市场，互联网的影响普及开来，卖方等着寻找进入足够多的顾客群的机会，反之亦然。在拍卖物品的种类上，易趣已经占据了巨大的优势。亚马逊的高管依稀记得这次失败。失败是惨痛的，但同时又让人感觉异乎寻常地振奋。

布莱克本说：“20 世纪 90 年代的竞争最为激烈，但那也是我在公司度过的最快乐的时光。我们拥有最狂热的人才团队，他们一直在想如何开发一个更加优质的拍卖网站。最终网络帮了大忙。你可以认为我们的想法非常幼稚，但我们确实创造了一个伟大的产品。”

贝佐斯并不承认失败。他后来在一系列试图把第三方卖主吸引到亚马逊的重大试验中，又错误地迈出了第一步。拍卖业务将会发展成为一个叫做 zShops的网站，这是一个为卖方提供的平台，允许他们在亚马逊网站按照固定价格来操作货品（zShops有时被称为杰夫俱乐部，类似沃尔玛的山姆俱乐部）。尽管如此，业绩还是不尽如人意。至少现在，网上的小卖主依旧心系易趣。

或许亚马逊拍卖网的最忠实用户就是贝佐斯自己，他开始收集各种有关科学和历史的古玩。给人印象最深的就是，他以4万美元的价格买了一个冰河世纪洞熊的骨骼，包括熊的阴茎骨。当公司总部在夏季又一次搬出哥伦比亚那破旧的大楼，搬进这座太平洋医疗中心大楼时，贝佐斯在走廊里向人们展示了这副骨头架子。旁边立着一个指示牌，上面写着：请不要给熊喂食。这所医院始建于20世纪30年代，颇具艺术风格，它座落在一座山上，可以俯瞰I-5国道。

熊——是股票市场一种市场态，一般持消极态度的人相信证券价格会下降，因此不会跟进。1998年12月15日，美国投资公司奥本海默（Oppenheimer）分析师亨利·布拉吉（Horry Blodget）做出了10年来最糟糕的预测，他预测亚马逊的股价会在未来一年内冲高至400美元一股——虽然亚马逊已经创造了每股200美元的网络股奇迹。这一预测成为现实的预言，预示着众人妄想的开始。仅一天亚马逊的股票就暴涨了46美元，三周后达到了400美元（经过配股后，仍高达107美元一股）。这时华尔街及各大报刊一拥而上，争相报导以造声势。报道中极尽溢美之词，投资者也开始渐渐失去了理智。

贝佐斯宣称自己不会因为这样的大肆宣传而受到影响。当网络的狂热与日俱增时，他却用一种独特的方式来加速亚马逊的成长。他推断，如果网络有扩张地盘的机会的话，亚马逊会火速去开拓这片疆土。当时他说："我们不把自己当作一家书店或音像店，我们想成为能让顾客自由选择任何货品的地方。"[5]

有两条途径可以实现这一梦想：要么就慢慢地发展——引入一个产品

门类，然后再引入另一个产品门类；要么就立即全线进军。贝佐斯两种方法都尝试了，他的想法非常古怪，员工们把这些称作“狂热梦想”（fever dream）。

从那时起，一个被称为“亚历山大”（非正式的名称是“诺亚方舟”）的公司内部计划开始启动了。按照该计划，只要发行一本书，公司就在肯塔基州的列克星敦市的新建物流中心中预存两本。这样花销太大而且效率也太低，大多图书上都积满了灰尘且占用空间，但贝佐斯想让顾客能够在亚马逊网站上找到任何一本书的标题，并立即买下它。可是采购团队还是没有按照总裁的意志办，他们只购置了那些最畅销的图书，然后挑选一些渠道商和出版商与其洽谈，希望他们直接向顾客提供那些他们预定的非畅销图书。

贝佐斯另一个荒谬的狂热梦想叫“法戈计划”（Project Fargo），是以科恩兄弟导演的电影命名的。贝佐斯想购买每位生产商的每一件货品，然后把它贮存在物流中心中。一位亚马逊的资深高管吉姆·雷切米勒（Kim Rechmeler）说：“首要的目标是要把亚马逊打造成人们购物的首要网站。如果你连竞技表演服都能买到，那么你还有什么买不到的？”

雷切米勒认为：“说得婉转些，‘法戈计划’没有得到老百姓的认同。人们不断地泼冷水，贝佐斯却一再要拯救它。我清楚地记得，在一次大会上，贝佐斯说服人们相信‘法戈计划’一定能成功。‘这是亚马逊历史上最重要的计划。’这几乎是原话。”最终，计划淹没在众人急切的反对声中。

很明显，亚马逊现在的运行模式，就是当初贝佐斯倾注心血的那个计划，即当顾客订货时，可以迅速供货。约翰·杜尔说：“数年来，我们一直想方设法达到当天送货的目标。”这一探索让他们在Kozmo.com投资了6 000万美元，这家网站货物一应俱全，从零食到录像带，都能送到纽约顾客的家里。（这家公司于2001年破产。）贝佐斯甚至大胆想象，亚马逊是否可以在曼哈顿每一个街区雇用一些大学生，让他们在公寓里储存一些日常用品，然后用自行车送货。员工们听到此言个个目瞪口呆。一位直流产品软件工程师布鲁斯 · 琼斯说："我跟他们想的一样，我们不是已经在担心发生在亚特兰大物流中心的盗窃事件了吗？"

这种狂热梦想或许还体现在 1998 年并购硅谷荣立公司（Junglee）的行为上，这是由三位斯坦福大学的计算机系博士创立的一家公司。荣立公司是网上第一家比较购物网站，它在各网络零售商那里收集信息，可以让顾客轻松比较一些产品的价格。亚马逊上市后，贝佐斯斥资价值 1.7 亿美元的亚马逊股票从雅虎手里抢夺了先机，那时雅虎也想收购荣立公司。贝佐斯打算把荣立公司的榜单放到亚马逊网站上，那样就可以使顾客搜索到任何商品的信息，即使亚马逊没有这些商品库存。

亚马逊管理层担心在加州设立分公司会产生销售税，因此他们坚持让荣立公司员工迁到西雅图来。未来几个月他们把这项服务作为亚马逊的特色推出，名为"网上购物"（Shop the Web）。当顾客在亚马逊搜索产品时，荣立公司的软件会产生价格列表和蓝色链接。但顾客必须得点击链接，这一过程实际相当于到另一家网站购买产品。许多亚马逊的高管都不愿看到，顾客离开他们网站而去其他网站购物。因此，"网上购物"只在亚马逊生存了短短几个月，然后就悄悄消失了。荣立公司首席运营官（COO）拉姆 · 施拉姆（Ram Shriram）在成为亚马逊的企业发展部主管之前说："大家都反对它。失败的部分原因是员工没有入股。"

从任何程度上来说，荣立的收购都是一个败局。1999 年末，所有荣立的创始人和大部分员工都离开了亚马逊，回到了旧金山湾区。但无论如何，对于贝佐斯而言这笔交易获得了意想不到的成果。拉姆 · 施拉姆平静地警告了两个斯坦福大学毕业的博士——拉里 · 佩奇（Larry Page）和谢尔盖 · 布林（Sergey Brin）——他们正想在互联网上重新构想搜索引擎。1998 年 2 月，施拉姆成为最有前途的小公司谷歌（Google）的四大投资人之一，他们每人持股 25 万美元。

投资后的 6 个月，即 1998 年夏，贝佐斯夫妇和朋友一起来湾区野营。他对施拉姆说，想见见谷歌公司的那些人。一个周六的早晨，施拉姆在当地的萨拉托加旅店去接贝佐斯夫妇，然后驾车去他家。佩奇和布林与他们一起共进早餐，并展示了最简单的搜索引擎。数年后，贝佐斯对记者史蒂芬 · 列维（Steven Levy）说，当谷歌这些小伙子在解释为什么不在主页上发布广告的原因时，他被他们“积极向上的坚持”深深打动。[6]

布林和佩奇用完早餐后离开了施拉姆家。贝佐斯再一次表明了对热情的创业家们驾驭互联网能力的坚定信心，并立即告诉施拉姆，自己想在谷歌进行个人投资。施拉姆告诉他，最近一轮投资数月前就结束了，但贝佐斯坚持索要和其他早期投资人一样的交易条件。施拉姆说他试试看。后来他去找了谷歌创始人，谈到了贝佐斯的远见卓识及其崭露头角的名人潜质，说这可以帮到羽翼未丰的谷歌公司。他们都对此表示同意。布林和佩奇飞回西雅图，和贝佐斯在办公室里谈了一个小时，内容是计算机设备的技术问题。拉里 · 佩奇说：“杰夫在早年的这些会面中提出的好些想法都非常有益。”

后来，贝佐斯确实成了未来竞争对手谷歌最早的一批投资人之一，当时亚马逊已经成立 4 年，他又创造了一笔财富，迄今这笔投资的市值超过 10 亿美元。(2004 年亚马逊上市时，贝佐斯对是否还拥有全部或部分当时持有的谷歌股票的事始终避而不谈。）施拉姆说：“他非常有先见之明。好像能看穿未来似的。他还相当精明，并且有自知之明，特别擅长于把握事情的尺度。”施拉姆于 2000 年离开亚马逊，但他一直是谷歌董事会成员。数年后他对这笔交易依旧感到匪夷所思。

面对公司内部对实际问题的关注，贝佐斯的狂热梦想逐渐消退，于是亚马逊开始寻找更加系统化的路径来扩展公司的业务范围。1998 年新增的音乐和DVD销售走势不错，因此亚马逊迅速超越了早期这一市场的领军者们，其中包括一家新的音乐销售网站CDNow.com和VCD、DVD销售网站Reel.com。起初亚马逊不能直接从唱片公司和电影制片公司得到货品。但就像在图书经营中一样，有许多中间渠道商，如Baker & Taylor，这促成了亚马逊的第一笔业务。随后亚马逊也就可以此直接向大媒体公司证明自身的可靠性了。

1999年初，大胆的贝佐斯又开始进军玩具和电子产品领域，这是公司两个新的经营目标。为了在新玩具展示时处于领先，零售业的资深副总裁戴维·瑞舍（David Risher）选择了刚从斯坦福毕业的MBA哈里森·米勒（Harrison Miller）。认为他能够从事玩具业务的资格就是，曾在纽约市的一家学校的五年级任过教。也就是说，米勒没有任何玩具零售的经验，这后来反复在工作中体现出来，但贝佐斯不介意，他正在寻找一个多面手——他称作“经理人”——可以迅速成长并且能做大事。

米勒成为布莱恩·伯特维斯尔唯一的助理，在节日购物潮来临之前，仅用了8个月就把玩具业务开展了起来。接到任务的几天后，他和伯特维斯尔便飞到纽约参加每年一度的玩具展，在登机口向人们分发玩具业分析师的报告。在那一周，他们还是用常规的方法来介绍自己，对方也都小心翼翼，因为这些公司不了解亚马逊与电子商务究竟是机遇还是挑战。玩具公司的执行者询问两位想买多少玩具，而这位年轻的亚马逊小高管确实不知道答案。

玩具确实和图书、音乐及电影大相径庭。没有第三方经销商来提供任何商品，也不能退回任何未销售的货品。大的玩具制造商谨慎地权衡给每位零售商的供应量。零售商必须在一年前就预测，下一个节日季[①]什么玩具好卖，因为大多交易都发生在家长6周内的疯狂选择，这大多是出于对孩子的纵

① 节日季，the holiday season，指美国、加拿大对圣诞节前后连串节假日时段的统称。通常指从11月底感恩节到下个新年初的一个多月时间。——编者注

容。如果零售商的判断失误，那就会陷入大麻烦，因为节日后，未售出的玩具就不能退回去了，会遭到像烂水果一样的命运。米勒说："玩具受时尚的驱使，就像是只凭借电影预告片来赌谁是奥斯卡获奖者一样有风险。"

亚马逊第一次不得不臣服于供货商，因为他们有销售产品的优势。为了获得《星球大战》（*Star Wars*）动作玩偶和来自于经典的星球大战三部曲的那些玩具，米勒、贝佐斯和约翰·杜尔与孩之宝玩具公司（Hasbro）董事长艾伦·哈斯菲尔德（Alam Hassonfeld）不仅要在旧金山费尔蒙酒店共进晚餐，还得去位于旧金山以北马林县的卢卡斯影业中心朝拜。米勒说："这是我们头一次不得不郑重其事地乞求对方来赏给我们一种货物。劝说供货商的整个过程成了一道难以逾越的鸿沟。"

那年夏天，就预测玩具业务的规模上，哈里森·米勒和贝佐斯在董事会上产生了磨擦。贝佐斯想让米勒花销 1.2 亿美元资金来囤积每种可能的玩具，从芭比娃娃、德国造的木制火车，到廉价的海滩塑料提桶，让孩子和家长在亚马逊网站搜索任何一件玩具时都永远不会失望。但有先见之明的米勒感觉到未来的凶险，因此降低了购买量。

贝佐斯叫喊起来："不！不！我给的是 1.2 亿美元。如果有必要的话，我会自己驱车到垃圾填埋场去。"

乔伊·科维说："杰夫，你驾驶的可是本田雅阁，路太远了。"

贝佐斯这次又赢了。公司准备在那年的节后向大头玩具店（Toys for Tots）进行巨额投资。米勒说："这第一个节日季喜忧参半，对顾客来说这个网店很有吸引力，我们也取得了巨大的收入，但除此之外，一切可能出问题的地方都在劫难逃。我们坐在 5 000 万美元的库存货物上。我让一些小伙子们从后楼梯爬出去，去纽约卖维尼熊；有人去墨西哥兜售数码宝贝，原价卖 1 美元，现在卖 20 美分。你必须尽快把这些物品兜售出去。"

电子产品遇到的问题更麻烦。为了上线这一门类产品，戴维·瑞舍挖了一个达特茅斯大学的毕业生，名叫克里斯 · 佩恩（Chris Payne），以前在亚马逊DVD店工作过。像米勒一样，佩恩也要向这些亚洲电子消费产品公司——索尼、东芝和三星供货商——恳求。

然而他很快就碰壁了。日本电器制造巨头视亚马逊这样的互联网销售商为勉强谋生的折扣店。他们拥有大型卖场，像百思买和电路城。佩恩对他们低声下气，请求他们给亚马逊供货。虽然拥有像英格拉姆电器公司这样的中间渠道商，但它的供货品种有限。贝佐斯于是派杜尔去跟索尼美国分公司的霍华德 · 斯金格（Howard Stringer）谈判，但无果而终。

这时佩恩不得不找第二位渠道商——也就是虽然合法但未经批准的水货批发商。零售财务经理兰迪 · 米勒从时装连锁公司埃迪鲍尔（Eddie Bauer）那里回到亚马逊，在一个漆黑的胡同中从汽车后备箱里拿货。他说："这不是一个长久的存货方式，但如果你实在想要为你的网站和商店淘一些特别的东西的话，你就需要这样干。"

从这些二道贩子手里淘货，让佩恩及其年轻化的电子产品采购团队完成了一部分亚马逊虚拟店的库存。但这没有打动贝佐斯，他恶狠狠地把这些货物比作前苏联的超市存货。亚马逊需要数年才能达到足够的销售额，在这些亚洲的大品牌中产生影响。目前，电器商店装修非常简洁。贝佐斯曾提出，1999 年电子产品销售额要达到 1 亿美元。佩恩和他的团队已经完成了三分之二的任务。

那年夏天，亚马逊正式宣布新的玩具和电子产品商店开张。9 月份，公司在曼哈顿中心城区的喜来登酒店举行了新闻发布会，以推广新的产品业务。有人出主意，认为喜来登酒店会议厅的桌子上应该摆满新产品的样品，来强调新产品的经营门类齐全。贝佐斯非常赞同，但新闻发布会之前那晚，他走进房间时，马上又大发脾气，他认为展品太少了。他对着电话向下属发威："你们想把生意拱手让给我们的竞争对手吗？真令人沮丧！"

哈里森·米勒、克里斯·佩恩和他们的同事当晚来到曼哈顿各商店疯狂扫货。他们疯狂购买，然后将它们塞到出租车的后备箱里。在先驱广场，米勒光在玩具反斗城（Toys“R”Us）里就花了1 000美元。佩恩刷爆了信用卡，不得不给妻子打电话，让她这几天不要再用信用卡了。这些商品终于能满足贝佐斯的要求了，但这一幕却为公司拉响了警报。为了在未来的节日里满足顾客需求和他们苛刻的老板的要求，亚马逊全体高管不得不采用真正的综合选择，来代替那些策略技巧和临时抱佛脚的方式。

* * *

在亚马逊疯狂热卖以及节日季到来时，贝佐斯又想到，应该把公司文化重新注入虽然年轻但不断壮大的队伍中去。公司给员工提供的办公桌是由门板拼成的，停车也仅给他们一点可怜的补贴，贝佐斯不断在公司推行节俭之风。位于太平洋医疗中心一楼的咖啡屋向顾客发放优惠卡，每位顾客消费满10次可以免费领一杯咖啡。贝佐斯现在已经坐拥千万资产，但仍经常能看到他从容地刷他的优惠卡，然后把卡递给站在旁边排队的同事。那时他还乘坐私人飞机出行，这架飞机是从当地的一位商人那里转租来的。每次他与同事一起出差时，总是强调：“这可不是公司出的钱，是我自己买的单。”

亚马逊于1998年收购德国的Telebuch和英国的BookPages（这二者都是电子商务网站），这给亚马逊明确公司的核心原则提供了机会。从萧氏公司来到亚马逊人力资源部工作的艾利森·阿尔戈尔（Alison Algore）一直在和贝佐斯探讨公司的核心价值观，当时贝佐斯正准备和Telebuch的创始人开始电话会议。他们就5项核心价值观最终达成了共识，并把它们写在会议室的白板上：顾客至上（customer obsession）、勤俭节约（frugality）、崇尚行动（bias for action）、主人翁精神（ownership）和人才招聘的高标准（high bar talent）。后来又加上一条：创新（innovation）。

贝佐斯不仅在办公室的墙上和物流中心粘贴这些标语，同时还考虑如何向员工灌输这些思想。为了强化高标准人才招聘这一观念，他还从附近的微软公司得到了很多启发。微软公司最著名的招聘程序包括，指派合适且经验丰富的面试官，通过和应聘人员交谈来后必须给出结论。安排资深高管来担任这一角色，是为了确保微软保持一贯的招聘标准。贝佐斯是从乔尔·施皮格尔和戴维·瑞舍那里了解到微软应聘程序的，然后精心策划了亚马逊招聘的版本，他把这称为“抬竿者（bar raisers①）”。

亚马逊发明的“抬竿者”项目——今天依旧存在——就是安排具有招聘天赋的员工做招聘人员。达尔泽尔与贝佐斯精心筛选招聘计划最初的主管，其中之一是萧氏公司的资深员工杰夫·霍尔顿。至少要有一位“抬竿者”参与到每一次招聘中，并有权否决不符合公司不断提高的全部应聘标准的应聘者。即使是人力资源部主管，也无权推翻“抬竿者”的否决票。达尔泽尔说：“许多公司在发展过程中，都放低了招聘标准，为的是满足他们的人力资源需求，但我们一定要确保亚马逊不会这样做。”

为了寻求一种方式来强化山姆·沃尔顿的“崇尚行动”的理念，贝佐斯又创造出了“放手去做”（just do it）这一奖项——这是对员工的一种认可，说明公司非常支持员工发挥主动精神取得显著业绩，尤其是在其主要工作职责之外取得的成绩。即使员工出现了很大的失误，也应该获得褒奖，因为他们承担了很大的风险并在此过程中展现了足智多谋的一面。为了强化节俭之风，贝佐斯认为不能设太高的奖励标准。因此他买了一双15码的耐克胶底运动鞋，这是从西北大学以前的篮球队员丹·克雷福特（Dan Kreft）手里买的，后来他成了亚马逊的一位工程师。这种随时可以从克雷福特那里买到的破烂胶底鞋，就这样成了公司的奖品。

---

① bar指横梁，raiser指提高横梁的人，bar raisers就是指跳高比赛中那个“抬竿”的人，而亚马逊的“竿子”就是不断提高的应聘标准。——编者注

员工在接受亚马逊这些新价值观的同时，都抱怨工作强度太大。随着亚马逊的不断壮大，贝佐斯对员工的要求更高了，周末还要召集会议，周六早晨还举办了一个由行政人员参加的读书俱乐部，并在会上不断重申要用心工作、努力工作和超时工作。这样一来，公司就对员工的家庭亏欠很多，在一些高管想要孩子时，不得不离开公司另谋高就。吉姆·雷切米勒说："杰夫不懂得工作与家庭的平衡，但他追求工作与家庭的和谐。我想他可能认为员工都能同时兼顾工作与家庭。"

这些矛盾经常出现在公司全体例会上的问答环节，这些会议曾经在西雅图最古老的摩尔剧场举办过多年。员工站起来之后直接向高管们发问，时常质询工作的巨大压力和疯狂的工作速度。有一次会议令人印象深刻，一位女员工向贝佐斯尖锐地提出，公司何时使员工能够兼顾工作与家庭。贝佐斯因为回答不上来，坦率地说："我们来公司是为了做事的，这是重中之重。这也是亚马逊文化的标志。如果你应付不了，无法全身心投入，那么你就不适合在这儿干。"

在亚马逊的财务部，这些精打细算的员工们正在夜以继日精神高度紧张地赶工。他们尽量理顺一些数据以做出预测，但除了看到一大堆亏损数据之外，看不到别的任何有用的内容。他们开始为公司担忧，因为公司现在拥有7家高成本的物流中心，并且更担心公司在物流派送的泥潭中孤注一掷。贝佐斯坚持认为，只要是和顾客利益沾边，公司就要全力以赴去满足，他否定任何为盲目实现高效而做出的计划。他在会上说："在这种环境下，如果你筹划的时间超过20分钟，就是在浪费时间。"

这两年来，华尔街对亚马逊的浪费行为采取了包容的态度。在季度收入报告结果出来之后的日常电话会议上，分析师们通常非常乐观并互相道贺，以至于亚马逊的高管们不得不避开那些傲慢自大的声音。在收入账目表上，他们写下了几个大字：谦虚、谦虚、再谦虚。还有好几次，他们又加上：千万记住，梅格在偷听，暗指易趣首席执行官在关注此事，并提醒大家不要泄露公司机密。

1999年春，华尔街上弥漫的愉悦气氛似乎已经消失殆尽。财经杂志《巴伦周刊》（*Weekly Barron*）刊登了一篇有创意的文章，标题为“亚马逊炸弹网站”（*Amazon.bomb*），意在对外宣称“投资者开始意识到这支充满传奇色彩的股票已经出现了麻烦”。[7] 文章有点言过其实，认为沃尔玛和巴诺将会摧毁这家新公司，但这立刻就降低了市场的热度。亚马逊下个月又发布了一份具有代表性的季度收入报告，结果表明销售额大幅度攀升，亏损也越来越多。这次的反响比较平静，亚马逊的股票其实也已经略有下跌。不祥的是，在电话会议上，分析师不再像往常那样庆祝胜利了。

当时,亚马逊的会计主管基林 · 布兰农（Kelyn Brannon）说，她和乔伊 · 科维把贝佐斯拉进一间会议室,向他展示了一种被称为“同比损益表”（Common-sizing the income statement）的财务分析表格。它将资产负债表的每一部分表达为一个销售百分比值。这些计算表明，如果按照当天的成交价，亚马逊未来数十年也不会赢利。布兰农说：“这是一个让人尴尬的时刻。”贝佐斯打算快速进发，朝着赢利的目标迈进。为了记录下这一瞬间，他拿当时的傻瓜相机为团队拍了张照片，然后把它贴在了办公室的门上。

然而，公司的巨额开销和不断增大的财务缺口在亚马逊管理层引起了恐慌。更加令人担忧的是，贝佐斯这位年仅35岁的CEO年轻气盛、反复无常，他还需要更多人的指点和帮助。当亚马逊董事会听到基层员工关于贝佐斯不倾听下属意见的抱怨声此起彼伏时，他们启动了公司最初10年来最糟糕的一项提议。董事会决定让贝佐斯聘一位首席运行官。

贝佐斯最终接受了这个提议。他认为公司应该储备更多的资深经理人，同时他还酝酿着花更多的时间来满足个人的其他兴趣爱好。亚马逊面试了许多资深高级管理人员，其中包括华尔街资深人士杰米·戴蒙（Jamie Damon），他刚被花旗银行主席桑迪·韦尔（Sandy Weill）解雇。亚马逊选定了年轻的乔·加利（Joe Galli），他曾是全球最大的电工工具生产企业Black&Decker的一位雄心勃勃的销售人员，曾开拓了美国得伟电动工具（Dewalt Power tolls）的营销渠道。贝佐斯、科维和约翰·杜尔迫切希望加利的加盟，因此6月份就和他签了约，把他从百事可乐挖了过来。就在一天前，加利还准备做百事可乐旗下菲多利食品公司的主管。[8]

贝佐斯根据约翰·杜尔的建议，亲自起草了一个创新型的报表。所有的亚马逊高管都要向加利汇报，然后加利再向贝佐斯汇报。加利还进入了亚马逊董事会。贝佐斯J团队被重新命名为S（S代表资深）团队。贝佐斯随心所欲地把精力放在了新产品开发、公共关系的营造和其他户外活动以及家庭上。麦凯奇此时怀上了他们的第一个孩子。那年年初，夫妇俩搬出了西雅图后来的公寓，搬进了位于华盛顿湖东海岸麦地那市那栋价值1 000万美元的豪宅。加利说："杰夫真想把精力放在慈善和其他多种兴趣爱好上，他要彻底改变亚马逊，这真令人兴奋。"

加利来自匹兹堡，他的父亲是意大利裔美国人，经营着一个废品回收站。加利自诩是一个擅长削减成本和资金周转的行家，他希望能对当时世界上最重要的商业圈产生影响。他走路时挺胸抬头，身穿奢侈品牌布里奥尼西服，为了引人注意手里经常拿着棒球棍。起初贝佐斯好像很喜欢他这样的装扮，他向全公司员工介绍加利时说："我希望加利更成熟一些，但我只能要求加利更加忘我地工作。"

加利就像是西班牙潘普洛纳街道上放出的愤怒公牛一样，给亚马逊带来了强有力的冲击。在他周围的任何地方，都能看到员工们干起活来无组织、无纪律，这哪像他在Black&Decker公司19年来学到的严谨管理体系啊！加利说："我们拥有来自于斯坦福和哈佛的优秀人才，他们每天奔波忙碌，然而我们这里却缺乏操作规程和控制。这像是牛仔们的西部世界。”他采取的第一个行动就是把微薄的办公经费砍去，取消了药品艾德维尔（Advil，一种止痛药）的免费取用。他认为这些都是完全没必要的花销。此事在员工中引起了轩然大波。

加利不擅长技术，这是一个致命弱点，因为公司员工经常把他们的工作地点戏称为软件开发公司，而不是一个零售商。加利只看秘书为其打印出来的电子邮件，他想改变亚马逊的文化：推行电话会议，以此来取代电子邮件。他非常注重公司的外部形象，他私自购置公司商务机，因为他要经常出差，去拓展亚马逊的海外业务。他曾经把保时捷多次停在大客户的车位上，大楼保安最终把车拖走，公司为此传得沸沸扬扬。加利后来只承认泊车位置不对。

1999 年 10 月，加利主持了一项美国北达科他州轻工连锁店Tool Crib北店的收购计划，准备在网上开设工具业务网站。他飞到克利夫兰与宣伟公司（Sherwin-Williams）高管会面，来共同调研增加油漆产品经营的可能性，尽管油漆不方便运输，并且有些颜色在网上展示效果不好，如瑞士咖啡色。他借用Black&Decker公司的一项成功营销噱头，把一大批黑色越野车组织起来，建了一个车队，车身上刷着亚马逊的标志；员工们可以驾车环城，向人们分发亚马逊网站的使用手册。这项计划由于其他紧急事务而搁浅。几个月后，这些车被扔在停车场，和当时的削减成本计划形成鲜明对比。加利说：“大多数公司会有 45 个创意被优先考虑，因此排序很容易，但亚马逊或许会有 150 个好主意，因为杰夫每天都会有一个新想法。”

贝佐斯和加利一开始就出现了隔阂。虽然贝佐斯亲自起草了公司新的组织结构图，但在加利任职期间，他一直牢牢控制着公司的主要命脉，从并购这些大事到网站主页的外观变化这些鸡毛蒜皮的小事都事必躬亲。加利认为，既然和公司签了约来掌管一些事务，就应该争取自己的权利。董事会成员汤姆 · 阿尔伯格说：“坦率来说，乔给公司制造了混乱，他想成为CEO，但他最终并没有得到这个岗位。”贝佐斯的第一个孩子普勒斯顿出生后，他休了一段时间的假，回来后发现公司陷入了一片混乱，这是加利简单粗暴的管理风格造成的。亚马逊和董事会现在陷入了领导层危机中。

但加利还是为公司做出了很多的贡献。他把分部主管哈里森·米勒和克里斯·佩恩提升为总经理，让他们管理盈亏账目及成本和赢利核算。由于在Black&Decker公司多年积累下来了与家得宝大型卖场打交道的经验，因此他决定引进传统零售业的理念。如从合作营销中赢利，或从供货商向顾客推出畅销品的合作性机构。科维由于三年来马不停蹄地工作，身体极度透支，加利帮助亚马逊从Delta（德高集团）招募了一位首席财务官，名叫沃伦·简森(Warren Jenson)。加利实在忍受不了吉米·莱特时常缺勤的情况，因为他经常要往来于公司和本顿维尔之间。迫于压力，莱特于1999年节日季到来之前辞了职。加利在招聘新的运营主管上起了很大的作用，他成功引进了来自联信公司（AlliedSignal）的杰夫·维尔克，后者后来成为亚马逊的中流砥柱。

1999年节日季前后，顾客蜂拥而至亚马逊网站。一年来耳闻网站的风生水起，购买大军准备大举进入这个充满诱惑的网站来一试深浅。亚马逊员工正在屏息等待这一时刻的来临。

亚马逊现在在美国有5家物流中心，在欧洲有2家。吉米·莱特和许多沃尔玛以前的好友纷纷离开亚马逊。以前专为运送图书而设计的软件系统，现在要调整为能够适应所有货品的运输系统，从电视机到儿童装沙子的沙滩玩具桶。亚马逊的致命克星——混乱局面——又重新抬头了。

不出所料，感恩节后，亚马逊最畅销的玩具脱销了。克里·莫里斯是从沃尔玛来到亚马逊的一位采购员，她说要组织亚马逊员工参观美国好事多连锁（Costco）以及国内所有的玩具反斗城，好让他们承接所有神奇宝贝系列玩具（Pokémon toys）和美泰的摇摆小狗玩具（Mattel's Walk'N Wag dog)，这是当时非常热卖的两款玩具。她把玩具反斗城网站新推出的所有神奇宝贝玩具一扫而光，充分利用对手的免费运输推广将所有货物运到弗恩利。莫里斯说："因为当年他们对电子商务还比较陌生，因此没有办法及时通知我们来购买他们的所有库存货物，等我们知道时已经晚了。"

再一次的需求增长促使公司启动了"拯救圣诞老人"计划。员工们告别家人要开始为期两周的紧张工作——接听客服热线或在全国的物流中心工作。公司为了省钱，安排每两个员工住一间房。对有些人来说，这是在公司度过的一段最难忘经历。但有些人相当不满，大声吵闹。弗恩利物流中心主管伯特·韦格纳（Bert Wegner）说："我并不认为他们是自命不凡，他们只是还不能习惯。他们没料到是这样，他们也不想如此。当时，许多人都控制不了这一局面。"

在弗恩利物流中心的那段时间，许多员工下班后都在里诺的赌场金块酒店（Golden Nugget）里打发时间；尤其当他们下完夜班后，会在早晨6点凑在一起，在赌场里边喝边赌。后来，有几位员工坚称他们这是一直在附近的"监狱"里工作，现在就像是放风的犯人一样，虽然这一说法现在已无人证实。资深员工汤姆·舍恩霍夫是当时被派往特拉华州的团队中的一员，当时那里的厂区遇到了麻烦，临时工的素质太差。他说："当时那里临时工很多，而且他们像是从康复中心出来的。"他目睹一位员工因为喝得烂醉而被开除，然后拼命辩解，涕泪横流。

舍恩霍夫和他的团队花了一周时间来打扫特拉华州物流公司的战场，并把员工组织起来。他说："我们工作起来非常投入和勤奋。可以说像驴一样拼命。目的是为了赶在圣诞节前来兑现我们的品牌承诺。我们坚信辛苦没有白费。"

吉姆·雷切米勒和乔尔·施皮格尔领导的团队突然造访位于佐治亚州麦克多诺80万平方英尺的新物流中心。这里的基础设施建设还未完成，员工们都还带着安全帽。团队主要是想解决一个叫被命名为“FUD”的问题，就是用替代品来满足对奇缺失货物的需求。这主要是针对一些在网上已经销售出去，但因为在巨大的物流中心丢失货物而无法出货的情况。这比几百名顾客订不到圣诞节礼物更加严重（虽然这种情况也很糟糕）。在节日季，分拣货物的机器超负荷运转，任何一笔订单如果中途卡壳，另一笔订单的完成也会受到影响，那么货物交运就会延迟。随着FUD问题的累积，整个运作过程就会受到影响。雷切米勒团队的任务就是要来解决这些难题。但很明显，只要有一个产品出现问题，就会波及整个物流中心，使其陷入混乱——比如丢失了一个托盘的Jigglypuff玩具。

据亚马逊数据库记录，这笔货物运到了物流中心。如果真是这样的话，那么货物不是放错了，就是被偷了。尽管雷切米勒组织了一个搜索队，但就像是大海捞针；在一个80万平方英尺的仓库里找一个小箱子，其难度可想而知。雷切米勒说：“这特别像电影《夺宝奇兵》(*Raiders of the Lost Ark*)结尾时的场景。”她赶紧来到附近的沃尔玛超市购买了几架双筒望远镜，然后分发给搜索队，以便大家能够扫视到金属货架的上层。

经过三天艰苦的搜索，凌晨两点雷切米勒沮丧地坐在办公室里，已经精疲力竭。此时，门突然开了。一位员工手舞足蹈地冲进来，雷切米勒以为她在梦游。然后她发现这位员工后面是一群跳着康茄舞的工人，他们兴奋地举着一箱子东西——这就是那个“丢失”了的那个的货物。

当1999年的节日季销售结束时，亚马逊的高管和员工终于可以喘口气了。销售额比上一年增加了95%，公司又吸引了300万新顾客，注册账户达到2 000万。杰夫 · 贝佐斯由此当选为历史上最年轻的“年度风云人物”，并被冠以“电子商务之王”的称号。[9]这成为亚马逊及其工作成果的绝佳见证。

公司一路坎坎坷坷，还因为一批积压玩具损失了3 900万美元。多亏员工齐心协力，才避免了让公司造成巨大的损失，也没有让顾客对公司过度不满。与此同时，如玩具反斗城公司和梅西公司这样的网站对手只生存了一个节日季就被顾客抱怨、媒体恶评弄得一团糟。甚至连邦联贸易委员会也介入进来，就未能兑现顾客承诺一事展开调查。[10]

次年 1 月份，每位员工都得到了休整，许多人还去度了假，回来后亚马逊举办了一年一度的节日化装舞会。新上任的首席财务官沃伦 · 简森在亚马逊上买了十几个芭比娃娃，并把它们缝在毛衣上。他诡秘地开玩笑说，他的装扮像是一件积压商品。哈里森 · 米勒认为这只不过是一句玩笑话。

亚马逊一直在尽量改善工作程序上的无序状态，并养精蓄锐以利再战。但它在不断靠近危险的悬崖，公司本身最清楚这一点。它的内部账目非常混乱；物流的迅速发展导致大量的货物错放和丢失，从而很难在第四季度结清账务。会计师杰森 · 蔡尔德（Jason Child）当时在亚马逊的德国分部工作，但后来为解决公司问题被召回西雅图来接管审计官的职务。他说："这是亚马逊历史上最让人疯狂的一个季度。"公司极力寻求外部的援助，通过安永公司招聘了一位顾问。这名顾问来了之后，几个星期都看到的都是公司的混乱情况，然后就离开了。蔡尔德和同事在 1 月末才结完了第四季度的账。

目前亚马逊董事会不得不解决领导层危机的问题。人们对加利颇有微词，他上台后公司一直人心不稳。许多员工认为贝佐斯也没有用心培养他的手下——既不倾听员工的问题，也不舍得在员工培训上投资。约翰 · 杜尔平静地与公司的许多资深高管通电话，让他们在管理层这一危机时刻充分担负起自己的责任。为了彻底解决这一问题，他向硅谷的传奇人物求助，这是一位哥伦比亚大学前橄榄球队教练，名叫比尔 · 坎贝尔（Bill Campbell）。

20 世纪 90 年代，坎贝尔担任过苹果公司的董事和直觉公司的CEO。他为人和善，一直以善于倾听而著称；他可以临危受命，让公司高层正视自己的过失。史蒂夫 · 乔布斯视他为知己，并且在 1997 年重掌公司大权时把他召进苹果公司董事会。在亚马逊，坎贝尔的任务非常明确，就是帮助加利与其他员工友好相处。几周内，他频繁往返于硅谷与西雅图之间，出席常务会议，会上基本不发言，然后就如何解决领导层问题与亚马逊经理们密谈。

当时的几位亚马逊高管确信，董事会又给了坎贝尔另一个秘密权力：看看是否能够说服贝佐斯，让他靠边站，由加利来接替他的职位。这和当时的硅谷用人原则不谋而合，就是用“成熟的管理者”来执行创始人的梦想计划。梅格·惠特曼已经接管了易趣；摩托罗拉高管蒂姆·库戈尔（Tim Koogle）接替了雅虎创始人杨致远。亚马逊董事会目睹了公司的巨额开销，以及日渐增大的亏损额，其他高管也在议论贝佐斯的冲动和控制欲。他们自然担心孵金蛋的鹅会把蛋压碎。

董事会成员里的库克、杜尔和阿尔伯格不同意上述说法，说他们根本没考虑过让贝佐斯靠边站，而且如果贝佐斯坚持不退的话，他们想让他靠边站也只是徒劳，因为他毕竟掌管着公司的一大半工作。2011年，当坎贝尔接受《福布斯》杂志（*Forbes*）采访时，明确地阐明了自己在亚马逊的角色：“亚马逊的杰夫·贝佐斯——我早年曾经问过员工他们是否需要这位CEO，其实我也曾做过CEO，为何你们要取代他？他这人虽然不理智，但能做出惊天动地的事情。”[11]

无论如何，坎贝尔最后总结道，加利是有意对员工的报酬和如私人飞机这样的特别福利给予关注，为的是笼络人心，而且他也看到了员工对贝佐斯的忠诚。于是他聪明地向董事会建议，还是继续聘用他们的创始人。

加利说，离开亚马逊是他自己的选择。在他加盟公司之前，就阅读了约翰·斯卡利（John Sculley）的《奥德赛：从百事可乐到苹果》（*Odyssey: Pepsi to Apple*）。约翰曾在20世纪80年代中期任苹果公司的CEO，而且使史蒂夫·乔布斯在董事会的一次政变后被解雇。加利说：“在我来到亚马逊时，我曾向家人和自己承诺，永远不做对不起杰夫的事——就像当初斯卡利对待史蒂夫·乔布斯那样。我只是感到杰夫越来越痴迷于他的愿景，以及公司未来的走向。我可以料想公司不会实现他的愿望。他需要一个执行能力强的助手。而我不想做二把手，这是我的天性。”

2000年7月，加利离开亚马逊去一家新成立的网站VerticalNet任CEO，由于不景气，公司很快破产。几个月之内，他又应聘了纽威尔集团（Newell Rubbermaid）——一家经营混乱的消费产品公司，在那主持经营了4年。这期间他历经了这家公司的大裁员和公司股票股价的一路下跌。他后来成为亚洲制造商创科实业（Techtronic Industries）的CEO，这家公司主要生产德沃牌（Dirt Devil）和胡佛牌（Hoover）吸尘器。他曾经在该公司主持了6年的公司发展工作。

加利离开亚马逊以后，董事会决定为贝佐斯物色另一位首席运营官。彼得·纽波特（Peter Neupert）是微软前高管，曾经营过Drugstore网站，几个月来一直列席资深经理人会议。但纽波特和贝佐斯在永久合作的方式上产生了分歧。贝佐斯开始意识到，他喜欢被员工簇拥的感觉，乐于关注一些工作中的细节，想成为一位主动参与工作的董事长。汤姆·阿尔伯格说：“他决定在未来的人生阶段不断缔造亚马逊奇迹，不甘心退居幕后做一些其他事情。”

那年的加利事件和公司所有的挫折，将给亚马逊留下永久的伤疤。当我撰写本书时，亚马逊还没有正式任命公司执行官和首席运营官。亚马逊在未来一段时间里不会再收购其他公司，即使打算收购，贝佐斯也会从以往的鲁莽行为中吸取教训。

当千禧年降临时，亚马逊正处在危险的边缘。2000年它不断亏损，数额超过了10亿美元，网络经济就像是从阳光明媚的一片蓝天一下子跌进了一个漆黑的山洞。早年，当贝佐斯不停为公司拼命工作时，他就曾向员工保证，亚马逊会度过债务和亏损这一危机时刻，其实——这杯苦酒都是在他异常狂热的时期自己酿就的。

第四章
价值一百多万美元的错误

亚马逊疯狂扩张时期管理层的混乱状态，只是对公司信念进行长时间检验的开端。2000 年到 2001 年这两年被认为是网络的萧条时期，公众和许多员工都对贝佐斯大为失望。大多数观察家不仅不再对亚马逊的前景进行预测，而且开始质疑它是否还能够存活下去。自从上市后，亚马逊股票的股价一直朝着一个方向运行，那就是上涨，还曾一度突破每股 107 美元（配股后）。然而在随后的 21 个月里，股价开始缓慢下行。下跌的速度令人始料未及。

股票市场的大逆转有几个直接原因。网络公司的过热消耗了投资商的锐气。没有实际商业模式的公司正在筹集高达数亿美元的资金，然后纷纷上市，坐等股票暴涨到极限，尽管这些公司的财政基础并不是那么稳固。2000 年 3 月，《巴伦周刊》的封面刊登了一篇文章，指出像亚马逊这样的网络公司正在风险投资上孤注一掷，而且在以疯狂的速度自毁前程。网络公司的繁荣大多建立在某种信念的基础上，即相信市场会给这些不赚钱的年轻公司成长的空间。《巴伦周刊》的文章更加剧了人们的恐慌，大家害怕清算日的到来。3 月 10 日，纳斯达克（NASDAQ）指数达到峰值，然后开始震荡，随即开始螺旋式下跌。

在接下来的两年里，其他一些事件对互联网公司负面情绪的全面爆发起到了推波助澜的作用，如安然公司（Enron）的倒闭和“9 · 11”恐怖袭击。但潜在的事实还是因为投资商不再对网络公司盲目乐观，认为要更加务实地看待网络公司的未来。这些公司中就包括亚马逊。

其他的网络公司有的合并，有的破产，而亚马逊却凭借坚定的信念、及时的调整和不错的运气度过了这个难关。沃伦 · 简森来自于德高集团，在财政上比较保守，曾任职于通用电气公司旗下的美国广播公司，后来成为亚马逊的首席财务官。他作出决定，公司必须拥有以套期保值方式存在的强大现金基础，以应对供货商出于担心而要求亚马逊提前支付货款的情况。摩根士丹利的全球技术集团的联合负责人露丝 · 波拉特（Ruth Porat）建议贝佐斯开拓欧洲市场，于是亚马逊于 2 月向海外投资商卖出了 6.72 亿美元的可转换债券。由于股票市场的上下浮动和全球经济陷入衰退，这一过程不像以前的融资那么顺利。因此亚马逊被迫提供非常优惠的利率（6.9%）以及灵活的兑换期限——另外也表明了今天的情况已不同以往。股票市场崩盘前一个月，这笔交易完成，此后任何融资行为都越来越难。亚马逊如果没有这次缓冲，就会在下一年落得资不抵债的下场。

与此同时，投资商与日俱增的疑虑以及紧张不安的高管的请求，最终劝服了贝佐斯改变经营方式。公司把“扩张优先”的运行方针变为：“规范仓库管理”(Get Our House in Order)。标语上写着：自律、效率、杜绝浪费。公司员工数量由 1998 年的 1 500 名变为 2000 年初的 7 600 名，现在连贝佐斯都同意需要休息休息了。新产品门类上线的步伐放慢了，亚马逊的基础设施也进行了升级换代，主要采用免费的运行系统 Linux（操作系统）。在这个硕大的物流中心，人们也开始协同作战以提高效率。沃伦 · 简森说：“公司又改头换面了，因为它不得不这样做。”

然而网络公司的不景气还是使亚马逊遭到了重创。员工不得不没日没夜地加班，牺牲了许多本应陪伴家人的节假日，以此来换取公司的巨额利润。低迷的股票价格把公司员工划分为两大阵营，老员工依旧是富翁（尽管他们的股票市值也缩水了）；但刚加盟进来的员工手里持有的股票却变得一文不值。

即使是高层管理人员，也对公司不抱太大幻想。据三位高管回忆，当年他们曾秘密地在会议室里把贝佐斯的“功”与“过”写在一块白板上。“过”这一栏里包括建立拍卖网、对zShop的兼并、对其他网站的投资，以及亚马逊其他大部分的收购行为。“过”远远超出“功”这一栏的内容，“功”只涉及图书、音乐和DVD的经营。新玩具、工具和电子产品的经营也前途未卜。

虽然经历了这一切，贝佐斯却没有对民怨沸腾感到任何焦虑和担心。高级副总裁马克·布里托（Mark Britto）说：“我们焦急地在公司里奔忙，脑子里满是‘我们怎么办啊？’”但杰夫却无动于衷。“我从来没见过在如此紧急时刻还能保持镇静的人。好像他的血管里流淌的是冰水。”布里托接着说。

在接下来动荡的两年里，贝佐斯为迎接未来的快速变化又给亚马逊重新进行了定位。在此期间，他和另外两位零售业的传奇人物见了面，他们把精力全放在了每天推出低价商品的策略上。他开始重新审视传统的广告方式，寻找降低成本的途径，以及邮购给货物运输带来的不便。他还表现出了一种正在形成的、极有特色的反复无常，他斥责那些高管们，说他们没有完成他所制定的莫名其妙的高标准。我们今天看到的亚马逊个性鲜明，其中不少个性化的特征成为贝佐斯和亚马逊在网络低迷时力挽狂澜的佐证，这对公司基层员工以及领导层普遍的信念动摇给予了有利的回击。

在此过程中，贝佐斯使许多高管感觉心力交瘁，因此眼睁睁地看着他们纷纷离开公司。当好几百家同样过分投资的网络和电信公司在网络公司的这次浩劫中被逼到生死边缘时，亚马逊却躲过了这一劫。贝佐斯又一次向众人证明了其他人的判断失误了。

当时，直觉公司的创始人和亚马逊的董事会成员斯科特 · 库克说："直到那时，我才看出贝佐斯的工作步调很单一，那就是不惜一切代价的全速发展。但我没看到他的赢利和效率。"大多数公司的执行人，尤其是第一次做CEO的那些人，都擅长于一件事——只知道跳他们熟悉的那支舞。

"然而坦率来说，我一度认为他不会成功。"

2000 年 6 月，和其他纳斯达克股票一样，亚马逊的股票股价一路下跌，这时，贝佐斯头一次听到了一个名字，这就是拉维 · 苏里亚（Ravi Suria）。他出生于印度的马德拉斯，父母是学校老师。苏里亚只身来到美国，就读于托莱多大学，然后又在杜兰大学商学院获得了MBA。2000 年初，这位 28 岁的小伙子还名不见经传。他在雷曼兄弟（Lehman Brothers）投资银行刚入职，做可转换债券分析师，工作地点在世界金融中心 14 层的一间狭小的办公室里。[1] 那年末，他成了华尔街交口称赞的分析师，但似乎不会成为贝佐斯和亚马逊的强劲对手。

在苏里亚职业生涯的头 5 年，他曾经供职于佩恩韦伯公司（Paine Webber），然后去了雷曼兄弟公司。他写了很多文章来披露一些仅限圈内人知道的问题，像电信公司和生物科技公司的过度投资问题。在高调进行第三轮融资和首席运营官乔 · 加利辞职之后，亚马逊对苏里亚求贤若渴。在亚马逊最新一季度收入发布后，苏里亚分析了前一个节日季的巨额亏损，认为公司目前正处在危机之中，在他发布的调研报告中，预测亚马逊的末日即将来临。

苏里亚在接下来 8 个月披露的所有报告中，有一份报告让亚马逊颜面扫地，其中写道："从债券的角度分析，我们发现亚马逊的信用度非常不佳而且每况愈下。”苏里亚认为，投资商们应该不惜一切代价消除亚马逊的债务，公司在渠道等方面的表现“也相当不专业”。最致命的分析是：“我们确信，公司在未来的4个季度中，现金流会枯竭，除非它能变戏法式地变出另外一笔资金。”

苏里亚的预测在全世界引起一片哗然，报纸纷纷在头版头条披露此事（来自《纽约邮报》的报道：分析师最终还是把网络公司的老底揭出来了[2]）。投资商对市场最初的下跌余怒未消，他们现在更是纷纷抛出亚马逊的股票，致使其股价下跌20%。

苏里亚的报告触及了亚马逊公司内部的要害。亚马逊公关部主管比尔·克里称报告为“一堆废话”。当贝佐斯接受《华盛顿邮报》采访时进一步对这一分析予以评论：“这是一堆不折不扣的废话。”[3]

从狭义上来说，苏里亚的分析虽然有先见之明，但确实是错的。由于又一批欧洲的债券融资，亚马逊现在拥有近10亿美元的现金和债券，足以应付供货商的欠账。再者，公司负面的资本运行模式还会继续从销售中获得收入以投资于公司运行。而且亚马逊在削减成本上还是有所建树的。

亚马逊的真正危险在于雷曼兄弟的预言应验了。如果苏里亚的预测引起供货商恐慌的话，他们会像银行那样催促亚马逊马上支付货款，那么亚马逊的支出就会提高。如果苏里亚的分析引起顾客恐慌的话，他们会纷纷远离亚马逊，因为铺天盖地的新闻报道会使他们相信，互联网只是一时的狂热，亚马逊的收入业绩肯定会下滑。那么一切将会真的陷入麻烦。换句话说，如果苏里亚和华尔街其他前景堪忧的公司能证明他们正确的话，亚马逊肯定就是错误的。亚马逊财务主管鲁斯·格兰迪内蒂说：“认为亚马逊处于危险边缘而引起恐慌的最主要原因是直觉而非现实。”

这也就是亚马逊损害控制的反应机制总是那么重要的原因。这年初夏，简森和格兰迪内蒂穿梭于美国和欧洲之间，不断与供货商会面并展示公司的财务状况运行良好。格兰迪内蒂说："必须在短期内粉碎谣言，证明清白。"

在一次旅行中，格兰迪内蒂和简森飞到纳什维尔向英格拉姆公司董事会做出承诺：亚马逊的财务状况良好。总裁约翰·英格拉姆告诉亚马逊高管说："好吧，我就相信你们。我喜欢你们的做事方式。"此时公司的董事长——英格拉姆的母亲正在旁边。英格拉姆接着说："如果你们公司完蛋，我们也会完蛋。如果对你们判断失误，我们不会只说'噢，没什么'。我们非常关注亚马逊欠我们的货款，因为那关系到我们的存亡。"

随着亚马逊的声誉和品牌不断受到媒体的攻讦，贝佐斯开始绝地反击。突然之间，他频频现身媒体——在美国全国广播公司（CNBC）财经频道接受报刊记者的采访，与投资人交谈——坚称苏里亚的分析是错误的，亚马逊方面没有问题。我当时是《新闻周刊》的记者，那年夏天，我采访了贝佐斯和简森。在今后10年和贝佐斯打的十几次交道的过程中，他头一次对我说："现在最重要的信息是，苏里亚对公司现金流的预测是错误的。确实是大错特错。"

在那次采访的文字记录中，贝佐斯表现得信心十足、信念坚定，因为他已经对杰夫主义驾轻就熟，即使10年后也是如此。他再次重申，为了基业长青，一定要恪守诺言，从失败中总结教训，创建一个品牌，不仅经营好图书和媒体产品，还要"重新从顾客入手，从零做起"。

但每当贝佐斯提到苏里亚的预言时，他都会予以反击。他说："首先，对于任何跟随亚马逊网站走过这段岁月的人们而言，这只不过是过去记忆的重放。"他在回应中还时不时地掺杂着阵阵大笑。"我知道，我们所处的时代，10分钟都将很长（大笑），但无论如何我们都需要用历史的眼光来看待问题……我的意思是，我问你一个问题，就是你认为公司的股票在过去3年内表现如何？事实上公司股票股价上涨了20%！因此人们的质疑是正常的。我经常谈论亚马逊网站，我不想和谁争论，但我们还是要面对不同的声音（大笑）。”

事实上，一切并不是那么顺利。来自于苏里亚的挑战和网络公司的破产已经改变了金融风向，贝佐斯在这一点上心知肚明。几周后，简森和贝佐斯静下心来仔细核查公司的资产负债表。他们得出结论，虽然公司的增长是合理的，但其固定成本——指物流中心和工资这两大块——开销太大。他们必须大幅度压缩开支。贝佐斯在一份公司内部备忘录中称，亚马逊“正在打地基”，2001 年第四季度就会赢利。[4] 简森说，公司“尽量努力明确收入的去向，给每个人都规定花销指标”。

但媒体没有让公司得到片刻喘息。当亚马逊于当年年末对外宣布其公司目标时，又招致了媒体新一轮的责难，指出公司应该按照形式上的会计标准来衡量公司的收益率——但如发放股票期权这样的成本却被忽视了——以此来取代比较传统的会计核算方式。

接下来的 8 个月中，拉维 · 苏里亚继续用负面报道来打压亚马逊。他的调研结果成为一块试金石，以此来验证人们对互联网时代的来临所持的看法。相信互联网承诺的那些人是在拿他们的生计作赌注，他们很可能对苏里亚的负面报道持怀疑态度。但认为新一轮的市场变化会威胁到互联网产业的那些人，他们对自然规律的认知以及他们的身份，似乎都让他们倾向于苏里亚的评论以及分析家们的相同意见，认为亚马逊网站不过是建立在飘摇不定、充满泡沫的股票市场上的一个狂热梦想。

这或许就是狂人贝佐斯为何被一个温文尔雅、戴着眼镜的纽约分析师搅得心神不宁的原因。对贝佐斯而言，苏里亚的思想中展现了非理性逻辑思想的迹象，这由此影响到了更广泛的市场：指出互联网革命和随之而来的再创新项目的涌现将会在不久的将来失去市场。据当时的同事回忆，贝佐斯经常在会上引用苏里亚的分析。财务部的一位高管用苏里亚的名字创造了一个术语来表示价值一百多万美元的超级数学错误；贝佐斯非常喜欢这个术语，因此开始反复使用它。

这个词就是：milliravi。①

每一家技术公司都梦想着成为一家超值的公司，因此它就必然会寻找接近其他公司顾客的工具。用行话来说，就是建立一个平台以方便与顾客的沟通。

当时，微软就是这一战略构想的典型代表。软件制造商都通过微软的Windows操作系统来为顾客定制产品。苹果公司为手机和平板电脑设计的操作系统iOS就成为移动开发商联系用户的一个平台。数年来，英特尔、思科、IBM和AT&T（美国电话电报公司）等公司纷纷建立平台，因占据有利地位而收获颇丰。

因此，不足为奇，亚马逊早在1997年就一直在考虑如何建立一个平台，以扩充其他零售商的电子商务。亚马逊的拍卖网就是第一次尝试。紧随其后的是zShop，这项服务允许其他零售商在亚马逊网站建立自己的店铺。但由于易趣受到大量夫妻店的广泛欢迎，亚马逊的两次努力都付诸东流。尽管如此，到2000年，根据公司内部的备忘录记载，贝佐斯一直在对员工说，那时公司的年销售额已经达到2 000亿美元，他想把收入平分为两笔，一笔来自于产品销售，一笔来自于亚马逊网站销售用户所付的佣金。

具有讽刺意义的是，1999年整个产业的过分扩张最终导致亚马逊渐渐成为一家电商平台。玩具反斗城公司虽然从日本软银（Soft Bank）和私人股权莫比斯股权合伙公司（Mobius Equity Partners）获得了6 000万美元的投资，以期创建互联网分公司ToysRUs.com（玩具反斗城网）,但在1999年的节日季期间却赔得很惨。它的线下零售商由于网站经常瘫痪和迟发订单招致了大量的负面报道，甚至错过了整个圣诞销售旺季。公司到头来因为没有兑现对

① milliravi是由million（百万）与Ravi Suria（苏里亚英文名）组合而成。——编者注

顾客的承诺，还向联邦贸易委员会交了35万美元的罚款。与此同时，亚马逊由于玩具积压也损失了3 900万美元，贝佐斯曾对此发过毒誓，要亲自驾车去当地的垃圾场填埋。

圣诞节后的一天夜里，玩具反斗城网站的首席财务官乔恩·福斯特（Jon Foster）在办公室里致电贝佐斯，口气冷冰冰的。福斯特建议双方联合起来。网上零售商可以提供主要的设施，线下零售商可以介绍产品知识并建立与供货商——如孩之宝——的人脉。贝佐斯提议玩具反斗城的高管与玩具部主管哈里森·米勒见面谈谈。公司在西雅图开了筹备会，但即使是这时候，亚马逊还是不愿意和一位主要的竞争对手合作。

第二年春，米勒和亚马逊的营运团队研究了玩具的存货和运输情况并得出结论：如果想获得玩具经营的高收益，销售额必须接近10亿美元。目前的最大挑战就是选货和进货——恰恰就是玩具反斗城网站的长处。

几周后，米勒和亚马逊企业发展部主管马克·布里托和玩具反斗城网站的高管在芝加哥奥黑尔国际机场的一间狭小的会议室里会面，开始就玩具销售业务上的合作进行正式谈判。米勒说："我们渐渐明白挑选芭比娃娃和数码宝贝产品的行为；他们也渐渐了解了建立世界级的电子商务设施成本有多么高。"

看来这次合作非常圆满。玩具反斗城玩具公司非常擅长为每一季挑选合适的玩具，他们和供货商关系密切，因此可以拿到优惠价和许多畅销品种的充足货源。亚马逊也自然施展了网络零售经营和及时向消费者供货的能力。正如人们所想，只要有杰夫·贝佐斯参与谈判，谈判时间就会很长。据乔恩·福斯特描述："简直是折磨人。"当两个团队头一次碰面时，贝佐斯就故意在会议室留了一把椅子，他解释说："这是给顾客留的。"贝佐斯把主要精力放在全方位选货上，并想让玩具反斗城玩具公司负责把每件玩具都放到网站上。玩具反斗城玩具公司认为这有点不切实际，而且成本太高。同时，它想成为亚马逊网站的独家玩具销售商，但贝佐斯认为这个条件太苛刻。

两个公司数月来一直处于对立局面。为了完成这笔交易，他们不得不各自做出一些让步。玩具反斗城玩具公司同意销售几百个最畅销的玩具，亚马逊保留了用非畅销品来补足对方货物类别的权利。8 月份，公司宣布双方缔结 10 年合作关系，亚马逊由此获得了一笔救命钱，从而解决了资产负债表上出现的问题。双方同意玩具反斗城玩具公司的库存可以放在亚马逊的物流中心——这是亚马逊向成本更高和综合性更强的业务迈进的第一步，这也为其他公司的业务搭建了平台。

这笔交易成为了亚马逊的一个样板。通过把玩具业务外包给玩具反斗城玩具公司，哈里森 · 米勒现在承担一个新创立的职务，即平台服务主管。技术部副总裁尼尔 · 罗斯曼（Harrison Miller）开始在全国寻找类似于玩具反斗城玩具公司这样的大零售商，希望能够达成更多这样的交易。

他们在不断和电子业巨头百思买接触，此前其连锁店的创始人理查德 · 舒尔茨（Richard Schulze）在一个周六上午举行的富有戏剧性的电话会议中，一直到谈判结尾都坚持自己的立场：让亚马逊授权自己独家经营电子产品的权利。贝佐斯对此予以拒绝。其他好几家公司也犹豫不决。

索尼公司想通过亚马逊来开发索尼风格的网上连锁店的可能性。作为谈判的一项内容，索尼美国分公司负责人霍华德 · 斯金格还到位于弗恩利的亚马逊交货中心进行参观。令他记忆犹新的是，他在仓库地板上恰好看到了一大堆索尼产品。从严格意义上来说，亚马逊不应该销售其产品。斯金格和其同事开始察看标签并在上面写下产品标号，以此来确定这些产品的来源。那笔交易也因此泡汤了。

但在 2001 年初，亚马逊的努力终于有了起色。公司和鲍德斯书店达成了一笔交易，然而却为此铸成了大错，因为亚马逊在纳什维尔城外建立了一个巨大的物流基地，用来储存网上的订单货物，但他们后来发现公司只需要建立一个规模较小、比较分散的仓库，就可以把书以较低成本快速交到顾客的手上。几个月以后，亚马逊同意接手美国在线的购物频道，以此回报对方前期的1亿美元投资。亚马逊还与电路城达成了一笔交易，亚马逊负责对方的存货，对方帮助亚马逊充实匮乏的电子类产品货源。

所有这些交易都在短期内改善了亚马逊资产负债表的状况，但从长远来看，各方之间肯定会出现一些矛盾。通过亚马逊网站，零售商们耽误了对新兴产业了解的进度，并把忠诚的顾客拱手让给了这个野心勃勃的暴发户。对于鲍德斯和电路城来说，这只是遇到的诸多问题中的一个，这两家企业在2008年金融危机最严重时走向破产。

贝佐斯从来就对这种交易心存不满，而且也不愿意把“货品无限选择”（limitless selection）这一可贵的想法放弃掉。尤其是与玩具反斗城公司的这笔业务确实有利可图。但贝佐斯却变得越发焦虑，因为亚马逊在提供多种玩具选择上越发困难。这最终在几年后对两家公司的合作关系产生了重大影响——双方在联邦法庭上的互相攻讦。

2000年夏，随着拉维·苏里亚继续当众打压亚马逊，亚马逊的股票开始加速下跌。在6月份的3周里，亚马逊股票股价从每股57美元跌到33美元，股值几乎损失了一半。亚马逊员工开始担忧起来。贝佐斯在办公室的白板上胡乱写上“我不在乎股票价格”的字样，并告诫员工不要受到与日俱增的悲观情绪影响。他在一次全体大会上说：“当股票股价涨30%时，你并没感觉到你比过去聪明了30%，因此股票股价跌30%时，你也不应该感觉比过去愚蠢了30%。”他还引用了一位英国出生的投资商本杰明·格雷厄姆（Benjamin Graham）当初勉励沃伦·巴菲特（Warren Buffett）的话说：“短期来看，股票市场像是一个投票机器。从长远看，股票市场是一个计量器”。它能衡量一个公司的真实价值。贝佐斯声明，如果亚马逊把重心放在顾客身上，公司的前途会一片光明。

贝佐斯似乎对开发顾客体验是如此着迷，他为此赌了一把大的——把亚马逊的“魁地奇扫帚”维系在《哈利 · 波特》（*Harry Potter*）系列幻想小说的当红上。7 月，J · K · 罗琳（J.K.Rowling）出版了《哈利 · 波特》系列小说的第四部《哈利 · 波特与火焰杯》（*Harry Potter and the Goblet of Fire*）。亚马逊可以为顾客提供 40%的图书折扣以及快递服务折扣，因此顾客在 7 月 8 日——这也是新书发布的当天——就能拿到书。亚马逊每成交 25.5 万张订单就会损失几美元，这就和华尔街这种常见的亏钱话题一样无足轻重。但贝佐斯只把它当作是建立顾客忠诚度的一种行为。这年夏天，他在接受我们的一次采访时说：“面临这种二选一的情况时，你如果为顾客着想，就会伤害投资者，这很棘手。”

亚马逊的高管都出面了，但《哈利 · 波特》的促销还是没有搞定。当时负责图书业务的亚马逊高管林恩 · 布莱克（Lyn Blake）说：“我当时一直在想，‘天啊，要花许多钱’。”她后来不得不承认贝佐斯是对的。“我们能够对所有畅销书品头论足，而且能听到人们在家门口看到送货员时都在讲述这些故事。我们是从司机那里得到的客户评价，这是他们最快乐的一天。”那年的六、七月份，当《哈利 · 波特》新书出版时，大约有 700 多个有关它的故事里面都提到了亚马逊。

贝佐斯沉迷于提升顾客体验，只要看到谁不专心，或者他认为没有展示其大胆设想才能的都会首当其冲成为他的出气筒。这期间经常成为贝佐斯发泄对象的就是客服部副总裁比尔 · 普莱斯（Bill Price）。

作为一名长期为远程媒体控制接口的供应商工作的资深人员，普莱斯于 1999 年加盟亚马逊。他曾在一次会议上建议，应该允许经常出差的高管乘坐商务舱。这冲撞了贝佐斯。贝佐斯经常说，他希望员工畅所欲言，但有时也不喜欢别人给他出难题。普莱斯多年后回忆起当时的情景依旧心生疑惧：“你可能想得到，我不想让咱们的公司飘摇不定。而杰夫猛拍桌子，大发雷霆，‘我们不要光想这些！这是最令我沮丧的主意！’”

普莱斯接着说：“其实其他人都认为高管应该乘坐商务舱，但只有我把这个想法提了出来。”

2000 年的圣诞节对普莱斯的打击最大。他主管的客服部通过跟踪调查得到了两个重要指标：一个是平均谈话时间（就是员工和顾客的电话交谈时间），一个是每一笔订单与顾客的接触频次（即谈成每笔交易需要与顾客通电话和发电子邮件的次数）。贝佐斯要求普莱斯降低这两个指标，但这基本上实现不了。如果客服代表在电话旁待的时间足够长就能解决每一位顾客的问题的话，那么每笔订单的接触频次就可能下降，但平均谈话时间就会延长。如果客服代表想快速结束与顾客的交谈，平均的谈话时长就会缩短，但顾客有可能还会把电话打回来。

贝佐斯不关心这样的简单计算。他讨厌顾客打电话进来，认为这是系统设计的缺陷，他相信顾客可以通过自助服务自行解决问题。[5] 当顾客打进电话时，他希望快速并且一次性地解答顾客的问题。这其中也没有什么理由。普莱斯只想让他的团队努力工作，但由于资源有限，有时招不来新人，因此每个人都累得精疲力竭。

在一个被称为“作战室”（the war room）的会议室里所举行的高管团队例会接近尾声了，在圣诞节前后，这样的会议每天都要举行，他们将就公司和顾客的主要问题进行探讨。公司大约 30 多位高管纷纷涌向位于太平洋医疗中心顶层的会议室，在这里可以俯瞰整个普吉特海峡（the Puget Sound）。随着圣诞节销售的不断升温，亚马逊的电话热线占线的时间越来越长，贝佐斯在会议一开始就询问普莱斯顾客的等待时间有多长。然后普莱斯打破了亚马逊的基本规矩：他向贝佐斯保证，不会超过一分钟，但没有更多的事实依据。

贝佐斯问："真的吗？让我们拭目以待吧。"会议室桌子中间有一台电话，贝佐斯拨通了亚马逊的800客服电话，然后按了免提。顷刻之间，与屋内气氛不和谐的欢快音乐响彻整个会议室，这是电话的等待音。贝佐斯把手表摘了下来，故意当众计时。让人难以忍受的一分钟过去了，然后是两分钟。其他的高管顿觉不安，普莱斯偷偷拨通手机招呼他的部下。此时贝佐斯的脸涨得通红，飓风警报系统——他的前额青筋直跳，咆哮声响彻整个房间。大约四分半钟就这样过去了。后来，根据参加会议的众多人叙述，这种等待实在太漫长。

终于，一个欢快的声音响了起来："您好，欢迎致电亚马逊网站！"贝佐斯说："我打电话就是为了证实一下情况。"然后啪的一声撂下了电话。随后，他对着普莱斯大声怒吼，斥责他的无能和说谎。

普莱斯于10个月后离开了亚马逊。

正当亚马逊高管拉拢一些大零售商时，有一个竞争对手也正在想拉拢他们。易趣的CEO梅格 · 惠特曼和他的二把手杰夫 · 乔丹（Jeff Jordan）那年秋天来到亚马逊，并开出了诱人的条件：他们想接管亚马逊的烂摊子——亚马逊拍卖网的业务。

惠特曼有非凡的说服力。她特别强调了亚马逊对难以驾驭的小零售商们的关注，认为亚马逊的零售业务把主要精力放在了管理第三方销售商这些基本业务上，因为亚马逊和这些商人经常售卖同样的货品。但亚马逊和易趣之间却起不了这样的冲突，因为易趣不卖任何东西。惠特曼认为这笔买卖既可以为亚马逊解决问题，同时易趣在拍卖主营业务上的地位也可以得到巩固。这是一个典型的双赢策略。

当初贝佐斯保住了拍卖网和zShops在亚马逊网站的生存，现在出于同样的理由，他拒绝了惠特曼的邀约。他不准备放弃亚马逊成为中小型零售商平台的愿望。对贝佐斯而言，现在亚马逊网站上的第三方销售不景气是由当时的特殊环境造成的。

拍卖网和zShop经营的主要问题是，它们隐藏在亚马逊网站里而不被顾客关注。贝佐斯认为这相当于走进了死胡同。为了让每一笔交易都运行顺畅，他们通过一个叫做Crosslinks（横向联合装置）的软件来链接相关零售网页上的第三方拍卖。例如，销售霍金老式钓鱼竿的卖主，可以通过Crosslinks把拍卖品放到有关假蝇钓鱼的书籍和电影的网页上。[6]

亚马逊打算用数学算法来分析产品网页和拍卖网页上的特殊语句，然后自动把相同的产品匹配起来。这种技术明显存在着一些失误。例如，小说《金色罗盘》（*The Golden Compass*）续集《精工小刀》（*The Subtle Knife*）的产品网页会链接到拍卖网上的许多信仰生存主义的卖主那里，他们希望猎取一些弹簧刀和纳粹党卫军军械。乔尔 · 施皮格尔说："搜索结果不尽如人意，有些人一生的使命就是销售儿童书，他们会冲进我的办公室大声嚷嚷，究竟为什么把纳粹纪念品列在我的网页上？"

2000年秋天的一个周末，贝佐斯召集高管成员和一些管理人员，来到他坐落于麦地那的湖边别墅的地下室开了一天的会，研究为什么第三方销售商的努力不见成效。尽管存在着很多问题，但团队意识到产品网页上的Crosslinks给第三方销售商带来了大部分的流量。

这一观察结果很重要。亚马逊网站的流量主要集中在公司比较可靠的产品门类上。在易趣上，顾客可以搜索海明威的小说《太阳照样升起》（*The Sun Also Rises*），可以得到几十本拍卖的新版和旧版书。如果顾客在亚马逊网站搜索，则只有一个网页，上面有小说的详细介绍，这就是顾客为什么选择亚马逊的原因。

有一天，亚马逊高管推断，他们拥有网络上最权威的产品，他们还应该继续开发。似乎这就是他们的核心思想——不仅要把亚马逊打造成一个为小型网络商人服务的蒸蒸日上的网络平台，还要成为今天的成功巨头。如果亚马逊想在网站上掌控其他的销售商，必须把他们的产品连同亚马逊的产品一同列在顾客真正光顾的网页上。杰夫·布莱克本说："这是一次伟大的会议，会议结束前，我们都坚信这就是公司的未来。"

那年秋天，亚马逊宣布启动一项新的计划，那就是建立Marketplace商店，主要是经营二手书。其他书商受邀在亚马逊自己的图书网页上的一个方框中来直接宣传他们的产品。顾客必须从亚马逊或第三方销售商那里来选择商品。如果选择第三方销售商，或许是由于他们能提供更低的价格或产品在亚马逊脱销了，这时亚马逊可能会损失部分利润，但可以收取一些佣金。尼尔·罗斯曼说："贝佐斯一开始就头脑清晰。如果谁比我们卖得便宜，我们可以让他们去卖，同时研究对方为什么能卖这么便宜。"

Marketplace商店始建于2000年11月，主要经营图书，它很快就招来了一些人的反对。有两家贸易集团——美国出版商协会和作家公会——都在自己的网站上发布了一封公开信，抱怨说亚马逊用二手书取代了新书的销售，在此过程中剥夺作者应得的版税。[7]信中说："如果你对二手书销售的大力宣传能够赢得美国消费者的欢迎，这项服务将会大大影响新书的销量，并会直接伤害作者和出版商。"

这一抗议和Marketplace所引起的亚马逊公司内部的恐慌相比，实在不算什么。产品销售经理意识到，他们可能会将一笔交易拱手让给竞争对手，而原因在于店铺自身严格的安全限制措施。更糟糕的是，顾客可能会对这个销售商印象不好，因此会给出负面的评价。公司的顾客目前必须要应付这些愤怒的出版商以及其他生产商，因为那些生产商想知道为何这些小规模的、未经授权的销售商的二手货能够和他们的新产品一起销售。当亚马逊不断努力推出新书以及从第三方销售那里获得的二手书以使经营门类更加齐全时，双方数年来的争论也渐渐地归于平静。事实上，在Marketplace商店，对于亚马逊公司内部的零售商而言，要想完成贝佐斯下达给他们的高定额是非常困难的。

克里斯·佩恩回忆起当时对Marketplace的第一印象时说："假设你现在负责无以数计的库存货物，这时一个疯子突然把他的低价的破烂玩意儿放到你的网页上，不引起矛盾才怪呢！"

多年来，新策略使得不同组织之间的关系一直很紧张，如亚马逊和供货商之间、产业集团和公司之间。然而贝佐斯却可以无视这一切，只要在此过程中能够为顾客提供更多的选择，亚马逊就会不断增添新的业务。贝佐斯这一并非出于直觉的出色策略让每个人都觉得不安，即便是他的同事也不理解。马克·布利托说："像往常一样，杰夫又一次与全世界唱反调。"

企业发展部高管布利托和道格·博亚科（Doug Boake）在亚马逊收购Accept站时加盟了公司。2000年12月一个周六的早晨，布利托接到手机电话时，两人正在弗恩利的礼品包装车间。电话是贝佐斯打来的，告诉他们晚上在阿肯色州的本顿维尔见面，然后去沃尔玛考察。

这听起来令人匪夷所思，因为双方是主要的竞争对手，但亚马逊还是打算说服沃尔玛来接管它的网站。沃尔玛是当之无愧的零售业大王，一年来在全世界开设了数百家分店，市场的不景气似乎并没有撼动它的地位。沃尔玛历史上第三位CEO李·斯科特曾经以私人身份邀请贝佐斯到家中做客。布利托和博亚科高兴地把手里的礼品包装放下，奔往里诺机场。

那天晚上，亚马逊高管在本顿维尔汇聚，在那里他们体验到了沃尔玛的节俭之风。沃尔玛为他们预订了当地的天天客栈（Days Inn）。当天晚上，贝佐斯、布利托和博亚科在附近一家麻辣小馆就餐，然后在古老的城市广场上一起散步。

第二天早晨，三辆黑色的雪佛兰Suburbans大型越野车排成一溜儿，按照约定时间驱车奔往宾馆。司机都带着耳环、墨镜，表情严肃。亚马逊的高管们被带上了一辆十人轿车，由众多保镖护卫，场面令人侧目。虽然贝佐斯没见过这种场面，但也在想自己的未来是不是能有如此的威风。

车子开进了一个带有警卫的小区，离高尔夫球场不远，亚马逊的高管们下了车，走上台阶，敲了敲大门。沃尔玛CEO的妻子琳达 · 斯科特（Linda Scott）打开门，她很快就让他们感觉非常轻松。她告诉贝佐斯自己非常崇拜他，几周前还曾在美国全国广播公司财经频道的财经论坛上看到过他。

在拥有巨大外飘窗的餐厅里，亚马逊高管会见了李 · 斯科特和其首席财务官汤姆 · 舍维（Tom Schoewe）。吃着点心，喝着咖啡，两位CEO推心置腹地谈了两个小时。他们谈了两个公司之间的相同文化，还谈到了贝佐斯曾引用过山姆 · 沃尔顿自传中的一些经营原则。贝佐斯大概地介绍了在协同过滤系统的支持下——这是一种数学算法，用以锁定哪些顾客在购买一件产品的情况下，有可能再购买其他系列的产品——亚马逊在个性化和技术方面所做出的努力。

斯科特意识到沃尔玛也有相同的技术。它可以判断某个商品——如孩子们玩的地球仪——是否可能带动其他相关产品的销售，如彩色画图本，要是它们被并排摆放在商店货架上的话。两家公司都对这种合作方式的尝试产生了兴趣。

斯科特还谈到了沃尔玛如何把广告和定价视作是同一范畴内的两端。他说："我们在市场营销上只花费了40%的营销费用。看看我们的股东报表就知道了，大多数报表的内容都在媒体公开，以便让人们了解商店的运行情况。其余的营销费用我们用在了降低价格上。我们的营销策略就是定价策略，即天天都是低价。"

瑞克 · 达尔泽尔曾在会面前就提醒贝佐斯，要小心这位精明狡猾且诡计多端的沃尔玛CEO，但贝佐斯早就把前辈的叮嘱抛到脑后了。亚马逊一直自认为是一家电子商务公司，而不是零售商。现在，贝佐斯需要了解这个专业领域里的基本原则，因为直到那时，贝佐斯还可说是一个门外汉。

大约谈了一个小时后，沃尔玛的高管们纷纷工作去了。斯科特想知道亚马逊究竟是怎么想的。高管们随即介绍了与玩具反斗城玩具公司的这笔交易和玩具网初创阶段的运行情况，以及如何为其他零售商管理物流仓储。斯科特对是否继续进一步谈判也不置可否。会谈末尾，他探身询问贝佐斯："还有比现在更进一步和更具战略性的内容需要我们考虑吗？"

贝佐斯说，他在考虑如何让沃尔玛对他的建议更感兴趣。两人握手道别，亚马逊的高管们重新来到了等在门前的雪佛兰车里。在他们去往机场的途中，布利托和博亚科一致认为斯科特的临别语意味着这笔并购生意有希望。贝佐斯问道："真的吗？他是这个意思吗？"

贝佐斯当然不希望把公司卖给沃尔玛，斯科特也不同意把沃尔玛的一部分网上业务外包给亚马逊。两位零售商之间的谈话后来没有丝毫进展，这次会议成了历史上的一件奇闻趣事，只剩下一堆诱人的建设性意见。两家公司将会继续各走各路，数年后还将会成为冤家对头。

* * *

2001 年 2 月，拉维 · 苏里亚又一次冒了出来。他出版了一份报告，对亚马逊的储备资金提出了质疑。亚马逊面临着高达 1.3 亿美元的债务利息，如果公司继续亏损的话，苏里亚预测公司到年末将会面临严重的资金短缺。

这次，亚马逊没有和他发生正面冲突。亚马逊发言人比尔 · 克里在一次采访中反驳说，苏里亚的预测非常愚蠢。[8] 沃伦 · 简森亲自拜访了雷曼兄弟公司副总裁霍华德 · 克拉克（Howard Clark）；约翰 · 杜尔致电雷曼兄弟投资银行首席执行官迪克 · 福尔德（Dick Fuld），恳求他对苏里亚的调查结果进行审查。

数年后，位于曼哈顿中心城区的川普酒吧里灯光昏暗，里面的摆设锃光瓦亮，苏里亚在一次鸡尾酒会上抱怨说，亚马逊在那段时间给他施加的压力让他无法忍受："雷曼想解雇我。公司里的每个人都对我恨之入骨。我每次拿起电话时，都能听到有人在对我咆哮。"

苏里亚现在帮助公司管理套保基金的业务。他对这家网络零售商的印象非常不好。"亚马逊就像是一个高中生，专拣小学生欺负。我现在 29 岁。（对他们而言，）这是一个世界观形成的关键时期；然而就我而言，他们彻底摧毁了我的世界观。它毁了我两年的美好生活。"苏里亚认为贝佐斯简直就是个"疯子"，自从与亚马逊交恶后，他发誓再也不在亚马逊上购买任何东西了。

毫无疑问，投资商也受到了苏里亚分析的影响。2 月份的调查报告使得亚马逊的股票股价一路狂跌，一直跌到一位数。这是苏里亚在雷曼公司的最后一份报告，随后他加盟了迪凯纳资本管理公司（Duquesne Capital Management）的套保基金业务部。与此同时，还发生了另一场轩然大波。当月公司律师提交的一份监督报告表明，贝佐斯打算卖出一小部分股票，市值大约 1 200 万美元。因为雷曼公司允许亚马逊在苏里亚的报告公布前可以看一下——这也恰好是贝佐斯向证券交易委员会提交抛售股票时间的当口，他在这一"坏消息"公布前把亚马逊股票全部抛出了。

回顾过去，任何人都看得出来这与事实有天壤之别。贝佐斯依旧坚信他的冒险事业会取得最终的胜利。但证券交易委员会——却招致批评者的一片骂声，因为它纵容了网络公司的泡沫——不得不宣布要调查内部交易的可行性。最终调查无果而终，但在众多出媒体中，只有《纽约时报》在经济版头条着重披露了这一消息。[9] 沃伦 · 简森说："我不在乎你是谁，也不管你有多么敢作敢当，当你拿起《纽约时报》，看到上面登着你的照片并斥责你参与内部交易时，你一定不会觉得这很好玩。经历塑造了我们。这也造就了贝佐斯现在的性格。伤疤不会这么快就愈合。"

现在亚马逊要再次面对一路下跌的股票价格和过度扩张所产生的恶果。

同月，亚马逊又对员工的股票期权进行重新定价。他们可以用三股原始股来交换目前价格的一股股票——这一举动是想激发员工的士气，虽然随着股票不断探底，他们的期权已经没有价值了。亚马逊还宣布了打算裁减 1 300 名员工的计划，这占全部员工的 15%。公司过去一直是添丁进口，然而现在却不断地裁员，现实的确非常残酷。几个月前刚被雇用的新员工也被立刻裁掉，他们的事业和个人生活全都陷入了困境。DVD 业务部的产品经理米奇 · 伯曼（Mitch Berman）以前供职于可口可乐亚特兰大分公司，为了亚马逊的工作搬到了西雅图。他在亚马逊总共干了 4 个月，怎么也弄不明白为什么公司就运转不起来了。他说："我毕生都在国内漂泊，现在已经精疲力竭。我必须振作起来重新开始。"他现在是一位人生导师 ，住在西班牙的巴塞罗那。

迭戈 · 皮亚琴蒂尼是来自苹果公司的一位新高管，很快也搅进这个乱局中。贝佐斯早在 2000 年初就聘用了这位温文尔雅的意大利人，把他放在了亚马逊国际部的最高位置上。皮亚琴蒂尼以前的老板史蒂夫 · 乔布斯用其典型的、咄咄逼人的方式，表达了对前者离开这一行为的怀疑。因此在库比蒂诺苹果公司的自助餐厅里，乔布斯在午饭时间问皮亚琴蒂尼为什么想去一个令人生厌的零售企业，而当时苹果公司正在重建它的计算机系统。同时，乔布斯还认为，皮亚琴蒂尼的这一职业选择也说明了他的为人非常木讷，他离开苹果或许是件好事。

起初，皮亚琴蒂尼也在考虑自己为何要换工作。他加盟亚马逊时恰好是贝佐斯与乔 · 加利闹矛盾的时候。来到亚马逊几周后，他给在米兰的妻子打电话，告诉她先不要打点去西雅图的行装。但在加利离开公司后，他越发感觉亚马逊非常适合自己。一年后，在公司大裁员的过程中，他负责关闭位于海牙的亚马逊新建的多语呼叫中心。当初的选址决策是个失误。海牙是金融和外交中心，因此呼叫中心的位置与此很不协调。它位于一座铺着大理石地面的楼里，这里以前是一家银行。这个呼叫中心压根就不应该开，皮亚琴蒂尼说，但“处于不同岗位的职员都在纷纷做出决策，行动起来很快，而这个基础并不牢固”。

当皮亚琴蒂尼到海牙去关闭呼叫中心时，这个呼叫中心才运行了几个月。皮亚琴蒂尼和来自于西雅图的几位同事，一同把250多名员工召集来，在镶着大理石的走廊集合，用英语做了简短的讲话，宣布了这一坏消息。据现场的一位亚马逊员工回忆，员工们听到这个消息后咆哮呐喊起来。一位女员工开始啜泣，在地板上打起滚来。

在西雅图的亚马逊办公室里，似乎四面的墙壁都在朝着一个方向逼近——在某些时刻的确是这样。2月28日周三的早晨，尼尔·罗斯曼、瑞克·达尔泽尔和一位叫做汤姆·基拉利亚（Tom Killalea）的高管与贝佐斯在他的私人会议室见面，向他简单地汇报了有关亚马逊二手书市场Exchange商店有可能存在着安全泄露的严重问题。谈了几分钟后，屋子开始摇晃起来。

一开始时晃得比较慢，突然地板上的轰鸣声穿透墙壁，震动得越来越厉害了。四个人面面相觑，然后纵身冲到屋子中央一排排的门板桌下。西南方46英里处，大地突然开始摇晃，里氏6.9级的尼斯科利地震（the Nisqually earthquake）发生了。

室外，68年房龄的太平洋医疗中心大楼上的水泥砖块像大雨一样倾泻而下。室内，水龙头被关闭，员工们有幸蜷缩在厚厚的门板下面。在贝佐斯小小的会议室里，一些小摆设撒了一地，《星际迷航》的人物雕塑和水枪在地板上滚来滚去。房间里有一个22磅重的大球，它是用厚厚的金属钨制成的；还有斯图尔特·布兰德送来的纪念品和装有“长寿钟”的公文柜。震到一半时，屋里的高管们听到球从架子上脱落的声音，令人毛骨悚然。尼尔·罗斯曼半开玩笑地说：“相对那个“图腾”来说，我个子比较低，当时我刚把腿露出了一半。”幸运的是，球砸在地板上，没有伤到任何人。

地震发生过程中，基拉利亚抬起头来，把笔记本电脑打开，看看亚马逊网站是否还能运行。（由于这一勇敢行为，他获得了“放手去做”大奖，并赢得一双破旧的胶底运动鞋。）

45 秒钟后，摇晃结束，员工们撤出了大楼。这场逃难像是一场御前演出，贝佐斯从他那些稀奇古怪的玩意儿里捡出一顶牛仔帽——好像能盛 10 加仑汽油　　套在头上，然后爬上停在车库里的汽车顶上，组织员工结伴进入大楼去收拾值钱的东西。大楼的业主关闭了 10 层和 12 层楼来进行维修。数月里，塑料布一直盖在砖头瓦块都松动了的大楼外檐上。

那年 3 月，当我要为《新闻周刊》撰写另一篇文章而去拜访亚马逊时，股票价格在 10 美元左右徘徊，城市巡视员下令关闭了主楼。这一场景让人感觉非常辛酸，好像预示着公司在迅速走下坡路。来访者通过后门被引进一间地下室，路过墙上张贴着的大海报，提醒人们注意掉落的砖头瓦块。

2001 年初，亚马逊的地位和前景依旧令人堪忧。问题不光在于不断萎缩的资本市场，还在于过剩的人手和扩张的力度。最早经营的书籍依旧占业务量的大半，多年来平均每年以两位数上涨的趋势也不断趋缓。公司内部，高管们害怕这种趋势预示着网络购物本身的整体下滑。负责市场业务的副总裁埃里希 · 林格沃尔德（Erich Ringewald）认为：“我们都被吓死了，图书业务在下滑，每个人都认为沃尔玛网站宁可赔本卖书，也要阻止亚马逊的发展。”

亚马逊又创建了罕见的历史奇迹。沃伦 · 简森为了完成公司设定的利润率指标而不断推行新措施，他说服贝佐斯慢慢提高旧有媒体产品的价格。亚马逊降低了畅销书的折扣，开始向在国内网站消费的海外顾客收取更多的费用。贝佐斯赞同提高价格，但另一次会议很快就使他改变了主意。

那年春一个周六的早晨，在位于贝尔维尤的巴诺公司的星巴克咖啡馆里，也就是贝佐斯召开亚马逊第一次会议的地方，他遇见了好事多的CEO吉姆·西格尔（Jim Sinegal）。西格尔衣着随便，谈吐朴实，是匹兹堡当地人，长相酷似威尔福德·布雷姆利（Wilford Brimley），留着浓密的花白胡须，为人亲和，但内心却有着一个企业家应具备的坚强信念。虽然快要步入退休年龄，西格尔依旧不肯放慢工作的脚步。他们两人之间有很多相似之处。数年来，西格尔和贝佐斯一样，一直在与华尔街分析师战斗，因为他们想让他提高好事多的服装、电器和包装食品的价格。与贝佐斯相同的是，西格尔数年来拒绝了多方发出的多次并购邀约，其中包括山姆·沃尔顿伸过来的橄榄枝。他经常说在他的计划中没有“撤退”这个词——他想让企业有更长远的发展。

贝佐斯已经和西格尔约定见面，问他是否能把好事多当做一个批发商，来向亚马逊供应产品，这些产品都是亚马逊从其他生产商那里买不到的。这个想法最终没有结果，但在下面的一个小时里，贝佐斯仔细倾听，从一个经验丰富的老零售商那里吸取了重要经验。

西格尔向贝佐斯介绍了好事多的经营模式:全是关于顾客忠诚度的问题。平均每一个好市多仓库里都有大约 4 000 件货品，包括有限的季节性产品和被称作“寻宝”的时尚产品（treasure-hunt）。虽然有些个别产品的选择有限，但很多产品的数量都很齐全——并且都是超低的价格。好事多成批购进，然后按标准加价，全部加价 14%，虽然有些可以多加一些。公司也不做广告，从每年的会员费中赚取大部分毛利。

西格尔说：“会员费只是一次性的付出。当顾客每次走进好事多，看到 47 英寸的彩电才 200 美元，而且比任何地方都便宜时，他们就坚定了做会员的决心，这本身就增强了好事多的价值。顾客都知道在好事多能买到实实在在的便宜东西。”[10]

好事多的低价策略催生了巨大的需求量，然后公司利用其经营规模来要求供货商提供更好的货物,并以此提高销售每一件商品的毛利。这些供货商不喜欢被人强迫，但最终还是妥协了。西尔格说：“不愿意向我们出售货物的供货商可以塞满整个塞弗科体育场（Safeco Field），但过一段时间后，我们确实得到了大笔生意，这证明我们是称职的客商，可以及时付款以信守当初的承诺。后来他们说，‘我们怎么就没和这些家伙打交道呢？我太愚蠢了。他们是多好的渠道啊。’”

西格尔继续说：“我的策略经常体现在,每做一件事情都应该传递公司的核心价值，人们之所以选择我们这个古怪的地方消费，是因为我们能够给他们带来价值。我们一直在向顾客传递这种价值观。我们公司不养闲人。”

10年后，当西格尔准备退休前，他对这一次谈话依然记忆犹新。他说：“我认为贝佐斯也在一直考虑，会有一种价值观和他的公司非常匹配。”虽然培养了一位后来变成自己凶猛对手的创业者,但西格尔丝毫不感到后悔。他说：“我一直认为，我们的这些绝佳创意也都是我们厚颜无耻地偷来的。”

2008年，西格尔买了一部电子阅读器Kindle——结果这东西总出问题，他在亚马逊的客服免费替换了他的电子阅读器之前，他给贝佐斯写了一封热情洋溢的电子邮件。邮件中说：“我希望在Kindle电子书业务中，你能把我当成你的客服代理。”

或许亚马逊的创始人意识到了自己欠西格尔一个人情，因为他从2001年那次咖啡馆的会面中从对方身上学到了很多东西，并且受益匪浅。

和西格尔见面后的那个周一,贝佐斯就召开了高管会议，宣布下定决心准备进行公司变革。根据几位出席会议的高管建议，贝佐斯也觉得公司的价格策略制定不符合逻辑。虽然亚马逊一再鼓吹它的低价策略，但有时他们的价格比竞争对手的还高。贝佐斯说，像沃尔玛和好事多一样，亚马逊也推出了“天天低价策略”。公司应该对比一下其他大型零售商的价格，然后与对方展开低价比拼。如果亚马逊能在价格上占优势，公司就能获得无限量的货品并向顾客提供便捷的服务，这样顾客就可以省去驱车前往超市和排队的麻烦。

那年7月份，由于和西格尔的会面，亚马逊宣布将在图书和音像制品上降价 20% 到 30%。贝佐斯在 7 月的季度电话会议上对分析师说："零售商分为两种：一种是想方设法怎么多赚钱，一种是想法设法让顾客怎么省钱。我们属于第二种。"老瓶装新酒，他又搬出了杰夫主义式的名言。

为避免亚马逊陷入自己挖的大陷阱，贝佐斯看来已经下定决心不再热衷于金融市场的操控，这不仅仅是因为采用了西格尔提出的商业计划而导致的后果。在为期两天的管理会议以及后来线下的董事会上，亚马逊邀请了管理专家吉姆 · 柯林斯（Jim Collins）来介绍他即将出版的《从优秀到卓越》（*Good to Great*）一书中的成果。书中，柯林斯仔细地研究了公司的情况，引起了线下一系列激烈的讨论。他对亚马逊的高管说："你必须了解公司在哪一方面应该做到更胜一筹。"

通过借用柯林斯对飞轮效应（flywheel）和自我强化（self-reinforcing）所下的定义，贝佐斯与其助理团队描绘了公司步入良性循环的前景，他们相信这会成为公司发展的强大动力。公司的未来蓝图是这样的：以更低的价格来吸引更多的顾客。更多的顾客意味着更高的销量，而且也会把付给亚马逊佣金的第三方销售商更多地吸引到网站来。这也会使亚马逊从固定成本中赚取更多的利润，如物流中心和运行网站的服务器。更高的效率会使价格进一步降低。他们推断，任何一个飞轮只要运行顺畅，就会加速整个的循环过程。亚马逊的高管为此感到兴奋不已。根据当时亚马逊高管团队几位成员的描述，他们感觉经过多年的锤炼，公司最终领悟了运行的法则。但当沃伦 · 简森询问贝佐斯是否要在分析介绍情况时把飞轮效应加进去，贝佐斯认为没有必要。因为目前他还不想透露这一秘密。

2001 年 9 月，贝佐斯、马克 · 布利托、哈里森 · 米勒和另外两位亚马逊的推广人员飞到明尼阿波利斯市，宣布了打算与塔吉特百货长期合作的目标。在宣布这一消息的当天，贝佐斯他们早上 8 点前就到了，地点是零售商们云集的市中心总部。他们乘电梯来到塔吉特广场以南 32 层的电视中心，这是城市的最高建筑。乘坐电梯时，公关部主管比尔 · 克里接到了一个电话，是西雅图的同事打过来的。后者说一架飞机撞上了世贸中心。他们上楼后让塔吉特的合作伙伴打开了电视。

亚马逊和塔吉特的高管们看到第二架飞机撞上世贸中心时顿时大惊失色。据波音以前的推广人员克里观察，飞机像是波音 767。公开宣传与卫星电视合作采访的计划全都泡汤了，只剩下那个悲惨的早晨展现在他们和世人面前。塔吉特大楼立即疏散人员，然后又重新开放，亚马逊和塔吉特的高管一天的大部分时间几乎都是在站着观看这唯一的一台电视。

下午，贝佐斯一直在鼓捣他的摄影器材，用他的单反数码相机围着塔吉特办公区拍照，记录下了这一骇人听闻的历史瞬间。有人向负责与亚马逊合作事宜的塔吉特经理戴尔 · 尼奇克（Dale Nitschke）表示不满，戴尔悄悄地制止了贝佐斯的拍照。

在接下来的 72 小时里，商业航班全部关闭，亚马逊公司一行人等因此不能返回西雅图。9 月 12 日上午，他们从马歇 · 菲尔德百货商场（Marshall Field）买了一些衣服和车载手机充电器，然后从赫兹出租车公司租用了一辆白色马自达小型货车（日租费用很高），向西驶上开往西雅图的I-90 国道。布利托驾车，米勒坐在副驾驶，几个人全都焦虑不安、战战兢兢，边听着音乐边想着自己的心事。米勒说："驶过这片农田，我们想象着接下来是否会迎来一片曙光和清新的明天。"

布利托驾车时，贝佐斯通过手机在亚马逊网页上组织了一次捐助活动，接下来的两周为红十字协会捐助了 700 万善款。在巴德兰蒂（Badlands）的一片荒野中，他们停下车来休息放松，然后在拉什莫尔山附近的一家小旅店住了下来。贝佐斯记得小时候曾经和家人来过这里。拉什莫尔山纪念馆下半旗致哀，人们表情肃穆。一些游客认出了贝佐斯，不是因为他是亚马逊创始人，而是因为他在特奥会（the Special Olympics）捐助宣传的一次广告中露过面。这个广告由塔可钟（Taco Bell）筹钱制作，非常粗糙。后来，高管们都买了和当地气候相称的海军蓝拉什莫尔山防风夹克，在停车场的咖啡馆用了餐。

他们继续向西进发。当天晚些时候，私人航班恢复了运行，贝佐斯的私人飞机在一个小停机坪上迎接他们。由于当时事态严重，贝佐斯没有像往常一样宣布要由个人承担机票费用。他们直接飞往西雅图，结束了这次令人悲伤的、横跨东西的奇幻之旅。

或许由于塔可钟那个众所周知的广告,有些人认识了贝佐斯，但事实上，亚马逊在网络年代确实有很多令人难忘的电视广告。如由国际广告公司旧金山广告代理商制作的运动衫宣传广告系列——画面中一群小伙子们穿得像罗杰斯先生（Mr. Rogers）一样郑重其事，表情很不自然，在不停地赞颂亚马逊无限量的不同货品。滑稽、复古的场面充分体现了亚马逊CEO呆头呆脑的形象。在走势衰退的这一年里，贝佐斯用心琢磨如何停止一切广告宣传。

像往常一样，贝佐斯不断地和营销高管们做斗争。他们认为亚马逊必须通过电视广播来向新顾客进行宣传。当亚马逊的亏损额不断攀升时，贝佐斯更加坚定了他的反对意见。他让营销部组织一项试验，只在明尼阿波利斯市和波特兰市的媒体上进行广告宣传，看看当地的购买量是否会提升。[12] 贝佐斯总结道，这确实产生了一定的效果，但不足以支撑继续投资的策略。从百事可乐来到亚马逊的财务部副主管马克 · 斯塔宾格斯（Mark Stabingas）说：“非常明显，电视广告不怎么见效。”

这最终不仅导致亚马逊取消了所有的电视广告，而且营销部人员也经受了大清洗。现为万事达信用卡公司（Mastercard）首席市场官的艾伦 · 布朗（Alan Brown），在亚马逊干了一年就辞职了。亚马逊的营销中心也关闭了，它现在的职能扩展到了E-mail（电邮）营销以及由安迪 · 雅西和杰夫 · 霍尔顿领导的世界范围的探索小组。亚马逊在接下来的 7 年内也没有再涉足广告宣传，直到电子阅读器Kindle的出现。一位曾经主持过亚马逊的数据挖掘业务并帮助运行广告测试的英国资深经理人黛安 · 利埃（Diane Lye）说：“亚马逊只有一个营销部主管，他就是杰夫。”

贝佐斯认为口碑可以起到向顾客宣传亚马逊的作用。他想用节省下来的营销费用来提升顾客的体验，并加速飞轮的运转。正如当时所发生的一样，亚马逊正在进行一场实验，实际上就是免费送货。

2000 年到 2001 年的圣诞节期间，亚马逊对订购 100 美元以上货物的顾客实行“免费送货”。这一促销举措成本巨大但确实促进了销售。顾客问卷表明，运输成本是网上订货的最大障碍之一。亚马逊还没有找到一个切实可行的方法来让顾客从网上购买大部分商品——即同时购买书籍、厨房电器和软件。消费 100 美元以上即可“免费送货”的促销活动刺激了顾客的消费，使他们不停地往购物车中添加新的货物。

2002 年初的一个周一，天色已经很晚了，贝佐斯在沃伦 · 简森的会议室召开了一次会议，讨论如何把圣诞节期间的“免费送货”变成一个永久性的策略。这意味着他可以重新对营销预算进行安排。简森对此持反对意见。这位首席财务官担心免费送货成本太高，很不划算，因为亚马逊对所有顾客都给予了折扣优惠，也包括那些大订单的顾客。

财务部副主管格雷格 · 格里利（Greg Greeley）提到了航空公司把顾客分成两大类的方法——一类是商务人士，一类是度假的游客——可以通过降低飞机票价来吸引顾客，主要针对那些整个周六都希望待在目的地的那些顾客。格里利建议亚马逊也推出同样的措施。他们将永久推行“免费送货”的服务，但只针对那些有耐心等待货物迟到几天的用户。像航空公司一样，亚马逊实际上也把顾客分为两大类：急需货物的顾客和不在乎时间的顾客。公司这样就可以降低免费送货的成本，因为配送中心的工人们可以把这些“免费送货”的货物装在卡车上，当卡车有空位的时候再通过快递运输或邮局发送出去。贝佐斯非常欣赏这个想法。他说：“这就是我们要做的。”

亚马逊于 2002 年 1 月推出了一项服务，叫做“超级免费送货服务”(Free Super Saver Shipping)，主要针对 99 美元以上的订单。在几年的时间里，这一消费额掉到了 49 美元，后来又降到了 25 美元。超级免费送货服务为未来启动新的计划奠定了基础，包括亚马逊的收费会员制俱乐部 Amazon Prime。

并非每个人都对这一结果表示认同。会后，沃伦 · 简森让格里利靠边站，并给他降了职，因为他当时认为，“免费送货”并不是什么创举，而只是想让未来的资产负债表再一次出问题。

在接下来的一年里，亚马逊的高管们纷纷辞职。他们之所以离开，是因为股票价格持续低迷，手里持有的股票的价格一直踟蹰不前，并且他们对公司目标也失去了信心，薪水也比较低，所有这些都证明他们在短时间内不可能坐拥财富。有些人厌倦了公司的一切，想寻求一些改变。有些人认为贝佐斯为人主观，而且也不打算改变。几乎所有人都认为亚马逊的黄金时代已经过去。尤其在 2002 年到 2003 年间，亚马逊公司内部的矛盾几乎到了不可调和的地步。道格 · 博亚科在离开亚马逊、前往硅谷创业公司 OpenTable 网站工作时说：“众多亚马逊员工当时都相信亚马逊会发展成为一个拥有 800 亿美元资产的公司，这还只是保守估计，连贝佐斯自己都没敢想。他只是对自己的信念矢志不渝，从没有过丝毫的懈怠。”

他们之所以这样想都有各自的计划。戴维 · 瑞舍离开公司后去了华盛顿大学商学院任教。乔尔 · 施皮格尔想在他那在个十几岁左右的孩子离家之前多陪陪他们。马克 · 布利托想回到旧金山湾区。哈里森 · 米勒此时身心俱疲，需要调整。克里斯 · 佩恩离开公司后去微软任职，他会帮微软开发必应 (Bing) 搜索引擎，后来他又在易趣担任首席执行官。这样的情况数不胜数。

这些人走后，公司员工经过一段时间的调整后觉得生活失去了目标，就像是刚刚摆脱了邪教的束缚。虽然一些人心照不宣，但心里都明白不可能再为贝佐斯效力了。因为贝佐斯对他们的要求太苛刻，从不对他们表示赞许。与此同时，也有许多员工却对贝佐斯忠贞不二，而且后来对自己在亚马逊的成就感到不可思议。吉姆 · 雷切米勒经常喜欢引用同事的一句话："如果你表现不好，杰夫会吃了你的肉，再把骨头吐出来；如果你表现好，他会跳到你的背上，拿你当马骑。"

贝佐斯对众人的离去丝毫没有表现出绝望。据他的同事称，他的禀赋在于能促使并且激励员工不要对自己太迁就。但他还是经常抽出时间和这些即将辞职的高管进行私人会面。哈里森 · 米勒在散伙宴上告诉贝佐斯，他在亚马逊最引以为豪的成就就是建立了与大零售商合作的服务平台，这占据了2002 年亚马逊现金流的三分之一。贝佐斯说："是的，但不要忘了，是你建立了第一家玩具网店，这个主意简直太棒了。"他的这番话意味着，还是要把主要精力放在公司的无限经营范围上，而不是短期内促进收入增长的合作项目上，无论这多么有利可图。

在最后一次会面中，布莱恩 · 伯特维斯尔在鸡尾酒餐巾上开列了他在亚马逊度过的美好时光的清单。贝佐斯和伯特维斯尔与这块酒巾合了个影，回想起了当年他们驾车从哈佛大学商学院赶往波士顿机场的情景。贝佐斯感慨道："我们之间的交往始于此，那是一次多么令人难忘的经历啊！"

贝佐斯很少这样多愁善感。亚马逊的财务主管克里斯多弗 · 钊易达（Christopher Zyda）投靠了易趣，在沃尔玛控告亚马逊挖墙脚的案子中，亚马逊却把易趣告上了联邦法庭，声称钊易达违反了用人协议中的非竞争条款。这个案件，和沃尔玛控告亚马逊的挖墙脚行为如出一辙，最后以无任何损害结案。透过这次巧妙的诉讼过程，我们可以看出贝佐斯无非就是担心易趣兵强马壮，因为现在它的市值已经远远超过亚马逊。

两个公司间不断升级的竞争至少将一个人置于了尴尬的境地：这就是直觉公司的创始人斯科特 · 库克，因为他兼任两家公司的董事会成员。很明显，他现在必须和其中一个断绝往来。他最终选择与亚马逊割袍断义，与易趣继续交好。库克说："杰夫非常生气，但不是冲我。他是埋怨自己,当初没有在我提出想加盟易趣董事会时阻止我。他不喜欢认输。"沃伦 · 简森后来也离开了。亚马逊首席财务官解释说，他想回到还在亚特兰大的妻子和孩子们的身边，恰好这时亚马逊刚刚解决了最严重的财务问题。但这只是事情的一部分。

简森和贝佐斯一直不和。简森曾想通过提高公司的收益率来安抚愤怒的投资商。他在关键时刻通过欧洲债券募集到了最后一轮投资，并强迫贝佐斯在公司即将走入穷途末路时做出艰难的抉择。因为简森依旧在拉升产品的价格并且极力反对"免费送货"服务。他说："我永远不会说自己是完美的，但我会竭尽全力做任何有利于公司的事情。"

即使10年后，人们依旧对简森为亚马逊做出的一切议论纷纷。有些人认为他太讲究原则。其他人却认为，他帮助公司摆脱了发展过程中的盲从，并组建了一支精干的财务团队，这为亚马逊乃至整个技术领域的发展都做出了突出的贡献。以前简森为公司所做的一切很难从人们的记忆中抹去,曾在简森手下工作过的财务高管戴夫 · 斯蒂芬森（Dave Stephenson）说："当时沃伦是当之无愧的CEO人选，他能强迫人做出艰难的抉择并引起激烈的争论。他经常能勇敢地面对杰夫，而别人却不敢。"

贝佐斯为了找人接替简森，从通用电气公司招募了一位首席财务官，名叫汤姆 · 斯库塔克（Tom Szkutak)。贝佐斯写了一封热情洋溢、长达两页的信函给斯库塔克和他的妻子，为的是和他签订雇佣协议，让他在互联网的历史关键时刻创造奇迹。斯古塔克是亚马逊在此关键时刻首席财务官的合适人选。针对未来想拓展不同商品业务上的雄心勃勃，贝佐斯采取了变通而不是质疑的态度来应对。

公司当时针锋相对的矛盾或许来自于两个部门之间的内讧：即亚马逊的编辑团队和个性化团队之间的矛盾。追溯到亚马逊早期，编辑部由作者和编辑组成，为的是给亚马逊网站的主页以及个别产品网页增添一些人情味。贝佐斯起初组建这个团队是为了给个体书店制造一些文学氛围，并向顾客推荐他们可能找不到的书。

然而数年前，个性化团队就开始侵犯编辑部的领地。P13N是经过巧妙的缩写得来的（英文“个性化”一词“Personalization”的开头字母是P，最后一个字母是N，中间有13个字母）。他们利用数学中的分析和计算方法来提供一些建议，这些建议是专门为那些以前购买过商品的顾客特别设计的。数年来，P13N运行得越来越好。2001年，亚马逊开始根据顾客关注的商品而不仅是他们购买的商品来做出决策。

很明显,这两个方法难分伯仲。编辑部通过巧妙的辞藻，并根据广告内容来决定向顾客送出什么样的产品。（广告内容是：“我们不是狮子：这个可爱的巨大双肩包伙伴可以帮助第一天入学的新生摆脱恐惧。”这是1999年的主页广告内容，目的是向孩子们宣传一个狮子形状的双肩背包。）而个性化团队却没有使用双关语，而是用冷冰冰的数据为每一位顾客建立了一个商店，根据统计数据，某个货架上的商品都是该顾客最想买的。

贝佐斯并没有明确表现出对某一个团队的偏向，而是凭借最终的实验结果来说话。长期以来，有一点需要明确，就是人类之间不能展开竞争。在P13N的办公室墙上贴着一个标语，写着：“人们忘记了约翰·亨利（John Henry）最终死掉了。”这是一个民间故事，说的是一个性格刚烈的司机为了在一次竞赛中取胜，拼命用一个蒸汽动力钻机来挖一个大洞。他最终取胜了，但很快便死去了。

大多数的编辑和作者都被重新安排工作或被公司解雇。鲁弗斯的主人苏珊·本森向亚马逊请了长假。当她回来上班时，后来成为媒体部副主管的杰森·基拉尔邀请她参加一个会议，他在一封电子邮件中把这次会议描述成一个“编辑部游戏的转换器”，内容里透出一种不祥之感。她其实知道自己已经有麻烦了。本森说：“在如何解散编辑部并把它改造成为自动化世界一事上还有很多工作要做。我想，是的，我的职业生涯要到此结束了。”

一种叫做Amabot的电脑程序运算法则导致了编辑部的解散。Amabot取代了网站漂亮的人工设计内容，取而代之的是程式化的自动生成规范。系统很快就通过了一系列测试，并展示出能与编辑们相匹敌的销售能力。不久，一位不知名的亚马逊员工在2002年情人节那天推出了三行文字的分类广告，登在了西雅图唯一的报纸《异乡人》(*Stranger*) 上。上面这样写道：

最亲爱的Amabot

如果你能容忍我们的敌意……但也没有什么可感谢的，

你这个应急用的破铁桶又能如何。

那有血有肉的集合体才能风行天下！

* * *

2002年1月，亚马逊迎来了第一个赢利的季度，对外公布了净收益额为500亿美元。每一股收益虽然少得可怜，但还是标志着有向好的方向发展的迹象。市场营销的费用下降了，来自于英国和德国的国际收入增加了，在亚马逊网站上大肆宣扬的第三方销售额占了公司订单的15%。值得称赞的是，亚马逊同时从有争议的会计准则和常规做法两个方面赢利了。

亚马逊最终向世人宣告，它不是网络公司中的另一个短命鬼。在随后几小时的交易中，公司股票股价涨了25%，终于挣脱了一位数。凯茜·萨维特 (Kathy Savitt) 是亚马逊一位新的推广人员，她告诉贝佐斯想整理一下有关亚马逊好消息的文章，然后把它们张贴在墙上。贝佐斯说他宁可把负面的消息整理出来，如《巴伦周刊》封面上刊登的声名狼藉的亚马逊炸弹网的那则消息。当人们在谈论亚马逊的好消息时，他想让员工始终铭记《巴伦周刊》上的文章，并保持一种敬畏之心。

公司始终不知道资产负债表的问题出在哪里，但公司还是在朝着好的方向发展。第二年的第一季度，亚马逊的销售额第一次在非节日期间冲破了10亿美元，为第一个赢利年度奠定了基础。在公司朝着乐观的方向发展时，亚马逊认为,要尽早把1998年第一个债务周期的债券赎回，在到期日之前把5年期未偿付的债券按值全额付给债券持有人。

当他们要宣布这一决定时，财务部有人想知道他们的宿敌拉维 · 苏里亚正在想什么。这又使人们想起了milliravi这个词，这是一个巨大的数学错误。当时的首席会计师马克 · 皮克（Mark Peek）开玩笑说，他们应该想办法在新闻发布会时用上这个词。包括贝佐斯在内的每个人都对此持赞同意见，他们开始通过电子邮件来交换意见。最终，投资部的主管蒂姆 · 斯通问贝佐斯是否当真，贝佐斯的回答是肯定的，而且非常坚定。

因此，在2003年4月24日，新闻发布会宣布了季度收入，股东、分析师和记者纷纷被这个发布会摸不着头脑的主题给搞晕了，而且还被贝佐斯加了双引号，“有意义的创新，引领、发起、激励了无情的亚马逊访客对互联网的深入了解”。

把上述每个词的第一个字母拿出来，把它们拼在一起，就是milliravi。公司的几位分析师和记者对这一毫无雕饰的一长串文字简直是丈二和尚摸不着头脑。除了亚马逊的员工，没人知道这是什么意思。然而对于杰夫 · 贝佐斯以及和在关键时刻与他同舟共济的员工们而言，这条信息所隐含的内容再清楚不过了。

他们胜利了。

THE EVERYTHING STORE

Jeff Bezos and the Age of Amazon

02

文学的影响

第五章
火箭小子

在网络公司不景气时，杰夫·贝佐斯不仅用事实驳斥了拉维·苏里亚和其他对网络公司前景持怀疑态度的人，而且还彻底击败了他们，然后又在一次新闻发布会上把这一胜利的消息透露给了亚马逊后来的员工。同样，他不仅只在市场运作上用计谋击败了对手巴诺——他更乐于讲述当初如何在其咖啡店中召开的第一次会议。

现在当贝佐斯多年的朋友和同事讲起他如何先下手为强，以及用非同寻常的手段来击败对手时，他们经常会把话锋转回到过去——几乎回到50年前——也就是他的童年时代。贝佐斯成长于一个温馨的家庭，母亲杰姬和父亲迈克非常爱与孩子们交流，并对他们非常关心。贝佐斯与弟弟马克和妹妹克里斯蒂娜的关系也非常亲密。一切看来都是那么正常。

然而，在他步入童年前的一段很短的时间里，他曾与母亲及外祖父母一起生活。在此之前，他和母亲及生父一起生活。贝佐斯的生父名叫泰德·乔根森。贝佐斯曾经在接受《连线》杂志（*Wired*）采访时亲口说，他依稀记得，10 岁那年，杰姬和迈克向他解释了一些情况。其实，迈克是他的继父。也就是在那时他才知道迈克不是自己的生父。这件事发生不久，他就戴上了眼镜。他说："这事让我大哭了一场。"[1] 多年后，当他上大学时，他问了母亲一连串有关自己身世的敏感问题，后来两人都拒绝透露这次谈话的详情。之后，贝佐斯上前拥抱了母亲，并对她说："妈妈，你做得对。"[2]

贝佐斯说，其实在他一生中自己只有一次想到了亲生父亲，就是当他填写学校调查家庭情况的一张健康表格时。1999 年在接受《连线》杂志采访时，他告诉记者，自己从没见过亲生父亲。严格来说，他说的不是事实。贝佐斯最后一次与父亲相见时他才三岁。

不同寻常的身世，是否有助于贝佐斯形成集智慧、野心以及不屈不挠地证明自己决心的这种斐然的创业精神，我们当然不得而知。另外两个技术界精英史蒂夫 · 乔布斯和拉里 · 埃里森也都曾有过被收养的经历。有些人认为，这种特殊的经历或许给他们后来的成功带来了强大的动力。就贝佐斯而言，不可否认的是，从童年时代开始，家长和老师就发现这个孩子与众不同——特别有天赋，而且特别努力。他的童年就像是一个发射台，各种经历使他的人生就像火箭一样一飞冲天，最终成为一位企业家。这段经历还造就了他长久以来对宇宙探索与发现的兴趣。宇宙是如此神奇，终有一天他会在太空遨游。

希欧尔多 · 约翰 · 乔根森（Theodore John Jorgensen，即泰德 · 乔根森）是一位马戏团演员，他在 20 世纪 60 年代是新墨西哥州阿尔伯克基（Albuquerque）的最佳独轮车骑手。当地的新闻档案里还记载着他年轻时熟练的骑技。刊登于《阿尔伯克基日报》上的一幅照片拍摄于 1961 年——当时他只有 16 岁，两只脚反向站在独轮车的踏板上，一只手放在座上，一只手伸展开来，姿势非常优美，表情专注，但显得有点紧张。标题文字是：他被授予当地独轮车俱乐部里“最多才多艺的骑手”。

那年，乔根森，参加了一支由当地一家自行车商店老板劳埃德·史密斯（Lloyd Smith）组织的独轮车马球队，和6位骑手跑遍全国。乔根森他们队在加州的纽波特比奇和科罗拉多的博尔德都取得过胜利。报纸曾刊载过博尔德一战。在一个严寒的冬天，400名观众到购物中心停车场观看两队的比赛，队员们在4英寸厚的冰上挥舞着36英寸长的塑料球棍来追逐一个直径6英寸的小橡皮球。乔根森这队横扫对手，两局比分分别为3 ：2和6 ：5，最终取胜。[3]

1963年，乔根森一行又以独轮车牛仔的形象重新出现在报纸上，他们到乡间集市巡演、参加运动会项目，并在马戏团演出。他们跳方块舞、吉特巴舞，并不停地翻转、跳绳，在高高的铁丝网上表演技巧。他们不断练习，一周在劳埃德·史密斯自行车店里排练三次，还要上两次舞蹈课。有一位马戏团成员在接受《阿尔伯克基论坛报》（*Albuquergue Tribune*）[4]采访时说：“这就像是一直在闪电般的速度和舞蹈之间寻找平衡一样。”当林林兄弟马戏团（Ringling Brothers Circus）来到城里时，这些牛仔在马戏团的大帐篷里表演节目。1965年春天，他们又跟随鲁德兄弟马戏团（Rude Brothers Circus）在当地的演出中表演了8场。他们还去了好莱坞，尝试登上奥沙利文秀（Ed Sullivan Show）的舞台。（正如我们所料，最后没有成功。）

泰德·乔根森出生在芝加哥的一个浸礼教家庭。当乔根森和弟弟戈登还上小学时，他们举家迁到了阿尔伯克基。泰德的父亲在桑地亚谋了一份进货代理的差事，然后又去了当时最大的一家核武器装配厂工作，负责采购原材料。乔根森的祖父是丹麦的移民，也是美西战争中幸存的一位老兵。

在上高中时，乔根森就开始与杰奎林·吉斯（Jacklyn Gise）约会，这个女孩比乔根森低两个年级，父亲也在桑地亚上班。他们俩的父亲很熟。吉斯的父亲叫劳伦斯·普勒斯顿·吉斯（Lawrence Preston Gise），朋友们都称他为普勒斯顿，家人则叫他波普（Pop）。他在美国原子能委员会当地的办事处任主管，这是一家联邦机构，负责核武器项目，这个部门由杜鲁门在“二战”后从军队接管。

在乔根森刚满 18 岁、就快要高中毕业时，吉斯怀孕了。吉斯那年 16 岁，才上高中一年级。他们很相爱，准备马上结婚。吉斯的父母出钱让他们去墨西哥的华雷斯（Juárez）举办婚礼。几个月以后，也就是 1963 年 7 月 19 日，他们在吉斯家里又举办了一场婚礼。由于吉斯还未成年，她母亲和乔根森的父母签订了一份结婚申请书。婴儿于 1964 年 1 月 24 日诞生。他们给婴儿起名为杰弗里 · 普勒斯顿 · 乔根森（Jeffrey Preston Jorgensen）。

这对小父母在城市的东南高地附近租了一套公寓，杰姬（Jackie，杰奎林的昵称）也完成了高中的学业，她的母亲玛蒂白天帮他们照看婴儿。当时的日子非常艰难。乔根森工作一直不顺，他们唯一的财产就是一辆乳白色的雪佛兰 55 型轿车。独轮车剧团的薪水很低，还得把赚来的钱在团里所有成员间进行分配，劳埃德 · 史密斯当然要抽大头。乔根森后来又在环球百货公司（Globe Department Store）谋了一份差事，时薪 1.25 美元。这家百货公司当时是沃尔格林公司（Walgreen）的一部分，后来它由一家临时经营的店面发展成为非常有前途的零售折扣店，而当时的市场还是凯马特和沃尔玛的天下。杰姬偶尔会带着孩子逛逛这家商店。

这对年轻的夫妻很不成熟，因此他们的婚姻一开始就注定了失败。乔根森还嗜酒如命，经常和朋友畅饮到半夜。无论作为父亲还是丈夫他都很不称职。普勒斯顿 · 吉斯想帮帮他，他为女婿付了新墨西哥大学的学费，但乔根森几个学期后就辍学了。普勒斯顿又为女婿在新墨西哥州警察署谋了一份差事，但乔根森没干多长时间又辞职了。

最后，杰姬无奈地带着孩子与父母一起又回到了桑地亚。1965 年 6 月，当婴儿 17 个月大的时候，她提交了离婚申请。法院判决乔根森每月付给孩子 40 美元生活费。法庭笔录显示他当时的月收入是 180 美元。在随后的几年中，乔根森偶尔会来探望儿子，但经常不付给孩子生活费。他当时已经成了穷光蛋，连自己都朝不保夕。

杰姬后来开始与其他男人约会。有几次乔根森来探望儿子时，一个男人正好在杰姬家，他们互相之间也未交谈。但乔根森四处打听，后来得知这个人为人不错。

1968 年，杰姬打电话给泰德·乔根森说她要再婚了，并且要搬到休斯敦去住，他可以停止支付孩子的抚养费，但她想让杰弗里跟随她新丈夫的姓，让他做孩子的继父。她还告诉乔根森不要打搅他们的生活。此时，杰姬的父亲让乔根森兑现当初要远离她们母子的承诺。收养必须要得到泰德的同意，经过深思熟虑，乔根森认为孩子如果有杰姬和她新丈夫的照顾，可能会好一些，因此答应了他们的要求。几年后，他就和这家人失去了联系，甚至连他们的姓都忘了。几十年来，他不知道孩子究竟怎么样了，也一直为当初的错误决定而深深自责。

1959 年的古巴革命打乱了米格尔·安格尔·贝佐斯·佩雷斯（Miguel Angel Bezos Perez）的平静生活。杰夫·贝佐斯的这位未来的继父曾经在古巴圣地亚哥耶稣会信徒开办的精英学校多洛雷斯学校（Colegio de Dolores）上过学，这座学校位于海岛的南边。当时巴蒂斯塔政府刚刚垮台。卡斯特罗（也毕业于多洛雷斯学院）用社会主义青年营取代了学校，关闭了私人企业，包括米格尔·贝佐斯的父亲和叔叔共同开办的木材厂，而之前很多个早晨米格尔都是在工厂工作。米格尔和他的朋友白天在大街上闲逛，无所事事，他说：“我们做的都是一些违法的事情，例如书写反对卡斯特罗的标语。”当父母得知他的这些举动时，非常担心他会陷入麻烦，于是像许多有十几岁孩子的家庭一样，他们准备送他去美国。

虽然有当地天主教堂的支持，但他们还是等了一年才拿到护照。米格尔的母亲担心他去的北方天气太冷，于是和他姐姐用旧毛衣给他重织了件毛衣。米格尔穿着它来到了机场。（后来他的这件毛衣被镶在框子里，一直挂在阿斯本家里的墙上。）母亲把他送到了路边，然后把车停在了附近的停车场，目送飞机起飞。全家人认为这只是暂时的离别，等政局稳定时，一切会恢复如常。

米格尔 · 贝佐斯 1962 年只身来到迈阿密，当时他才 16 岁，并且只会一个英文单词：这就是“汉堡”（hamburger）。他是彼得潘行动（Operation Pedro Pan）的最早求助者之一。这是一项由天主教主持的救助计划，美国政府对其资助力度很大，这一计划在 20 世纪 60 年代把成千上万的青少年从卡斯特罗的铁腕下解救了出来。天主教福利机构把米格尔送到南佛罗里达（South Florida）一个叫做智多星（Matecumbe）的营地，在那里他加入了 400 名流亡的孩子们的队伍中。由于机缘巧合，他的堂兄也于第二天抵达了这里。米格尔说：“我们俩很快便成了死党。”几周后，他们被叫到营地的办事处，得到了行李和厚厚的夹克——是真的夹克，然后被送到特拉华州威明顿市的教养院。米格尔回忆说：“我们当时面面相觑，说，‘伙计，我们有麻烦了。’”

米格尔和他的堂兄又加入了 20 多个彼得潘行动，基地名为“出生之地”（Casa de Sales），由神父詹姆斯 · 伯恩斯（James Byrnes）主持。他是一位年轻的牧师，说一口流利的西班牙语，偶尔喜欢喝上几杯伏特加奎宁（Vodka-tonic）。后来他们得知他刚从神学院毕业，尽管年轻，但伯恩斯很快便成为权威人物。他教他们英语，并让他们专心学习，作业完成后每周给他们 50 美分的零花钱，这样他们就可以去参加每周六晚上举办的舞会了。米格尔和安格尔 · 贝佐斯当年的室友卡洛斯 · 卢比奥 · 艾伯特说：“我们永远也不能报答他所做的一切，他把一屋子不会讲英语、十几岁就遭只身流亡的男孩子聚在一起，使他们成为一个大家庭。我在那里过的第一个圣诞节是 1962 年的圣诞节，他向大家保证每人都能在圣诞树下找到礼物。”同年10月，古巴导弹危机让人们紧张了13天，之后他们把自己称为“La Casa”[①]的居民，他们知道，马上回家的梦想破灭了。

虽然“出生之地”基地对孩子们要求非常严格，但孩子们却过得很快乐。后来当他们又和神父伯恩斯见面时，感觉他们曾经共同度过的日子是一生中最快乐的时光。年轻时的米格尔·贝佐斯最爱搞恶作剧。当一些新来的孩子到孤儿院时，他装成聋哑人，向他们打手势，嘴里嘟嘟囔囔，向他们示意桌子上的东西。几天后，当新来的孩子已经习惯这里的生活时，米格尔开始吓唬这些他的取乐对象。当有点姿色的女孩子从他们面前经过时，他们就站起来叫喊：“伙计们，这个女孩儿够迷人啊！”他的朋友随即大声喊：“美得惊人！”每个人随即都笑得前仰后合。

米格尔·贝佐斯一年后离开了“出生之地”基地，成为阿尔伯克基大学的一名学生。这所天主教大学现在已经不存在了，它曾向古巴难民提供过全额奖学金。为了增加额外收入，米格尔在新墨西哥银行找了一份夜班职员的工作——与此同时，刚刚离异的、年轻的杰奎林·吉斯·乔根森也在这家银行的财务部上班。他们的工作时间正好有一小时的重叠。贝佐斯好几次用他那带着浓重古巴口音的初级英语约她出去，但都被委婉地拒绝了。最终，她同意了与他交往。在第一次约会中，他们去看了电影《音乐之声》(*The Sound of Music*)。

米格尔·贝佐斯继续在新墨西哥大学求学，于1968年4月在阿尔伯克基第一所公理教会与杰姬喜结连理。婚礼在桑地亚科罗纳多俱乐部举行。米格尔在埃克森石油公司找了一份石油工程师的工作，然后俩人搬到了休斯敦，这是他职业生涯的第一站，后来由于工作需要又去了另外三个大洲。当

① La Casa，源自西班牙语，有家的意思。——编者注

时 4 岁的杰弗里 · 普勒斯顿 · 乔根森，成了杰弗里 · 普勒斯顿 · 贝佐斯，他管米格尔 · 贝佐斯叫爸爸。一年后，他有了一个妹妹，名叫克里斯蒂娜；再过了一年，又有了弟弟马克。

杰夫（杰弗里的昵称）和他的弟弟妹妹在成长的过程中，目睹了父亲没日没夜地工作的情形。父亲一直很爱国，因为美国为人们提供了很多的机会和自由。后来人们管米格尔 · 贝佐斯叫迈克。迈克承认他曾一度信奉自由主义，对政府干预个人生活和私人企业的做法很是反感。当他后来意识到晚餐时间的谈话全都不涉及政治，而且都是关于孩子们的话题时，他说："这才是我们的家庭生活，我忍受不了政府的极权主义。一会儿是右派掌权，一会儿又是左派掌权，一会儿又是保持中立，这确实干扰了我们的正常生活。"

杰姬 · 贝佐斯回忆起当时的情景时认为，长子在早年的成长过程中，确实受到了当时社会的影响。比如杰夫 3 岁时，自己用螺丝刀把他的婴儿床给拆了，非得要睡大床。还有一次，杰姬带他去公园坐旋转小船，看到其他刚学会走路的小孩一般都是在冲着妈妈挥手，杰夫却在专注地看着这个游乐设施上的皮带和滑轮的机械式运动。蒙台梭利幼儿园的老师们跟他的家长说，这个男孩子做事非常专注，有时不得不将他连人带椅子一块搬到另一个地方。杰姬做妈妈没有经验，还以为所有的孩子都这样，她说："'天赋'这个词对当时的教育来说，还是一个陌生的词汇，对于一个 26 岁的妈妈来说，更是如此。我知道他有点早熟，而且做事比较执着，对待任何事都非常专注。你可以看到，到现在他的性格也没变。"

贝佐斯 8 岁的时候，在标准测试时成绩考得很好，父母给他报了橡树河小学的'先锋计划'班，从家开车要半小时。贝佐斯是一位出色的学生，小学校长安排他来接待茱莉 · 雷，当时她正在为《开启智慧的心灵》一书做调研。当地的一家公司把一台富余的电脑捐给学校，少年贝佐斯就领着一群朋友，把废弃在学校走廊里的一台电传打字机与电脑连接了起来。他们自学编制程序，在主机上开发了最早的《星际迷航》游戏，并花了大量的时间来玩这款游戏。

当时贝佐斯的父母担心儿子会变成书呆子。正如杰姬 · 贝佐斯所言，为了让他全面发展并且“克服自己的弱点”，他们给他报了各种青少年运动班。贝佐斯是棒球队的投球手，但他老是投不准，他母亲就把床垫绑在栅栏上，让他独自练习。他不太爱踢橄榄球，刚刚达到球队联赛对队员体重的要求，但球队教练让他做后卫，因为他能很快领会教练的战术设置和每一位队员在场上的站位。他说：“我那时特别讨厌踢橄榄球。我对这样的游戏一点也不感兴趣，我会因为拦截其他球员的射门而摔倒在地。”贝佐斯还在运动中展现了一种激烈的竞争特质，当他所在的球队——喷气机队——在联赛中未能获得冠军时，他放声大哭。”[5]

参与各项运动并没有磨灭杰夫 · 贝佐斯对于书呆子式业余爱好的痴迷。《星际迷航》安装在休斯敦贝佐斯家里，可以在放学后再玩。杰姬 · 贝佐斯说：“我们都是《星际迷航》迷。杰夫经常引用电影里的台词，他都着迷了。”这项计划也使他探索宇宙的痴心开始生根发芽，其实这早在他 5 岁时就已经开始了，当时他在家里的黑白电视机上观看了阿波罗二号登月的过程。20 年前，他外祖父在一家军事研发中心工作，这是一家高级研究工程处，或称为 ARPA（现在被称为DARPA）。祖父时常对他讲火箭、导弹以及未来神秘外太空探索的故事，这更加激发了他的好奇心。

1968 年，外祖父由于看不惯老板的官僚作风，离开了美国原子能委员会。他退休后，和妻子玛蒂来到了妻子娘家位于得克萨斯州科图拉的农场。杰夫 · 贝佐斯 10~16 岁之间的每个夏天都要和外祖父母一起生活。外祖父历数了贝佐斯帮他在农场上干的一些粗活，农场离最近的商店和医院还要 100 多里地。

吉斯“二战”时曾是一位美国海军少校，可以说在很多方面都成了杰夫的人生导师。他向贝佐斯传递了自立和智慧的价值观，还有发自内心对低效率的厌恶。杰姬 · 贝佐斯这样评价父亲：“几乎没有他不会做的事情，他认为每一件事情都像是在车库里干，你完全可以处理。”贝佐斯和外祖父修理风车，阉割公牛；改造泥土地，并发明一个开启自动门的装置；用吊车来移动破旧的D6 型卡特比勒（Caterpillar）推土机的大型零件。

外祖父时常为自己亲自动手的念头感到激动不已。有一次他忠实的猎鸟犬被轿车门伤了尾巴。虽然周围有很多兽医，但他们只擅长给牛或其他大型动物治疗，于是他在修车行里自己动手为狗做了手术，为它截去了一段尾巴。后来他说：“我从来不知道从狗尾巴里会流这么多的血。”

这不仅展现了波普的业余手术技能和体力上的充沛精力，还在孙子的内心里激起了对智慧探索的强烈兴趣。他把杰夫带到当地的科图拉图书馆参观，在接下来的暑假里，贝佐斯阅读了大量科幻读物，这些书都是当地一位居民捐助的。他阅读了儒勒 · 凡尔纳（Jules Verne）、艾萨克 · 阿济莫夫和罗伯特 · 海因莱因（Robert Heinlein）这些代表性作家的作品后，幻想着星际遨游，并下决心长大要当一名宇航员。波普教他下西洋棋并多次让他大败而归，尽管杰姬恳求他让杰夫赢一盘。但杰姬的父亲说：“当他准备好了，自然就可以赢我”[6]

贝佐斯的祖父母教育贝佐斯要有同情心，数十年后在2010 年普林斯顿大学的一次毕业演讲中他还提到了这段经历。每隔几年，波普和玛蒂 · 吉斯就会在车上拴上蒸汽拖车，和其他几位蒸汽拖车车主一块进行环美旅行，有时他们也会带上杰夫。在一次旅行的途中，当时才 10 岁的杰夫坐在车的后座上做死亡概率统计。这是他从一个“反吸烟”的公益广告中听说的，他通过计算得知外祖母会因为吸烟折寿 9 年。当他将头伸向前排座位，向外祖母说明实情时，她顿时流下了眼泪。波普不得已把车停到了路边。

实际上，多年来玛蒂·吉斯一直在和癌症做斗争，最终被癌症夺去生命。贝佐斯在普林斯顿大学演讲中描述了下面发生的事情：

> 波普走下车，回过神后打开我这侧的车门，等着我跟下来。我是不是惹麻烦了？外祖父很聪明，性格也很温和，从未骂过我，这次或许难逃过去了？或许他会让我回到车里向外祖母道歉。我从来没有遇到过这么尴尬的局面，因此无法料到接下来会发生什么。我们站在拖车旁。外祖父看着我，稍事沉吟，然后温和平静地对我说："杰夫，终有一天你会明白，怀有一颗仁慈之心要比聪明做事更难。"

杰夫13岁时，由于迈克在埃克森石油公司工作的原因，他们举家迁往位于佛罗里达州的彭萨科拉（Pensacola）。想到儿子今后也会来这家公司上班，杰姬成功劝说学校负责人，允许儿子加入中学的天才计划，尽管学校规定必须等待一年的时间。学校官员很勉强，因此杰姬让他们测试孩子的能力，并最终使他们改变了主意。[7]贝佐斯少年时的朋友约书亚·温斯坦（Joshua Weinstein）说："如果你想知道为什么杰夫会成功，看看他妈妈你就知道了。她会是你见过的最坚强的女人，同时为人亲和且忠诚。"

当杰姬·吉斯的大儿子十几岁时，她也才刚刚30岁，但她非常善解人意，并精心培养儿子的爱好。贝佐斯梦想有朝一日成为托马斯·爱迪生一样的发明家，因此他母亲不厌其烦地往来穿梭于当地的一家无线电器材公司，去购买一系列小玩意的配件：如自制的机器人、气垫船、太阳能炉灶以及其他一些小部件。贝佐斯不让弟弟妹妹进他的房间，他后来说："我不断在屋子里用各种各样的闹钟设陷阱，有些闹钟已经不响了，但确实起到了陷阱的作用。我当时还担心父母有一天突然推门进来，如果有30磅重的钉子砸在他们的头上该怎么办。"[8]

贝佐斯当时经常提防他的弟弟妹妹，但他偶尔发出的如机器轰鸣般的无拘无束的笑声却给他带来了很多麻烦。杰姬·贝佐斯说："我们委派杰夫带弟弟妹妹去看电影，但这两个孩子回来后垂头丧气地说，'杰夫的笑声实在太大了'，这是在看迪士尼电影吗，他的笑声把所有的一切都淹没了。"

在彭萨科拉待了两年后，全家又要搬迁了。这次是由于迈克的工作需要，全家迁往迈阿密——这是 15 年前迈克邂逅杰姬的城市，当时他还是个不名一文的移民。现在，他已是埃克森石油公司的高管，全家在非自治县戴德买了一套四居室的房子，后院有一个游泳池，周围种满了美洲蒲葵。

当时的迈阿密是一个动荡的地方。政府正在开展全面的缉毒战，1980 年马里埃尔偷运来了寻求避难的大批古巴移民。所有的暴力与疯狂举动，几乎没有在贝佐斯及其新交好友那与世隔绝的世界中留下任何印象。杰夫上了迈阿密美洲蒲葵高中，参加了学校的科技和棋类兴趣小组。当时的他驾驶着一辆蓝色的福特猎鹰旅行车，车上也没有空调。他向他的同学们展示了他狂放的工作理念。后来成为贝佐斯最好朋友的邻居温斯坦（现在俩人依旧关系密切）说："他的专注劲儿让人难以忍受，这还不是像科学家那种疯狂的专注劲儿。他实际上是集中注意力的能力超强，在某些事情上近乎疯狂。他自律性很强，这就是他能做成任何事的原因。"

贝佐斯家经常是他和广大社交圈子里的朋友聚会的地方。他们在车库里制作了一辆同学会科学俱乐部花车，晚会后在花车上聚在一起举办舞会。杰姬·贝佐斯虽然是最年轻的母亲，但却博得了孩子们的尊敬，成为他们的常客。她同温斯坦的母亲一起，组织了一个邻里监督组织，并在杰姬家举行相关会议。她非常严格。当州警在迪克西高速路上给贝佐斯开出罚单时，她让贝佐斯和所有当时在车里的朋友一起，向州警当面道歉。

青年时的贝佐斯很少顶撞母亲。杰姬·贝佐斯记得，当他上高中三年级时，杰夫和父亲针对一些思想上的问题展开了激烈的争论，现在已记不清是什么话题了。他们开始争论时已是晚上 10 点了，两人都不想在这些话题上做出让步。争论终于酿成了一场争吵，迈克随后回到了自己的卧室，杰夫去了一楼的洗手间。像许多当时南佛罗里达的住所一样，他们家的洗手间有一个门专门通向后院。杰姬让他们俩平静了一个小时，然后去看看他们火气消了没有。她说："迈克一直把自己关在卧室里，好像失去了一位最好的朋友一样。"杰姬下楼，敲了敲洗手间的门，无人应答。门被反锁了。她又绕到了后院，打开了外面的门——看到洗手间里空空如也。家里的汽车一辆没少，杰姬说："我非常担心。当时已经是周末的半夜了，他赤着脚跑出了家。我感觉'事情不妙'。"

当杰姬正考虑怎么办时，家里的电话响了，是杰夫的电话，从一家医院的付费电话亭打来，那里离他家非常近，也很安全。他说他还不准备回家，她最终说服他开车去接他。他们驱车来到附近一家通宵营业的小饭馆，聊了好几个小时，他最后同意回家。当时已经凌晨3点了，当天学校还有课，但杰夫肯定睡不着了。早晨，当迈克上班以后，发现公文包里有一封儿子写给他的信。时至今日他依旧在公文包里保存着这封信。

贝佐斯上学期间打了很多零工。有一年夏天，他在一家麦当劳里成了一名出色的油炸工，除了其他手艺，他还学会了单手打鸡蛋。鲜为人知的是，他还帮助过一位行为古怪的邻居，后者希望有一天能繁殖和贩卖仓鼠。贝佐斯帮她清理笼子，饲养这些啮齿类小动物，但他很快就发现，自己经常要花大量的时间听她诉说遇到的麻烦，这比花在照料仓鼠上的时间还要长。很明显，他是一位很好相处的人。她有一次给在学校的杰夫打电话，把他从课堂上拽出来听她唠叨，说她又遇到了麻烦事。当杰姬·贝佐斯发现这一情况以后，马上断绝了他俩的来往。

在贝佐斯的高中朋友看来，他的求胜心简直到了荒唐的地步。他连续三年当选学校最佳理科生，连着两年蝉联数学成绩最佳生，他的作品——有关家蝇在失重环境下所产生的反应——还入围了全州举办的科学展览。有一次，他当着全班同学的面宣布，他想要成为毕业典礼上致告别词的优秀毕业生，而这一届一共有680名学生。他拼命用优等生的学习成绩竞争这个任命。约书亚 · 温斯坦说："（对于其他同学来说，）这个竞争并非那么重要，然而杰夫却在努力争取，比别的同学都要更加努力。"

厄休拉 · 维尔纳（Ursula Werner）是杰夫高中时的女友，她评价他非常有创意，而且还特别浪漫。她18岁生日时，杰夫花了好几天时间用心设计了一款迈阿密寻宝游戏，给她寄到了，里面充满了各种奇异和尴尬的差使。比如打发她进入一家银行，向出纳员索要100万便士，然后导航到家得宝去寻找藏在马桶垫下的线索。

在麦当劳度过了一个天天和油烟打交道的夏天后，贝佐斯不想再找低薪的工作，于是和维尔纳一起创建了梦想学院（the DREAM Iustitute）。这是一个为期10天的夏季班培训，主要针对10岁左右的儿童探索一些不同的话题，如《格列佛游记》（*Gulliver's Travels*）、黑洞效应、核威慑作用，以及贝佐斯家中的苹果二代电脑。根据教师发给家长的传单上的说明，培训"重点在于用新的思维方式来思考老问题"。维尔纳说她父母对这个培训班不抱希望，因为他们不知道谁会花钱报这样的班。但贝佐斯的父母非常欣赏他们的想法，马上就为马克和克里斯蒂娜报了名。维尔纳说："我认为杰姬和迈克在为人父母方面非常称职，他们总是鼓励杰夫并培养他的创造力。"

在迈阿密美洲蒲葵学校，贝佐斯的成绩一直是A，因此得到了最早进入普林斯顿大学的机会，他不仅成为高中毕业典礼上的致告别词者，而且还获得了银骑士奖，这是由《迈阿密先驱报》（*the Miami Herald*）赞助的享誉全州的一个奖项。温斯坦回忆起当时都有谁在场以及贝佐斯何时去银行存的奖金等情景。记得当时出纳员抬头看着他说："天啊，你在《迈阿密先驱报》工作？"贝佐斯则趾高气扬地回答："我获得了银骑士奖。"

贝佐斯亲自起草了毕业典礼演讲词。母亲帮他打印出来，在稿子上浏览了很长时间。作为一名高中毕业生，杰夫确实有着奇异的远大抱负。她现在还存着这篇稿子，其中包括经典的《星际迷航》的片头语："宇宙是最终的边界。"（Space, the final frontier.）贝佐斯还在这里探讨了如何通过在轨道空间站上创建永恒的人类居住地来拯救人类，同时把星球变成一个浩瀚无边的自然保护区的梦想。

这些绝对不只是天马行空的想法，它们蕴含了个人的远大目标。厄休拉·维尔纳说："无论他的未来前途如何，他都会坐拥巨额财富，如果没有梦想就不可能实现他的目标。"他究竟想要什么？记者对这位互联网巨头非常感兴趣，并于 20 世纪 90 年代采访过维尔纳，她对记者说："他赚这么多钱的目的就是为了探索太空。"

* * *

当亚马逊于 2000 年想使财务步入良性循环时，还要不断与对网络公司持怀疑态度的人们奋力抗争。贝佐斯此时发现他的资产在不断萎缩，从原来的 61 亿美元跌到了眼下的 20 亿美元。[9] 但这仍然是一笔不小的数额，足以使他成为世界上最富有的人之一。他亲眼目睹了技术、耐心和长远目标给他带来的丰厚回报。当满世界的人们都对亚马逊的未来前景担忧时，贝佐斯又秘密地创立了另一家全新的公司——它致力于宇宙探险，并在华盛顿州注册。

贝佐斯试图保守太空实验室的秘密，但亚马逊的许多同事都了解他的远大理想。20 世纪 90 年代，贝佐斯把此事告诉了亚马逊的公关部主管凯·丹加德，她悄悄把这项计划融进亚马逊的品牌，以此来取悦贝佐斯。事实上，她已经和电影公司签订了产品定位协议，准备把亚马逊的广告牌放在艾迪·墨菲（Eddie Murphy）主演的电影《星际冒险王》（*The Adventures of Pluto Nash*）中的月球上，但当读到电影脚本中的恐怖情节时，她又把协议撤销了。1999 年，凯试图说服美国家宇航局，让运行中的“发现号”宇宙飞船的宇航员从亚马逊网站预定圣诞节礼物。虽然宇航局对此表现出了些许的兴趣，但还是拒绝了这个想法，认为这太过商业化。

贝佐斯也向尼克 · 哈诺尔吐露了他的梦想。尼克是亚马逊早年的投资人，也是公司最初 5 年非正式的董事会成员。哈诺尔说：“他坚信终有一天会遨游太空。这是他人生的一个梦想。为实现这一梦想他每天起早贪黑。他一直就是这样严格要求自己的。”

回顾过去，贝佐斯似乎是想用绝密的太空计划来愚弄媒体。很明显，他有时会转弯抹角地告诉媒体。在 1999 年《连线》杂志的一次采访中，他们重点探讨了在星球上实施长期健康计划的想法，贝佐斯对记者说：“我乐于以某种方式向人们伸出援手。我认为人类最终都得共享一片蓝天。”[11] 他于 2001 年又对《快公司》杂志（*Fast Company*）称：如果像小说《沙丘》（*Dune*）所描述的那样，人类能够征服其他星球，那就太棒了。这要“不是虚构出来的”该多好！

2000 年，我采访贝佐斯，问他正在读什么书。他提到了罗伯特 · 朱布林（Robert Zubrin）的作品《进入空间：创造一个航天文明》（*Entering Space: Creating a Spacefaring Civilization*）和《火星任务》（*The Case For Mars*）。谈话结束前，我想了解这些勇敢的硅谷创业家何时会启动一家私人太空公司。[这是贝宝联合创办人伊隆 · 马斯克（Elon Musk）开办他的太空探索技术公司 SpaceX 的两年前。] 贝佐斯当时的回答非常令人费解。他说：“这是一个非常复杂的技术问题，我想，短期内在这个项目上的投资很难看到收益。所以对你的问题的答案或许是肯定的，或许现在就有人正在做，但说不好……当你去参加风险投资会议时，从来没有人谈及这个问题。表面上人们对这个话题并不关心，其实背后掩藏着人们的极度热忱。”

2002 年，贝佐斯列了一个愿望清单，在亚马逊上公开发表，任何人都可以看到，主要阐明了他的阅读兴趣。这些书包括《空间飞行器的历史》(*The History of Space Vehicles*)，蒂姆 · 弗尼斯（Tim Furniss）著；《稀土：为什么复杂的生命在宇宙中难以生存？》(*Rare Earth:Why Complex Life is Uncommon in the Universe*)，彼得 · 道格拉斯 · 沃德（Peter Douglas Ward）和唐纳德 · 布朗利（Donald Brownlee）合著。2003 年 2 月，我参加了TED演讲大会，这是一个融技术与设计于一体的年度大会，这次又在加州的蒙特利举办。我听到其他与会者在谈论西雅图的一家叫做Blue的太空公司。一个月后，在西得克萨斯的阿尔卑斯山附近（这个地方几百里荒无人烟），贝佐斯和他的律师在一次直升机事故中受了轻伤。联邦航空管理局的一份官方事故报告中称："直升机起飞时，飞机的尾梁撞上了一棵树，向一侧倾斜，栽进了附近的小河里，三名乘客均受轻伤，被送到了当地的一家医院，但没有生命危险。"

贝佐斯后来在接受《时代周刊》采访时说，他在发生事故时，头一个想到的就是"这种死法多让人没面子"。后来贝佐斯希望在得克萨斯州的农场置一块地。在贝佐斯的成长过程中，他在外祖父位于科图拉的农场里度过了很多美好时光，他想让后代也能拥有和他一样的体验。

他也是在寻找一个合适的地方来建立发射台。

在这次飞机事故发生时，人们还不知道杰夫 · 贝佐斯有一家太空探险公司。但这次事故本身似乎还是藏有一些玄机。发生事故以后，我搜索华盛顿州的企业数据库，找寻一家名为Blue的公司，发现其运营公司的注册地址是西雅图南十二街 1200 号——这是亚马逊的总部所在地。这家公司的网址非常模糊，上面有招聘航空工程师的广告，要求有助推器和航空电子设备方面的专业知识。当时我是《新闻周刊》的新记者，得知这位互联网界的亿万富翁正在秘密建造私人宇宙飞船，这个想法简直太具诱惑力了。

2003 年 3 月，我租了一辆车，奔赴西雅图来到了华盛顿州Blue公司另一个网上记录的地址。我沿着杜瓦米许水道（Duwamish Waterway），来到了位于西雅图南部的一个工业区。这里有 5.3 万平方英尺的仓库，前门上有一个蓝色的雨篷，上面用白字写着"蓝色起源"（Blue Origin）几个大字。

周末，虽然夜色已经很深了，但依旧灯火辉煌，门前停着几辆汽车和摩托车。车窗上贴了膜，因此什么也看不见。此时外面空无一人。空气中夹杂着浓烈的河水和加工过的木材的味道。我坐在出租车里，想象着神秘的宇宙飞船和由亿万富翁赞助的火星计划的情景。但我什么都做不了，真让人沮丧。一小时后，我实在忍受不了了。从车里出来，我静静地沿着街道散步，来到了一个垃圾箱的面前，从里面掏出了一大包东西，回到车前，把它丢在后备箱里。

几周后，我为《新闻周刊》撰写了第一个有关"蓝色起源"的报道，题目为："太空中的贝佐斯"。[11] 那天晚上的发现给我帮了一个大忙——就是那一大捆溅上咖啡的草稿纸，其实是"蓝色起源"的公司蓝图——我在报道中披露了公司的长远目标，是在太空创建一个人类永久居住的地方。公司制造了一艘宇宙飞船，借用第一位太空宇航员艾伦·谢泼德（Alan Shepard）的名字，将其命名为"新谢泼德"，目的是把游客带到大气层以外的地方。这艘宇宙飞船被专门设计成垂直起飞，由推进器来控制垂直降落，以使飞行器能够得到再利用。它的首飞还能资助新的推进器系统的前瞻性研究，如波转子和由地面激光驱动的火箭。

拜访完"蓝色起源"仓库的几天后，我给贝佐斯发了一封电邮，告诉他文章中会出现哪些细节，希望得到回应。后来我把发送的原件弄没了，但在我不断的努力下，我才得知，他早已对美国国家宇航局的载人太空旅行计划等得有点不耐烦了。至今我还保存着他的回复函：

布拉德，我的蓝莓手机一直不离身，我就是拿它给你回复的——或

杰夫 · 贝佐斯童年照片。
（*Courtesy of Amazon*）

5 岁的杰弗里 · 普勒斯顿 · 贝佐斯与他的爷爷劳伦斯 · 普勒斯顿 · 吉斯。1969 年在得克萨斯州的科图拉。
（*Courtesy of Amazon*）

1982 年的贝佐斯，在迈阿密州的橡树高中。
（*Seth Poppel/Yearbook Library*）

MOST VERSATILE RIDER of the Albuquerque Unicycle Club is Ted Jorgensen, who received one of three trophies awarded to club members at the club's third anniversary dinner Tuesday night at the Heights Community Center. Other trophies went to Rachel Westerman, "most creative" rider, and Tony Stanphill, winner of the "anniversary race." New officers of the club are Betty Ross, president; Tommy Ratcliff, vice president; Margaret Bradley, secretary, and Jeanne Baum, treasurer. Club members will travel to Oklahoma City this fall to ride in the community celebration. The group meets each Tuesday at 7:30 in the community

1961 年的泰德 · 乔根森。
（*Photograph courtesy of Ted Jorgensen*）

2013 年 3 月 27 日，泰德 · 乔根森在他的自行车店内。
（*Photograph by BenjaminRasmussen*）

杰姬和迈克 · 贝佐斯，在 2012 年第 29 届白杨学院颁奖典礼上。
（*© Patrick McMullan/ Photograph by Patrick McMullan*）

杰夫 · 贝佐斯与妻子和母亲在家里。
（*© David Burnett/Contact Press Images*）

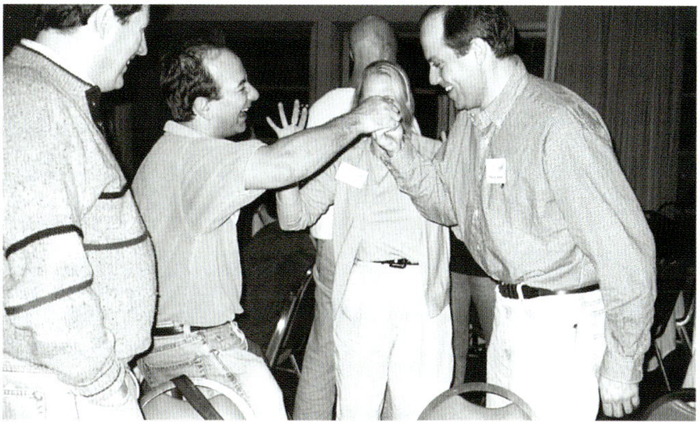

杰夫 · 贝佐斯和
亚马逊的职员。
（*Courtesy of Laurel Canan*）

亚马逊的元老谢尔 · 卡芬（左一）和
一位亚马逊早期的工程师。
（*Courtesy of Laurel Canan*）

杰夫 · 贝佐斯和麦凯奇 · 贝佐斯（中）与
亚马逊的职员在公司的化装宴会上。
（*Courtesy of Amazon*）

亚马逊和德意志银行的职员在墨西哥的家庭聚会上。这些职员为亚马逊 1997 的首次公开募股做了很多工作。（*Courtesy of J. William Gurley*）

杰夫·贝佐斯和荣立执行官布莱恩·伦特、拉基什·马瑟和谷歌早期的投资者拉姆·施拉姆。
(*Photograph courtesy of Brian Lent*)

贝佐斯在佐治亚州麦克多诺的订单履行中心检查玩具供应线。
(© *David Burnett/Contact Press Images*)

亚马逊的高级副总裁杰夫·维尔克，他完善了亚马逊的订单履行体系。
(© *Brian Smale*)

2002 年，贝佐斯站在赛格威电动平衡车上。该产品在亚马逊独家销售，售价 5 000 美元。
（*Mario Tama/Getty Images*）

2001 年 9 月 7 日，贝佐斯在纳斯达克证券交易所敲响开市钟。
（*Bloomberg*）

1999 年 12 月 29 日，贝佐斯带着他的新玩具参加NBC电视台的今夜秀节目。
（*Reuters*）

2003 年 8 月 22 日，贝佐斯和俄罗斯著名网球名将库尔尼科娃在纽约的中央车站宣传亚马逊的新商店。
（*Evan Agostini/Getty Images*）

贝佐斯和谷歌的创始人之一谢尔盖·布林。二人在爱达荷州的太阳谷参加会议。贝佐斯是谷歌早期的投资者之一。
（*Rick Wilking/Reuters*）

2007年11月19日，贝佐斯介绍他的新产品——Kindle阅读器。
（*Mark Lennihan/AP Photo*）

贝佐斯和妻子麦凯奇。
（© *Patrick McMullan/Photograph by Patrick McMullan*）

2011年，杰夫·贝佐斯介绍他的新产品Kindle Fire。这一设备加剧了亚马逊与苹果的竞争。（*Bloomberg*）

一位亚马逊的雇员在新闻发布会后向各路记者介绍Kindle。（*EPA/Justin Lane*）

NASA副行政官洛里·格拉威尔（右三）参观华盛顿州肯特郡的“蓝色起源”公司——贝佐斯的私人太空探索中心。（*Bill Ingalls/NASA*）

米尔顿凯恩斯的亚马逊订单履行中心。位于伦敦西北 45 英里。
（*David Levene/Eyevine/Redux*）

2013 年公布的亚马逊西雅图新总部的设计图。（*NBBJ*）

许你现在已经收到了。

对于“蓝色起源”来说，现在发表什么言论或对某事进行评论还为时尚早，因为我们现在还没有做出什么值得评论的事情。如果未来你对这个话题感兴趣，当我们做出值得评价的事情时一定告诉你。下面你要读到的内容有些是正确的，有些可能是错误的。我只针对一件事情发表我的看法，因为你触动了一个敏感的话题，我想这会伤害美国国家宇航局。因此我提出了相反的看法。

美国国家宇航局是国家的财富，如果有任何人对宇航局不满的话，纯属是胡说八道。我之所以对太空感兴趣，是因为我5岁时就被它激发了灵感。有多少国家机构能够在一个5岁孩子的心中留下如此深刻的烙印？宇航局对工作人员的技术要求很高，而且本身风险也很高，而且他们却一直在创造辉煌的业绩。许多小规模的太空公司之所以能够成就一番事业，是因为他们站在了美国国家宇航局的肩膀上，继承了它的成就和独创精神。

我们可以举一个特殊例子：你可以想象一下，所有的公司都使用复杂的计算机编码来分析结构、热流量和航空动力学，而这些编码都是由宇航局开发出来的！（这是排除现实世界的干扰，经过数年来的精心试验得到的成果。）

杰夫

《新闻周刊》发表这篇报道后，各大新闻媒体连续刊发了类似的新闻报道，但“蓝色起源”依旧在秘密执行它的计划。贝佐斯购得了得克萨斯农场，以历史上探险家的名字命名（类似于詹姆斯·库克有限合伙公司或科罗拉多投资企业，这样就使企业的名字不致透露）。他向得克萨斯州范霍恩附近的土地所有者开出了优厚的条件，这离他当初直升机出事的地方不远。[12] 到2005

年，他拥有的土地达到29万亩——是整个罗德岛的三分之一。当他步入当地《范霍恩的倡导者》（*the Van Horn Advocate*）报社时，他宣布了建立宇航中心的计划，并接受了这些茫然不知所措的编辑的即时采访。

2011年，在卡内基梅隆大学（Carnegie Mellon University）的一次演讲中，贝佐斯说，“蓝色起源”的目标是压低太空旅行的成本，并提高技术的安全性。他说，团队“努力降低太空旅行的成本，创建一个人类可以亲自探索太阳系的未来，随着时间的推移，缓慢、稳健的进展将会战胜我们所面临的挑战”。

工作进展的缓慢确实超出了贝佐斯和他的火箭科研人员当初的想象。2011年，“蓝色起源”的试验飞行器有一次失去了控制，当时它的飞行速度是1.2马赫，高度为4.5万英尺，在天空产生了一个大火球。范霍恩当地的居民回想起当年“挑战者号”宇宙飞船的灾难时依旧记忆犹新。贝佐斯在“蓝色起源”网站上的博客中写道：“这是我们都不愿看到的结果，但我们当初就想象到了它的困难。”[13] 一年以后，公司成功研制了宇宙飞船的乘员舱逃生系统。这项实验得到了宇航局的两笔资助，约合2 500万美元，用来开发人类太空飞行的相关技术。太空探索技术公司的伊隆·马斯克和维珍银河公司的创始人、亿万富翁理查德·布兰森（Richard Branson）也在共同朝这个目标努力。

贝佐斯不允许公众和媒体去他的宇航中心参观。2006年，公司搬到了位于华盛顿州肯特郡的总部，这个工作区更加宽敞，在西雅图以南20英里。来访者描述他的办公室到处镶着与太空有关收藏品，有来自于《星际迷航》的小道具，有史以来各种宇宙飞船的火箭配件，还有前苏联宇航员穿过的宇航服。技术人员可以脚踏赛格威电动平衡车随时监控这多达28万平方英尺的工作区。在办公楼大厅，有一个维多利亚时代的宇宙飞船模型，是按照真实比例做的。它由蒸汽发动，模样古怪——在儒勒·凡尔纳的作品中或许有过描述，驾驶员座舱以及黄铜做的控制杆都带有19世纪的内饰风格。来访者可以进里面看看，坐在天鹅绒的椅子上，把自己想象成尼莫船长和福克先生时代的勇敢探险家①。贝佐斯的朋友丹尼·希利斯说："对于一个充满想象力的孩子来说，这更像是一件手工艺品。"

像其他伟大创业者一样——包括沃尔特·迪士尼（Walt Disney）、亨利·福特（Henry Ford）和史蒂夫·乔布斯，贝佐斯把梦想逐渐变成了现实，把青年时的幻想变成了眼前的现实。希利斯说："对于杰夫来说，太空不仅指2000年或者2010年，它是指人类数个世纪的梦想，并将继续成为未来世纪的梦想。杰夫把自己和'蓝色起源'看作实现梦想的组成部分。下一步的任务正像儒勒·凡尔纳所描述的以及阿波罗所完成的一样。"

贝佐斯毫不犹豫地承担起实现这一梦想的重任。即使当亚马逊奋力抗争以回到正常经营时，他也不断承担新的责任，并为"蓝色起源"招募了更多的员工，以最高效的方式、最快捷的路径来合理分配他的时间以完成所有的任务。他给"蓝色起源"颁发了一枚纹章，并用一个拉丁文名言"Gradatim Ferocite"来命名它，意思是："循序渐进，勇往直前。"（Step by Step, Ferociously.）这几个词真实地刻画了亚马逊的核心价值观：向着不可预知的目标进发终究会取得成功，挫折只是暂时的，最好把那些唱反调的人丢在脑后。

一位记者曾经问过贝佐斯，为什么他有这么大的动力去成就这么多的事业。他认为贝佐斯准是积累了巨额的财富。贝佐斯回答道："我已经意识到，我的动力来自于对我抱有希望的人，我喜欢被人依靠。"[14]

---

① 尼莫船长和菲利亚·福克均为凡尔纳作品中的人物。——编者注

第六章
混沌理论

杰夫·贝佐斯喜欢被人依靠的感觉，但在2002年网络行业不景气、亚马逊的收益率下降的形势下，他意识到这次需要依靠其他人才能东山再起。要平息对于亚马逊的一片反对声，贝佐斯先要改良公司内部混乱的管理状况。

亚马逊已经通过各种途径成为一个综合性的大企业。截至1998年末，它才拥有2 100名员工，但到2004年末就达到了9 000名员工。它在经历了网络行业最低迷的时期后，又重新恢复了进军新领域的经营业务，如体育用品、服装、珠宝等，并把业务拓展到中国、日本等地。

企业规模扩张的同时，管理上的混乱也会相伴而生。所有的企业都会经历这样的关键时刻——企业的内部机构像青春期的孩子穿的鞋子一样，突然感觉不合脚了。亚马逊在成长的过程中，经历了严峻的考验。当公司日益壮大且目标更加远大时，企业内部的结构就会变得更加复杂，要想使员工协同起来并采取快速行动，难度会越来越大。贝佐斯想多管齐下，但公司在相对独立的各部门之间进行协调配合时耗费了大量的时间。

在物流中心，管理上的混乱不是抽象的，而是实实在在的。这体现在系统经常瘫痪，数个小时都不能恢复正常工作；地板上堆满了货物，工人们也不管那一套。在公司早年疯狂发展的那些年，不断经营新门类的负担一下子落在了物流中心的身上，然而物流部门却没有做好相应的准备。员工记得，1999 年秋天，当家居用品和厨房用品成为新的业务范畴之后，厨房刀具没有任何安全包装，在运送时顺着传送带噼里啪啦地往下掉。亚马逊的内部物流软件也不太适合管理新的产品门类，因此电脑程序会弹出问题：进入仓库的新货物是一本精装书还是一本平装书？

亚马逊一度想以协调员工工作和董事会的统一目标来控制管理上的混乱，如“扩张优先”策略和让公司更有序发展的策略等。虽然这可以促使每个人都把劲儿往一处使，但以公司现在的规模，光喊几句口号也已经不能满足管理需求了。

经历了这些年的坎坷发展，贝佐斯一直不同意放慢脚步，他还在互联网的赌注上不断加码，寄希望于完成销售所有门类产品的宏伟蓝图。为了领导公司进行转型，他用一个非正统的方式建立了公司的组织机构，并给它起了一个特别的名字。为了治理物流中心的混乱状况，他开始把这一任务委托给年轻的高管杰夫·维尔克，他清晰的思路和偶尔焦躁的管理作风可以折射出贝佐斯的管理风格。供应链副总裁布鲁斯·琼斯说：“他们俩互相依赖，当贝佐斯想做什么时，维尔克能马上领会并贯彻他的意图。有时维尔克简直是不择手段，这太有意思了。”

杰夫·维尔克是来为他的前任修正错误的。早在 20 世纪 90 年代末期，吉米·莱特和一群来自于沃尔玛的狂放不羁的小伙子组成的团队，为亚马逊设计了遍布全国的物流网络，这也是世界上最棒的大规模零售物流管理网络。但在公司迅速壮大以满足贝佐斯在仓储和运输上的无限目标时，他们构建了一个花费巨大且不太可靠的系统，每年年末到来时，都要从西雅图招募大量临时工。布鲁斯 · 琼斯说："管理简直是一团糟，这种类似于沃尔玛物流中心的运行模式，如果是发送 5 000 卷手纸这样的大订单还可以，但对于小订单来说成本可就太高了。"

维尔克出生于匹兹堡郊区的一个律师家庭。父母在他 12 岁时离异。小学六年级参加一次当地的数学锦标赛时，维尔克竟然荣获了第二名的好成绩，由此发现了自己在数学上的天赋。当他 15 岁那年去拉斯维加斯探望祖父母时，他被赌场里的老虎机给迷住了。回到家以后，就在他那第一代叫做天美时辛克莱 1000（Timex Sinclair 1000）的个人电脑上（内存为 2KB）进行模仿。维尔克在校期间成绩全部是A，但辅导员劝他不要申请普林斯顿大学，因为来自于橡树高中的毕业生是不可能进入常春藤大学的。但他还是申请了，而且被成功录取。

1989 年，维尔克以优异成绩从普林斯顿大学毕业，比贝佐斯毕业晚三年。他又从麻省理工学院工程系和工商管理系获得MBA和理科硕士双学位。这个培养项目被称为"为企业培养领导人才"（现在成为为世界输送领导人才的摇篮），是麻省理工学院的商学院、工程学院以及像波音这样的企业联合创办的新模式，主要为新一轮的全球竞争提供人才。马克 · 马斯坦德雷阿（Mark Mastandrea）是维尔克在麻省理工学院的同学，后来也跟随他加盟了亚马逊，他评论维尔克是"我见过的最聪明的人，他能比任何人都快速地得到问题的答案"。

维尔克在安达信咨询公司（Andersen Consulting）开启职业生涯，然后加盟了后来被霍尼维尔公司吞并的企业巨头联信公司。他很快就被晋升为公司副总裁，直接受CEO拉里 · 博西迪（Larry Bossidy）的领导，经营着一家每年 2 000 万美元营业额的制药企业。在位于新泽西州莫里斯敦的联信总部，维尔克致力于企业的六西格玛（Six Sigma）策略研究，这是一条有关生产和管理的原则，通过识别和减少残次品来提高生产效率。

回首 1999 年，时任亚马逊的招聘主管（后来成为微软人力资源部主管）的斯科特 · 皮塔斯基（Scott Pitasky）基负责招募一位高管来取代吉米 · 莱特。皮塔斯基以前在联信是维尔克的同事，因此，当亚马逊需要与贝佐斯在智力上旗鼓相当，而且在任何事情上都喜欢刨根问底的人才时，皮塔斯基想起了老同事。

皮塔斯基到瑞士公务出差时遇到维尔克，趁机劝说他接管对亚马逊至关重要的物流网络工作。他告诉维尔克，他将有机会建立一个特别的物流网络，并且给这个新兴产业定位，在联信根本得不到这样的机会。皮塔斯基雷厉风行，又劝说正在东海岸探望孩子的首席运营官乔 · 加利，一旦维尔克回到美国就与他会面，见面地点安排在杜勒斯国际机场附近的一家宾馆饭店里。

维尔克当时快要步入 32 岁了。他一笑便露出满嘴的牙，戴着一副过时的眼镜，一看就没有领导者的魅力。加利说："与他交流起来很乏味，他是相当聪明且管理周密的一位供应链专家，经常要进行数据分析，做事时非常追求精准。"那天两人共进晚餐时便一拍即合。当时加利把自己的旅程一分为二，一是去新泽西家里探望妻子莉斯尔；一是拜访维尔克。维尔克和加利同为匹兹堡人，而且都来自于中产阶级家庭。曾经做过销售的加利激发了维尔克的兴趣，他想迎接亚马逊庞大物流体系的挑战。维尔克去西雅图接受了贝佐斯和乔伊 · 科维的面试，随后加盟了亚马逊，不久便成为副总裁和全球业务总经理。在同刚宣布从联信退休的拉里 · 博西迪进行最后一次谈话后，维尔克投入了亚马逊这位资深CEO的怀抱。

一到西雅图，维尔克就马上担当起亚马逊物流部主管的角色，他不是和零售渠道的老员工共事，而是和科技人员一起工作。他把所认识的 10 位最聪明的员工招至麾下，其中包括拉塞尔 · 阿格尔（Russell Allgor），他曾是德国拜尔公司供应链的技术人员。维尔克和阿格尔是普林斯顿大学的同学，曾经在技术问题上互相从对方身上得到过很多的启发。阿格尔和他的供应链计算小组后来成了亚马逊的秘密武器，为许多问题都找到了答案，诸如亚马逊的物流网络在何时何地储存某件产品，并且如何把顾客的不同产品订单有效地整合在一起。[1]

维尔克意识到亚马逊的物流部门存在着一个特殊的问题：就是公司很难针对每一笔不同的订单提前做计划。公司无法提前知道订单数量，也不知道顾客订哪些货品。一位顾客有可能订一本书、一张DVD、一些工具——可能需要礼品包装，可能不需要——而且订货内容很少重复。订单内容会形成无数的排列组合。维尔克说："我们基本上是加工和完成顾客的订单。工厂的物流中心离制造和加工区域很近，然而零售业的物流却存在着地点的劣势。"因此在他的第一项计划中，他重新命名了亚马逊的物流设施，为的是更加精确地定义配送中心的工作。他们不再被称为仓库（原来的名称）或物流中心（吉米 · 莱特起的名字）；他们未来会被称为订单履行中心（Fulfillment Centers），或者FCs。

在维尔克加盟亚马逊之前，物流中心的总经理经常临时改变他们的策略，每天早晨，他们通话后才得知哪些环节运转正常，哪些环节生产力过剩，然后根据当场做出的决定来仿冒上一笔订单过程。维尔克通过计算可以把需求和订单履行中心无缝对接，可以合理安排积压的工作并省去了早晨的一通电话。他还启用了在联信学到的六西格玛的过程控制原理，并且把丰田的"精益生产"哲学结合起来，这可以促使公司把为顾客创造价值的生产投入合理化，并允许所有的工人（现在称为同事）一旦发现有残次品（在生产术语中成为安灯系统①出现，就拉一根红绳用来叫停车间的所有生产。

维尔克及其团队在头两年设置了数十个指标，他让总经理时刻关注这些

① 安灯系统：andon，一种可视化的讯号系统。——译者注

指标，包括每一个订单履行中心的运送量、出货量、单件货品包装的成本及运送成本。他把原来出错时所用的无聊的名称去掉——亚马逊把发错货称为“突如其来的变化”——改为更加严肃的名称。他还不断重申订单履行中心的纪律。维尔克说：“我一旦工作起来，就会忘记时间。当早晨来到时，他们进入订单履行中心，干完活和装完最后一车货时才能回家。我想这不只是靠体力就能完成的。”维尔克答应贝佐斯，通过降低残次品数量和提高生产效率，保证成本有每年都所下降。

维尔克在亚马逊内部扩展了订单履行中心经理的见识。他经常把他们带到西雅图，并强调改进技术的紧迫性。在节假日，维尔克每天都穿着法兰绒衬衣，是想向工人们证明，在订单履行中心，他们要团结一致，直到今天，衣服上依旧保存着他的亲笔签名。那些年弗恩利订单履行中心的主管伯特·韦格纳（Bert Wegner）说：“我们意识到了总经理的工作很难，然而他却让你感觉仿佛置身于一个能够终其一生的俱乐部里。”

维尔克还有一个解决问题的办法：就是像贝佐斯一样时常发脾气。早在2000年秋天，亚马逊订单履行中心的软件系统还不能精确显示库存情况和运输情况。因此，当年的圣诞节期间，维尔克作为公司的二把手，在每年的圣诞节销售旺季——公司内部把它称为“大进攻”（big push）——每天都要召集在美国和欧洲的经理开电话会议。他告知他的地区经理们，每次电话会议上，他都需要知晓各地的真实情况：发送了多少订单，哪些还没发出去，是否有积压的工作。如果存在这样的情况，就需要解释原因。当节日季销售不断升温时，维尔克还要求经理们随时准备向他通报“仓库外的情况”——订单履行中心门外卸货车的具体数量以及卸什么货物，是船舶运输、邮局还是快递。

2000年不断出现问题的事发地是佐治亚州麦克多诺的订单履行中心，这里距离亚特兰大南部30英里，是一个工人聚集的城市。在圣诞节销售旺季前后，麦克多诺——是1999年臭名昭著的“胖丁事件”（Jigglypuff）的发生地——经常出现发货延迟的情况。当维尔克在一次电话会议上询问区域经理他们的院子里堆的是什么时，麦克多诺基地的主管——后来成为沃尔玛高管的鲍勃·杜伦（Bob Duron）已经如履薄冰。当维尔克抵达麦克多诺时，杜伦显然还没有得知这一消息，他对着电话说："杰夫，稍等，我看到他们就在窗外。"然后他靠在椅子上，对着电话大声说道："我已经看到了一个人、两个人、三个人、四个人……"

维尔克就要大发雷霆了。他那天在美色岛的家庭办公室打来电话，对着电话一通咆哮——里面充满了语气强硬的口头攻击，并且夹杂着粗话，使得电话那头的主管的听筒里发出了刺耳的回声。然后，正像刚才的爆发一样，突然又安静了下来。维尔克像是消失了一样。

30秒钟内，双方都沉默不语。最终，康伯斯威尔基地的总经理亚瑟·瓦尔德兹（Arthur Valdez）平静地说："我想他准是把电话给吃了。"

有关当时发生了什么情况的说法有很多。有些人推测，可能是维尔克一发怒，不小心把电话线从墙上拽下来了。另一些人推测，他把电话愤怒地摔在了地上。10年后，在亚马逊公司附近的一家意大利啤酒店里用午餐时，维尔克解释说，当时他其实没挂电话，只是因为太生气了，以至于连话都说不出来了。他说："在麦克多诺，我们只是想努力使各个方面都运行正常，我们拼命招募最合适的主管，并且努力招募在那里工作的更多员工。"

那年春天，当亚马逊拼命追逐它的利润目标时，维尔克关闭了麦克多诺的订单履行中心，并且解雇了450名全职员工。关闭订单履行中心并不能解决亚马逊的问题；事实上，生产力的下降给亚马逊其他订单履行中心造成的压力更大。公司的生产已经在圣诞节期间运行起来，而且年销售量也增长了20%以上。现在亚马逊别无选择，只能尽力控制系统的复杂状况，从其投入中获得尽量多的回报。

维尔克在中途已经烧毁了一条船，然而对于亚马逊这支无敌舰队来说，已经没有回头路了。在这一路上，他展现了一种风格——以身作则的领导风范、适度的急躁情绪——这确定无疑是杰夫主义风格。或许这并不是巧合，维尔克在加入亚马逊刚过一年就晋升为高级副总裁。杰夫·贝佐斯已经找到了他在对抗混乱之战中的同盟。

20 世纪 90 年代的一次线下管理会议上，年轻高管们出于善意在公司最高统帅的面前站起来，就本部门的问题向公司总部作了展示：协调配送任务在不同地区部门之间的难度很大。这些年轻的高管们介绍了增加团队对话的不同技巧，并为他们的创意感到非常自豪。杰夫·贝佐斯的脸突然变得通红，前额上的青筋暴起，大声说：

"我明白你们的用意，但你们全都错了，交流是功能失衡的符号，说明人们并没有以一个紧密的、有组织的方式协同工作。我们团队应该尽力寻求一个方法，来降低而不是增加彼此的沟通频率。"

这次交锋让人们难以忘怀。戴维·瑞舍说："杰夫经常让人大吃一惊。当时他身体里的血液全部涌到头上，异常冲动。如果他是一个捣锤的话，一定会在桌子上猛敲。"

在后来的会议和演讲上，贝佐斯发誓要把亚马逊的经营重点放在权力下放和独立决策上。他说："等级制度对变化很不利。我偶尔也会要求人们按照我说的去做。如果我当时成功了，就不会有更好的公司出现。"[2]

贝佐斯认为，员工之间的合作是在浪费时间，最容易出现问题的部门才最适合解决问题，这些观点都独树一帜。这预示着在未来 10 年高科技领域会出现类似于传统智慧的思想。对这一思想持赞同意见的有谷歌、亚马逊和后来的脸谱网等，这些公司全都从精益而敏捷的软件开发的理论中借鉴了部分经验。在有关高科技具有代表性的《人月神话》（*The Mythical Man Month*）一书中，IBM的计算机资深教授弗雷德里克·布鲁克斯（Frederick Brooks）

谈到，对于复杂的计算机软件系统来说，多余的人力实际上会阻碍进步。原因在于，花费在交流上的时间和金钱会与参与软件计划的人数成比例上涨。

贝佐斯和其他亚马逊创始人从以前的技术产业巨头那里吸取了教训。微软采用自上而下的管理方法，设置了很多中层管理岗位，这种设置减缓了决策的进度并制约了创新的发展。看到华盛顿湖地区的软件巨头们令人备感压抑和不快的等级制度，亚马逊高管们认为是要进行变革了。

出于降低成本的原因，亚马逊开始采用从公司内部削减中层管理岗位的做法。2000 年股市崩盘以后，亚马逊经历了两轮大裁员。但贝佐斯还坚持继续招募员工；他只是想提高公司的效率。因此他用最简单的方式来整合人力资源。所有的新员工必须为公司创造效益。他需要实干家——技术员、开发人员还有商品采购，而不是主管。尼尔·罗斯曼说："我们不想成为微软那样的一个庞大的程序管理部队。我们要的是一支具有创新精神的独立团队。"罗斯曼认为，"各自为战是最好的方式。管理这些班组的工作是徒劳无益的。"

但不出所料，没人预想得到，要让员工掌握这些核心理念，贝佐斯究竟要把这些组织管理理论贯彻到什么程度。2002 年初，贝佐斯又养成了一个新的习惯，就是在节日季后腾出时间来思考和阅读。（微软的比尔·盖茨每年也抽出几周的时间，这为他们树立了良好的榜样。）几周后，贝佐斯回到了公司，然后在华盛顿麦地那家里的地下室向他的高管团队披露了他的新想法。

他说，整个公司都要按照"两个比萨团队"的模式进行重组。员工们要组成不多于 10 个人的独立团队——尤其是加夜班时，小组的规模可以小到用两个比萨就可以充饥。这些小组在亚马逊遇到麻烦时可以派上用场。他们可以互相抢夺资源，可以互相学习，可以效仿达尔文的"适者生存"理论。贝佐斯希望小组的工作不要受公司内部交流的约束，这些自由组合的团队可以加快行动速度并提高给顾客送货的速度。

贝佐斯的"两个比萨团队"也遇到了一些难题。他要求每个组要提出它的“应对策略”——这是一个线性方程，用来精确地衡量它的预期效果。例如，一个负责向顾客发送广告邮件的“两个比萨团队”要选择它的应对策略，保证这些信息必须产生数倍于原来同等广告发送量的订单额。为订单履行中心书写软件编码的小组追踪目标，来降低每一件货品的运送成本，缩短顾客订货和货物装在卡车上离开订单履行中心的时间长度。这就是他引导小组创新的方式。

贝佐斯正在把混沌理论运用到管理中，当他意识到组织结构的复杂性时，他通过把公司化整为零来达到意想不到的效果。这至少是一个非常崇高的目标；然而结果却令人失望。“两个比萨团队”的概念最初在由瑞克·达尔泽尔负责的工程部进行实验，在几年的过程中，公司的其他部门并没有同步采纳这种组织方式。因为有些部门不需要这样的组织方式，例如法务部和财务部。

应对策略的主张和人类本性的一些基本面发生了冲突——当公司只通过最终结果来判定你的功过时，你必须建立一个个人的评价体系，这让人感到很不舒服。要求各小组制定他们的应对策略，有点像是询问一个已经定罪的犯人希望以何种方式来接受刑罚一样。各小组经常担心他们在公式运算上出问题，并且把程序设计得复杂且抽象，最终为此花费了大量的时间。吉姆·雷切米勒说：“‘两个比萨团队’丝毫没有自由，有时真令人头疼。并没有帮助你完成什么工作，因此大多技术人员和小组都非常不满。”

当杰夫·维尔克在亚马逊任期满一年时，他给以前的一位老师史蒂芬·格拉维斯（Stephen Graves）打电话请求他的帮助，这位老师是麻省理工学院的一位管理学教授。亚马逊的电子商务物流网络的运行情况一直在业界领先，但公司还是在拼命提高它的效率。它在全世界拥有 7 家订单履行中心，但成本非常高，和它们的产出不成正比。贝佐斯想通过亚马逊的物流查询功能告诉顾客，他们的包裹何时能够送到。如果一位大学生订购一本期末考试用书，应该让他知道下周一可以送到。但订单履行中心在预测准确到货时间上还不是十分有把握。

维尔克询问格拉维斯，是否愿意在本月末和他以及同事见个面，来重新审视一下他们公司的问题。贝佐斯和维尔克反问自己一个非常基本的问题，今天听起来我们会觉得很诧异：亚马逊应该参与储存和运输公司货物的业务吗？答案之一是像Buy.com一样转换这种现有的模式，在网上接到订单，然后从制造商和像英格拉姆公司那样的渠道商那里预订货物。

当年的圣帕特里克节那天，亚马逊一些最高层人物齐聚位于内华达州弗恩利订单履行中心那间死气沉沉的会议室。杰夫·贝佐斯和布鲁斯特·卡利（Brewster Kahle，亚马逊所收购的一家数据挖掘公司Alexa Internet的超级计算机技术人员和创始人）两人从西雅图出发，乘坐贝佐斯新购置的私人飞机达索猎鹰900EX飞抵内华达州。史蒂芬·格拉维斯从马萨诸塞州飞到里诺，然后驱车穿过34英里的沙漠来到弗恩利。当时有几位亚马逊的技术人员在那里，当时弗恩利的高级主管伯特·韦格纳也在场。早晨，这群人参观了订单履行中心，然后聆听了公司一个主要承包商的展示。他列举了销售给公司的设备及软件的一系列好处，让高管们感觉到配送服务仍然无法以最优方式运行。他们解除了合约，令这位承包商颇感意外。高管们利用下午的时间在白板上涂涂画画，为的是解决如何改善订单履行中心的问题。吃午饭时，他们就从办公楼的自动售货机上简单购买了一些麦当劳快餐和零食。

对于韦格纳而言，那天提出的问题与他产生了共鸣。他说："我们现在需要作出一个重要决策，配送服务究竟是商品还是核心竞争力？如果是商品，为什么要在上面投资？当我们不断发展时，我们继续由自己经营还是外包出去？"如果亚马逊选择把这块业务外包出去，韦格纳可能就会失业了。他又说："我基本上能预测出来，我的职业生涯快到尽头了。"

按照制造业的行话来说，亚马逊的问题可以归结为分批运输。亚马逊订单履行中心的设备最初是由吉米·莱特购置的，类似于沃尔玛的物流中心系统，采用生产商设计的波浪形作业方式——从配送能力较低的部门转移到较高的部门，然后再由高到低，循环往复。在波浪作业的开端，被称为分拣工的一群工人在仓库里呈扇形排开，每个人占据一个区域，来检索顾客的订单。当时亚马逊采用了根据指示灯来分拣货物的系统。走廊两边和每一个货架上都有指示灯，来引导分拣工挑选货物，然后把货物放在车中——这是波浪运行过程中用来拣货用的小车。然后他们再把小车放到传送带上，再把它们送到分类机上，分类机再根据顾客的订单来重新调整货物，然后把它们放在另一个传送带上，进行包装和运送。

软件要求分拣工必须各自为战，但有些人会比其他人慢，这就会出现混乱。例如，前99个分拣工可以在45分钟内完成他们的工作，但第100个分拣工多用了半小时，前99个人就得坐等他完成手里的活。只有当最后一辆小车把货物全部分拣完毕，整个系统才能重新运行起来，当轰鸣声响彻整个订单履行中心时，意味着准备开始进入下一个最繁忙的生产阶段。

订单履行中心所有的运行情况就像是连播画面一样一刻不停。在每一个圣诞节来临的销售旺季，公司都要拼命使生产效率最大化，这就会产生一个大问题。维尔克同意《目标》(*The Goal*)一书中关于生产局限性的主要观点，这本书是由艾利·高德拉特(Eliyahu M.Goldratt)于1984年出版的。本书表面上看是一部更具娱乐性的小说，但内容主要是引导生产商在遇到最大的瓶颈时如何使生产效率最大化。对于亚马逊来说，就是依靠这台名叫Crisplant的分拣机器来工作的，所有的产品都在此会合，但批量分拣却限制了分类人员的速度。因此在批量分拣达到高峰时，机器只能在短短的几分钟内是全速运行的。维尔克团队还想在波浪形作业方式上进行重叠实验，但这会无形中加重Crisplant分拣机的负担，用总经理们生动的术语来描述，“轰鸣声之大好像要把办公楼震塌了一样”。然后员工还要花上数小时的时间来清理这些残局，再让它恢复运行。

那天在弗恩利召开的会议上，高管和工程师都在质疑现在零售渠道的传统做法。下午时分，每个人又都回到了车间，看着一批批货物缓慢地在机器上运行。麻省理工学院教授史蒂芬 · 格拉维斯说："我虽然不认识杰夫 · 贝佐斯，但我却被眼前的一幕所打动，只见他高高挽起了袖子，和我们一样在传送带上爬来爬去。我们正在挖空心思寻找办法来改善目前的状况。"

快下班时，贝佐斯、维尔克和同事最终得出了结论：第三方供应商提供的设备和软件不适合现在的工作流程。为了使批量分拣更加顺利并使货物不断地按照预期的流量在设备上运行，亚马逊不得不重新编写软件程序。此时他们不能退出配送业务，还要加大投资力度。

几年后，韦格纳说："当我们把供销商一个个调制解调器插头都拔掉了的时候，他们气得咬牙切齿。他们真不敢相信我们竟然自己找到了出路。"后来亚马逊又在西雅图和拉斯维加斯开设了一些小型订单履行中心，来处理一些容易打包的货物，并在印地安那波利斯、凤凰城等地开设了更大的订单履行中心，看来公司准备要做大做强。他们撤掉了按照指示灯分拣货物系统和Crisplant分拣机，取而代之的是更适合隐形统计的非自动化方法。员工们直接从货架上取货然后放在小车上，送到包装车间，他们的生产流程要与软件相协调。渐渐地，亚马逊摆脱了波浪形分拣模式，节省了许多劳动力，由此提高了订单履行中心的精确度和可靠性。

维尔克在提高物流系统的效率上不断取得成功，这将使亚马逊在未来数年都将处于行业领先地位。严格控制分销可以让公司在何时到货方面对顾客作出具体的承诺。亚马逊利用技术操纵着所有的环节，从供应链到网站，这使拉塞尔 · 阿格尔和他的技术人员们能创造出无数笔不同订单的算法，系统由此可以最快捷和最便宜的递送方法来完成分拣工作。每个小时作出100万个类似这样的决策，帮助亚马逊大大降低了成本——由此降低了价格并提高了销售额。挑战确实可以使工作做得更出色。

杰夫 · 维尔克说:“无论多么艰难,订单履行中心对于产品的整合可以支付仓储费和日常花销。”他从不担心贝佐斯会在弗恩利的会议上作出取消订单履行中心模式的决定。他说道:“我们在原则和计算上占优势,我早就认为,如果一个公司能够在这两点上占优势,那么毫无疑问会赢得胜利,我佩服你的耐心和韧劲儿。”

杰夫 · 贝佐斯只要在订单履行中心或西雅图总部巡视,就会找出一些问题——如公司系统的一些缺陷或企业文化需要改进的方面。因此,在2003 年周末的一个再平常不过的早晨,当贝佐斯走进亚马逊一间会议室时大吃了一惊。公司为了向员工进行视频展示,房间一角的墙上有一台新安装的电视机。会议室的一台电视机按理说也没有什么大不了的,但贝佐斯却为此很不高兴。

因为此前他不知道也没有批准安装电视机,所以在他看来这是各办公室之间一种愚蠢的沟通方式,而且花费也太大。他抱怨说:“用这种方式沟通能起什么作用?”

于是贝佐斯下令把亚马逊会议室里新装的电视机都卸下来。但据亚马逊资深主管马特 · 威廉姆斯(Matt Williams)称,数年来贝佐斯一直故意保留着会议室里的这些金属架,有些因为安装得很低,员工如果爬上桌子可能会不小心碰到它们。就像是一个战争贩子把敌人俘虏的头颅挂在村外的墙上一样,他想用这些金属架来警告员工要守规矩。

这次电视事件引出了亚马逊另一个正式的颁奖令,这是颁给那些能指出拖沓和浪费现象的员工。被卸下来的那些电视机是给他们的奖品。当电视机作为奖品都颁发完以后,就变成了跟门桌有关的奖品,奖给那些拥有“帮助我们向顾客提供低价货物创意”的员工——奖品是门桌上的摆设。贝佐斯又在寻找新办法来强化公司内部的价值观。

在把电视机都卸下来的同时，贝佐斯也在公司文化上实施了两大变革。为了更合理地安排好他的时间，其中一项规定就是今后不再与下属进行一对一的会面。其实这些会面都是关于一些琐碎的事情，有时经常还扯上一些政治话题，很少触及问题解决的方案和创意思维的碰撞。即使现在，贝佐斯也很少单独找某个员工谈话。

其他的变革也非常特别，或许创下了公司历史的新纪录。直到那时，亚马逊的员工还依旧使用微软的PPT和Excel办公软件在会议上做展示。贝佐斯在萧氏公司的老同事杰夫·霍尔顿说："幻灯片不能充分反映沟通机制，很容易把一些隐藏在重要观点背后的内容遗漏了。这样就不会全面表达你的思想。"他就是凭借这个观点进入高管团队的。

贝佐斯还宣布员工不能再用公司的固定模式来展示，要用散文的格式来展示，他把其称为陈述文（Narratives）。公司的高管团队和贝佐斯就停止使用幻灯片展示这一问题展开了激烈的争论，但贝佐斯依旧坚持自己的观点。他想让员工表达深刻的思想，并用心表达自己的观点。"我不想把这儿变成乡间俱乐部，我们需要严肃对待我们的行为。这不是养闲人的地方。"当贝佐斯不断敦促员工并给他们施加压力时，他经常喜欢这样说。

曾有一段时间员工们怨声载道，因此不得不进行相应的调整。会议开始时，不再像以前那样——某人站在前面发号施令，永远占据着开会的时间。而是把写出来的东西分发下来，每位员工都花15分钟或者更长的时间来阅读文件。起初，没有页码的限制，迭戈·皮亚琴蒂尼把这一疏忽称为"备受折磨"，因为这会导致员工花上数周的时间来炮制多达60多页的文章。后来，又补充了一项规定：文章限定在6页以内，可以加上脚注。

不是所有人都喜欢这些规定。许多员工都认为这对擅长写作者有利，但对于高效率的员工和有创意思想的员工不利。尤其针对技术员们来说，他们突然要在文章遣词上花费很多精力，好像被一下子拉回到中学九年级学习语文的阶段。当时负责生产商公关部的副主管林恩·布莱克说："把所有的想法都用文章来描述跟表格描述没什么两样。"连布莱克自己都认为这是走过场（实际上不是）。

贝佐斯进一步改进了这个模板。每次开展新业务和发布产品时，他都命令下属按照虚拟新闻稿的样子来做。目标在于让员工从中提取精华，从顾客能看到的东西入手——如公告——然后再重新审视一番。贝佐斯不相信，如果不了解与外界的沟通方式和这些被称为上帝的顾客的想法，如何来开展新业务或开发新产品。

史蒂夫·乔布斯以他对顾客需求的深刻理解而著称，但同时也会因为与同事不睦而闻名。据传这位苹果公司的创始人曾经在电梯里开除过员工，曾经对业绩不佳的高管大声呵斥。或许是快速发展的技术行业造就了这样的性格，因为CEO们的工作压力太大了。比尔·盖茨过去时常大发脾气。他的继任者史蒂夫·鲍尔默（Steve Ballmer）发脾气时有扔椅子的毛病。英特尔长期CEO安迪·格鲁夫（Andy Grove）非常严厉，曾使一位下属在一次业绩评估会上昏厥过去。

杰夫·贝佐斯和他们十分相似。在凝聚共识和改善员工操守方面，他所拥有的狂热内驱力和胆魄使过去的传统型领导相形见绌。私下里，他也能展现出非常可爱的一面，而且能当众搞怪，但他也会突然间大发雷霆。

贝佐斯经常喜怒无常，有些亚马逊员工甚至私下里叫他疯子。如果员工问题回答错了，或者编造一个"正确"的答案，或占有其他人的功劳，或稍微起一点内讧，或者在争论激烈的时候稍微迟疑或意志不坚定，贝佐斯前额的青筋就会爆出来，然后整个人失去控制。他在这些时候善于动用夸张和野蛮的招数，数年来他一直对员工发威。有几个经典的桥段，被亚马逊的老员工们广为传颂：

“你说这是我们的计划，但我不喜欢。”

“对不起，我今天吃傻瓜药丸了吗？”

“我有必要下楼取来证明我是公司CEO的证件吗？我能让你不对我提出质疑吗？”

“你能把别人的成绩据为己有吗？”

“你是懒惰还是无能？”

“我曾相信你能把世界级的公司运营好，然而你让我失望。”

“如果我再听到这个主意，我就会自杀。”

“连这个问题的答案都不知道，难道不感觉羞愧吗？”

“我为什么毁在了你的手里？”

（当员工提交完建议书后）“我们需要人工智能来解决这个问题。”

（看完供应链团队的年度计划后）“我想明年供应链环节不会有大的起色。”

（看完员工的展示文件）“这份文件明显是出于B组之手。能否给我A组的文件？我不想在B组的文件上浪费时间。”

一些亚马逊员工现在把这一现象归结为：像史蒂夫·乔布斯、比尔·盖茨和拉里·埃里森一样，贝佐斯缺乏同情心，这导致他对待员工像是要榨尽他们的血汗一样，丝毫不考虑他们为公司作出的贡献。这也会导致他在分配资源和人力时表现得非常无情，因此只要其他高管发泄情绪或冒犯他时，他就会作出超越理智的商务决策。但他们也承认贝佐斯在提升公司业绩和顾客服务上确实身先士卒。吉姆·雷切米勒说：“他不是以让人难堪为乐趣，他不是那样的人。杰夫只是不能容忍愚蠢的行为，即使是偶尔为之也无法容忍。”

无论对与错，贝佐斯都能让人理解，因为他经常是为了回应批评者的质疑声而这样做的，这也令他的员工感到惊讶和愤怒。亚马逊前副总裁布鲁斯 · 琼斯说当时为了创建新的算法，他曾带领5人组成的技术人员团队，想让订单履行中心分拣工的效率最大化，公司此时也正在寻找解决批量问题的途径。团队在这项工作上花了9个月的时间，然后向贝佐斯和高管团队展示。琼斯说："我们制作的文档非常精致，每个人也都准备得很充分。"贝佐斯读完之后说："你们做得不对。"然后起身站起来在白板上写起来。

琼斯说："他没有任何控制论的知识，运行系统方面也是一无所知。他只在配送中心有过些许经验，从来不花费几周或者几个月的时间深入一线。"但贝佐斯在白板上列举了许多观点，琼斯说："他写的内容确实都是对的并且有事实依据。如果能反驳他的观点还好，关键是找不出任何理由。这是贝佐斯典型的沟通方式。他对一些不懂的事情有着超乎寻常的理解力，并且令人不可思议的是，他什么都知道，他在传递这些信息时简直让人没有还手之力。"

2002年，亚马逊改变了库存的方式，从后进先出法，也叫LIFO，到先进先出法，也叫FIFO。这一变革使亚马逊能够更好地分辨哪些是自有产品，哪些是由合作伙伴如玩具反斗城玩具公司和塔吉特公司提供的产品。

琼斯的供应链团队负责这一复杂的工作，当软件被病毒入侵时，他们曾经度过了最艰难的几天时光，亚马逊所有的系统连收入都无法调出来。第三天，当贝佐斯冲他大发脾气时，琼斯不得已在过渡阶段更换了高管团队的成员。数年后，琼斯回忆起当时的情景时依旧记忆犹新："他骂我是'十足的大傻瓜'，并说他不知道为什么公司要招像我这样的傻瓜，然后又说，'我让你马上整顿你的团队。'简直太粗暴了。我当时都想马上辞职。我成了造成他失败的罪魁祸首。一个小时后，他又恢复如常，但还是有所不同。他可以让你觉得好像什么都没发生过一样。"

当琼斯离开FIFO会议室时，杰夫 · 维尔克的行政助理把电话递给了他。

这是维尔克从度假地亚利桑那州打来的，他听说了这两个人之间的针锋相对。琼斯回忆道："他说，'布鲁斯，我想让你知道我会全力支持你。我对你非常有信心。如果你需要帮忙，尽管到高尔夫球场找我，我会尽力给你帮助。'"

对贝佐斯而言，杰夫 · 维尔克也并非软弱可欺。两人在每年秋季的年度例会时会去巡访每一家订单履行中心，他们在那儿只是短暂停留。他们在路上要花一周的时间，在每家订单履行中心只能待一天，为的是用他们的威严让员工专注于降低错误并提高效率。总经理们看到他们来到时，手心直冒汗，脉搏也加快了。他们向两位汇报的工作，其中涉及危机处理的一些情况，以及如何处理几千临时工吵着放假的一些请求。维尔克和贝佐斯刨根问底，询问他们时明显带着冷冰冰的口气，而且都是预先想好的问题。这些问题既鼓舞人心又令人发怵。马克 · 马斯坦德雷阿说："这两个人可狠着呢，你必须平静地回答，'我不知道，几个小时后我会给你一个答复，'然后照办。但你不能胡说八道或编造谎言。如果那样的话，你的日子就到头了。"

T · E · 马兰（T. E. Mullane）多年来一直在亚马逊的物流网络部门工作，他协助公司开设了新的订单履行中心并进行管理。他在宾夕法尼亚州的钱伯斯堡开了一家新的订单履行中心，维尔克头一次去那儿走访时马兰招待了他。马兰说，维尔克静静地顺着订单履行中心周围巡视了一圈。在站内码头附近的一幢楼的角落里，他看到了一堆杂乱堆放的货物，一看就运不出去——因为太沉了，传送带运不出去。出于某种原因，员工不能把货物与订单一一对应，因此只能把它堆在角落里。

巡视完之后，维尔克看着马兰，开始采用他一贯的交流方式。"T · E，你知道我为什么要巡视一圈吗？告诉我原因。"

马兰回答道："寻找漏洞。"

"那么操作员为什么把那堆货物放在那里不管？"

“因为目前的生产流程有问题。精确度和预测性都不够。”

“好的。现在是不是由你去处理这件事？”

“是的。”

一年中的第四季度里，这样的短暂巡视经常会有，就像是节日销售旺季到来一样，但这段时间是被称为黑色星期五和网络星期一[①]的购物狂潮到来之前。销售旺季期间，维尔克要回到西雅图，但他会通过那令人精疲力竭的每日电话会议与下属联系。

圣诞节前后的压力非常大，使得维尔克调整了例会日程，以利于大家缓解一些压力：即通过发出尖叫声来缓解压力。当物流的高管或他的团队完成一项重要的任务时，他会让每个人或整个团队身体往后仰，闭上眼睛，用撕心裂肺的声音对着听筒大喊。维尔克说：“很明显，这可以释放员工的情绪，但头一次差点把我的听筒喊破了。”

销售旺季过去以后，最后一箱货发出去时已经是12月23日了，伯特 · 韦格纳说：“你会在圣诞节那天比世界上任何人都过得快乐，因为你为了这一天工作是那么卖力。”然后他们又开始了新一年的计划。

2002年，维尔克集中精力进行了一项重要的工作，就是从他最大的业务伙伴那寻求让步：这就是联合包裹服务公司。那年，亚马逊与对方的合约需要续期，当时，这家包裹投递巨头正在和美国卡车司机工会（Teamsters Union）陷入僵局，因此没有心情给这家新兴的网络公司开出优惠条件。当时亚马逊没有和另外两家——美国邮政快递服务公司（U. S. Postal Service）以及美国联邦快递公司（Federal Express，简写为FedEx）——进行过合作，因此邮政快递服务公司不允许协商价格。毕竟，当时亚马逊的影响力还很弱。

---

① 黑色星期五是耶稣受难日，网络星期一是感恩节后第一个上班日的网购促销活动。——译者注

但同年初，维尔克感觉机会来了，他联系了布鲁斯 · 琼斯，让他开始对联邦快递进行公关。在6个月中，琼斯和他的团队频繁地造访位于孟菲斯的联邦快递总部，把他们的系统进行了整合，并且秘密地提高了包裹的运送量。同时，亚马逊也增加了美国邮政快递服务公司的运货量：亚马逊员工把卡车开到邮局的外面，把包裹插到邮件分发的物流过程中。

那年夏天，维尔克在9月1日合约到期前于路易斯维尔同邮政快递服务公司开始了谈判。可以想见，邮政快递还是坚持他们的运输标准价格，维尔克起身就走。邮政快递的高管认为这只是吓唬吓唬他们。维尔克致电西雅图的琼斯说："布鲁斯，切断他们的运送量。"

琼斯说："12小时内，（亚马逊发货）运送量从原来的每天数百万件跌落至每天的十几件。"琼斯飞到弗恩利去查看当时的情况。双方僵持了72个小时，但并没有引起顾客和外界的注意。在弗恩利基地，邮政快递的谈判代表告诉琼斯，他们知道亚马逊坚持不了多长时间，并预测邮政快递也招架不住了。他们似乎预测的没错。没等实现他们的愿望，邮政快递的高管就投降了，给亚马逊降低了运输费用。

维尔克说："是的，没有他们，我们照样能行。但会困难重重，而且还很令人沮丧。其实他们心里清楚我不愿意放弃他们，我只是想讨一个公平的价格。"最终，他还是成功了，给亚马逊带来了大幅的折扣优惠，并且给公司上了永久的一课：在大企业的世界里，达尔文主义所主张的强者生存的现实。

2003年，杰夫 · 贝佐斯又想出一个方法来设计亚马逊的未来。这次是让一大群顾客引领公司进入新业务，这些产品包括轻工用品、运动用品和电子产品。贝佐斯说，亚马逊不是一个零售商店。

当时，贝佐斯又把珠宝业务选为公司下一个大业务机会。这是一个诱人的业务范畴：商品很小，但价格很高，运费相对便宜。他聘请来了两个零售业的经理人——一位是埃里克·布鲁萨尔（Eric Broussard），一位是兰迪·米勒（Randy Miller）——来主持这项业务。像以前一样，贝佐斯挑选的负责商品销售的高管没有任何这方面的经验。

虽然看上去很诱人，但珠宝销售也面临着很多挑战。很难在网上展示昂贵的珠宝的全部细节，在公司的订单履行中心，对于有偷窃行为的员工来说，珠宝价值不菲，很有吸引力。另外一个是价格问题：珠宝行业的定价体系非常简单，里面有很大的利润空间。零售的利润非常可观，零售价是批发价的两倍（这是基本定价规则），有时甚至是三倍（被称为“三倍于基本定价”）。珠宝制造商和零售商严守这一规则，这和贝佐斯坚持提供最低价商品的原则相违背。

亚马逊的珠宝业务高管决定采用另一种方式，这类似于公司刚刚进入服装业务时的小心谨慎。他们让其他阅历更丰富的零售商通过亚马逊网站上的Marketplace来进行销售，然后收取佣金。同时，公司边看边学。兰迪·米勒说：“我们做得很出色，如果你对产业不了解的话，可以通过Marketplace来发布产品信息，这样可以招徕买主，看看他们怎么做，以及他们销售的货品，弄明白以后，再进入这个产业。”

贝佐斯对这个计划挺感兴趣，至少起初是这样做的。有一天的会议上，与会者有高管和轻工部的人员，却不知又怎么惹着他了。他们当时正在讨论珠宝行业的利润问题，兰迪·米勒的一位同事提到了珠宝业如何沿袭“传统方式”来经营时，贝佐斯说：“你的想法不对。”然后向众人告退去办公室取点东西。几分钟以后，他抱来了一大堆影印文件，发给与会者每人一张。内容只有一段话，大约包括10句。开头是：“我们不是做‘零售业’的”（We are the“Unstore”.）。

据当时在场的米勒和其他高管回忆，这里面说的是贝佐斯如何看待公司——并解释了多年后亚马逊进入其他公司的市场时，他们惊恐不安的原因。

依照贝佐斯的观点，“我们不是做零售业的”意味着亚马逊不受零售业传统规律的束缚。它应该拥有无限的货架空间，并且为每位顾客定制个性化的产品。它允许网站上出现正面和负面的评价，并把二手货放在新产品旁边，以便顾客能够获得相应的信息。在贝佐斯的眼里，亚马逊不仅要每天提供最低价的商品，还要提供最优质的服务。它是沃尔玛和诺德斯特姆百货公司（Nordstrom）的合体。

“我们不是做零售业的”还有一层意思，就是亚马逊只关心对顾客最有利的方面。原来珠宝业允许加价100%~200%，但这不是亚马逊想要的。

在那次会上，贝佐斯宣布亚马逊不属于零售业，因此没有必要遵循零售业的规则。他建议亚马逊可以不管珠宝行业的传统定价，让员工们设想一位顾客在网上花费1 200美元购买一个手镯，然后去进行评估，从当地珠宝商那里得知这个手镯其实价值2 000美元。贝佐斯说：“我知道你是零售商，我之所以雇用你就是因为你是零售商。但我想让你从今天起就明白，你不能再被老规矩束缚。”

2004年春天，亚马逊开始销售珠宝；三分之二的货物来自于亚马逊网站的Marketplace，另外三分之一直接来自于亚马逊。数月以来，贝佐斯一直费心琢磨亚马逊如何设计精美的木制首饰盒。兰迪 · 米勒说：“首饰盒对贝佐斯来说很重要，应该设计成像蒂法尼[①]那样的外观。”

亚马逊和社会名媛帕里斯 · 希尔顿[②]签约，在网上独家销售她设计的珠宝，公司为此花费了大量的资源来设计一个工具，让顾客能在网上定制个性化的戒指。新加盟的珠宝商在位于肯塔基州列克星敦市的亚马逊订单履行中心中层楼上用明火来加工戒指。亚马逊还推荐了一个“钻石搜索”的主

---

① 蒂法尼（Tiffany），纽约的高级首饰品牌。——编者注

② 帕里斯 · 希尔顿（Paris Hilton），美国希尔顿集团继承人之一。——译者注

题，让顾客依据大小、形状和颜色来挑选钻石。贝佐斯用一种近乎严苛的策略来展示他的竞争实力，他指导亚马逊的公关人员来安排发布珠宝业务公告的时间，选在亚马逊的对手、位于西雅图的网络珠宝销售领军者蓝色尼罗河（Blue Nile）发布季度报告之时。

根据从事该项业务的员工称，对于亚马逊而言，珠宝销售成为了一个赚钱的生意，但并不像贝佐斯预测的那样。播撒下的种子未必能长成大树。尽管亚马逊线上的业务发展得势头良好，但顾客还是希望走进实体店来挑选订婚戒指。不久，戒指定制工具和钻石搜索就在网上消失了。亚马逊把精力放在了寻找新的战场上，例如鞋类和服装。从事珠宝业务的员工后来描述了他们那一段难熬的经历，目标经常变更，老板经常轮换，无尽无休地与那些不赞同亚马逊定价策略的供货商争吵。很明显，“我们不是一个零售商”并不像贝佐斯想象的那么简单。这些年经营轻工业务的亚马逊高管之间流传着一个笑话：你知道为什么他们的业务被称为“举步维艰”吗？①

* * *

当轻工业务团队想带领亚马逊进入新的业务领域时，杰夫 · 维尔克与其团队在不同程度上完成了他们的任务。这项任务把亚马逊的物流过程从杂乱无章的物流网络变成了一个更加精确的多项式方程系统。一名顾客可以订购六、七种产品，公司软件会迅速地搜索相关信息，如顾客的地址、货物在订单履行中心的位置以及全国不同订单履行中心运送的截止时间。然后根据这些变量来测算最快和最便宜的途径来运送这些货物。

物流系统软件的全部改写将会取得预期的效果。单位成本（完成一件产品的全部成本）降低了，同时运送时间（网上订购的货物装到卡车上的时间）

① “轻工”的英文为hardware，其中的hard意为“艰难”。——译者注

也缩短了。弗恩利会议举行后一年，公司订单履行中心大多数货物的点击—发货时间都缩短了，最短只需四个小时。当初维尔克刚来到公司时需要三天才能交货。当时，其他从事电子商务行业者的标准运输时间是12个小时。

亚马逊高效运送货物的能力以及精准的顾客送货服务使公司在众多竞争对手中脱颖而出，尤其是当易趣避免招揽这方面的业务后。订单履行中心是贝佐斯投资的杠杆，以此来撬动其他策略的实施。

截止到2002年，公司又给顾客另外一个选择，即连夜、两天内或三天内到货，但需要多付一些运费。维尔克与其团队把这称为快速通道或快速线路货物，并为此单独建了一个运作流程。在订单履行中心的地板上，这些货物通过Crisplant分拣机加速运行，然后第一个打包，装进等在门外的卡车。公司在不断改进这一能力，在最后一辆卡车返回订单履行中心前，把第二天的货物运送时间压缩到45分钟。这种快速运输加大了顾客和公司的成本，但从战略上来说，亚马逊网站拥有取得巨额红利的能力。

2004年，亚马逊一位叫查理·沃德（Charlie Ward）的工程师使用了一种叫做点子工具（Idea Tool）的员工建议系统来发表自己的见解。他认为，超级送货服务可以针对那些对价格敏感，而对时间不太敏感的顾客。他们就像那些经常乘坐飞机的乘客，因为他们可以在目的地逗留到周六晚上，因此价格较低。只要卡车上有地方，就把货物塞上去，这样就可以降低整个运输成本。沃德建议，那么为什么不建立为另一种类型顾客的服务项目呢？这就是为顾客提供快速服务的快运俱乐部，可以针对时间敏感而价格不敏感的顾客。他建议可以按照音乐俱乐部的形式运行，收取一定的包月费用。

那年秋天，员工对沃德的建议表现出了极大的兴趣，也引起了贝佐斯的关注。贝佐斯对这个想法一下子产生了兴趣，要求包括订购系统主管维杰·拉文德兰（Vijay Ravindran）在内的团队尽快与他会面，地点定在麦地那他家后面的船屋里。贝佐斯一上来就心急火燎，说当务之急是建立快运俱乐部。他对这群工程师说："这个主意太妙了。"他要求拉文德兰和杰夫·霍尔顿挑选最好的人员来组成一支类似于特种部队的团队，并要在下一次赢利公告发布前准备就绪，也就是2月份，当时仅剩下几周的时间。

在接下来两个月的时间里，贝佐斯每周都和这个团队见面，其中包括查理·沃德和多萝西·尼科尔斯（Dorothy Nichols），后来他们负责Kindle阅读器业务。他们设计了两天运达的服务项目，充分挖掘维尔克团队在订单履行中心加工单个产品的能力。团队给这个专题起了好几个名字，包括"超省钱"，但被贝佐斯拒绝了，因为他不想让人们看到这项服务以省钱为目的。亚马逊董事会成员和合作伙伴凯鹏华盈公司的宾·戈登（Bing Gordon）出主意说，应该命名为Prime（优先），团队中有些成员认为这个名字不错，因为快速轨道上的托盘在订单履行中心占据重要的位置。民意调查组被领到亚马逊的办公室来测试Prime注册的过程。志愿者们发现这一过程很乱，因此霍尔顿建议用一个橙色的大按钮，在按钮写上"创建Prime账户"几个大字。

收取服务费又面临着难题：没有清晰的财务模型，因为没有人知道究竟会有多少顾客加入，也不知道链接是否会影响到他们的购买习惯。团队制定了几个价格，包括49美元和99美元。贝佐斯最后确定每年收79美元，因为费用高些可以阻止顾客轻易退出，费用太低的话他们就会经常退出。后来成为《华盛顿邮报》首席数字官（Chief Digital Officer）的拉文德兰说："其实收79美元并不重要。收费的目的是想改变人们的心理定势，以便他们不再选择其他地方消费。"

贝佐斯坚持要在2月份上线这项业务。Prime团队向他汇报说，这还需要假以时日，贝佐斯才把赢利公告的发布推迟了一周。在最后一天的凌晨3点，团队成员终于完成了这项服务中有关细节的策划。这是一项非常复杂的任务，但还是很有成就感，因为项目中的许多条件都已经具备了。维尔克团队设计出了一个系统，可以对订单履行中心的优先产品实行快速分拣、包装和运输。公司的欧洲订单履行中心曾建立了会员注册工具，最初在德国和英国DVD邮购业务中使用，这项服务虽然是一项基本设置，但在美国的订单履行中心迅速得到改进并投入运行，以支持Prime业务的开展。霍尔顿说："Prime服务好像已经运行多年了，我们只是在做一些收尾工作。"

亚马逊Prime服务的发布以各种方式证明了对当时信念的兑现。对于顾客是否会下订单或购买除媒体产品以外的其他产品，公司也心里没数。如果快件运输公司的成本是8美元，快运俱乐部会员一年有20笔订单的话，那么公司的运输成本就会达到160美元，远远超出79美元的会员费。因此这项服务对公司来说成本太高，并且没有办法达到盈亏平衡。迭戈·皮亚琴蒂尼认为："虽然每一次财务分析都表明，我们的两天内免费送货服务简直是头脑发昏，但我们还是作出了这个决定。"

但贝佐斯还是凭借胆量和经验一意孤行。他知道超级送货服务已经改变了顾客的习惯，能够促使他们下大订单并选择其他商品门类。他还从"一键下单"服务中得知，当网购变得容易时，顾客会提高他们的消费额。这会促使公司的飞轮效应产生良性循环。当顾客消费更多时，亚马逊的销售量也会增加，这样就会降低运输成本，并能和供应商洽谈新的交易。这为公司节省了开支，可以弥补Prime业务上的亏空，使价格也降下来。

最终，Prime生存了下来。这项服务使顾客变成了亚马逊的拥趸，他们对订货后保证两天内就能到货的服务感到非常满意。当时Prime服务的会员杰森·基拉尔说："这就像是拨号上网升级到宽带上网一样。"快运俱乐部还打消了人们对其的疑虑，使一些老会员的利益最大化。由于快速运输增加了很多成本，起初亚马逊在Prime业务上赔了不少钱。但逐渐地，维尔克团队做得越来越好，把顾客所定的不同货物都放到一个盒子里，这样既可以节省成本，还可以降低亚马逊的运输成本，每年节省两位数的百分比。

Prime在后来的几年内并未向世人展示出它所取得的巨大成功，甚至一开始在亚马逊公司里都很少有人知道。一位技术高管向维杰·拉文德兰诉苦说，他害怕贝佐斯会认为他现在可以操纵技术人员们把自己最钟爱的计划愣塞进系统中。其他高管对Prime业务上的预估损失也表示担忧。在对Prime的信心上，贝佐斯几乎是单打独斗，每天都要密切关注注册人数，每当零售团队在主页上降低对快运俱乐部业务的宣传力度时，他就出面干涉。

回首2005年的2月，贝佐斯甚至认为他已经是胜利者了。当月，在老地方第二大街摩尔剧院召开的全体大会上，维杰·拉文德兰向公司展示了Prime业务，贝佐斯带头鼓起掌来。

Prime为公司开启了新的大门，第二年亚马逊又推出了新的服务，叫做货物寄存服务，即FBA。这项服务允许其他商人把货存在它的仓库里，然后从订单履行中心运出去。作为一项新的优惠措施，拥有Prime会员资格可以两天内收到货物，并向亚马逊最活跃的顾客介绍这些销售商。对于维尔克的物流团队来说，这是一个令人骄傲的时刻。伯特·韦格纳说："这才真正击中了顾客的软肋，我们推出的这项服务非常出色，人们都愿意花钱享用它。"

韦格纳听到贝佐斯宣布，这个节日季将是他在物流行业的最后一次亮相。贝佐斯想让他接管整个北美地区的零售业务。维尔克受命寻求自己的下一任接班人。维尔克认为，亚马逊在物流业务上的发展已经进入平稳期，因此不会从亚马逊物流部内部的高管中挑选接班人，因为这些人全都接受过六西格玛的训诫，他要寻找一位拥有别样风格并有国际化经验的接班人。

最终他把目光锁定在马克·奥尼多（Marc Onetto）的身上，他以前是通用电气公司的高管，一口浓重的法国口音，天生就是一位动画故事大王。在奥尼多的领导下，技术人员又重新编写了亚马逊物流的软件内容，并且设计了一个叫做机械老师的计算机系统，它可以激活所有通过亚马逊订单履行中心的货物，并预测未来新的订单履行中心设在哪儿效率最高。奥尼多还把亚马逊的核心业务转向精益生产上，这是丰田公司的管理哲学，主要宗旨是降低浪费，实质性地改变车间的面貌。来自日本的专家偶尔会和亚马逊高管一起工作。他们给人的印象平淡，而且对人也不尊敬，亚马逊的员工给他们起了一个绰号：无礼之徒。

虽然亚马逊把主要精力放在软件和系统开发上，但其实物流系统还有一个非常重要的问题——就是在那里工作的工人拿着低薪。10年间，亚马逊一路走来，它在每个节日季雇用的临时工成千上万，但能留在公司的只有10%到15%。他们通常技能不高，辛苦劳作，然而时薪才10美元到12美元不等。他们其实还有其他好的工作可以做，这足以反映出亚马逊是一个残酷的雇主。如果订单履行中心储存的有些货物非常易于隐藏的话，如DVD和珠宝，偷窃事件就会时有发生，因此订单履行中心配备了金属探测器和保安摄像机，最终还和外面的保安公司签订了巡逻的协议。于2010年在弗恩利订单履行中心工作过的一位员工兰德尔·克劳泽（Ramdall Krause）说："他们可以监视到每一个人的行为，包括那些有偷窃苗头的人。但我认为没起什么作用，其实许多人还在偷。"

亚马逊想通过一个评分系统跟踪工人们的生产状况，从而杜绝员工的不良行为。迟到扣半分，缺勤扣三分，甚至请病假也要扣一分，累计到六分就会被开除。克劳泽说："他们的规定所设置的标准很高，只要你没有达到这个标准，就会有人接替你的工作，他们不给你第二次机会。"

数年来，像卡车司机工会、美国食品协会和商业工人联合会等，一直想把亚马逊美国订单履行中心的员工组织起来。他们在停车场发放传单，有时甚至直接造访员工的家。为了迎战，亚马逊的物流高管马上与员工谈判，并倾听他们的意见，同时让他们明白公司无法容忍他们加入工会的举动。由于亚马逊订单履行中心的绝对规模和非常高的营业额，对任何人来说，都很难把工人组织到一起。2013 年，也就是最近，工人们在德国的两家亚马逊订单履行中心举行了为期 4 天的罢工，要求加薪和提高福利待遇。公司拒绝与工会谈判。

工会认为这其中存在着一个障碍——就是员工们怕被报复。2001 年 1 月，公司关闭了西雅图的客服呼叫中心，这是更大一波降低成本潮中的一项措施。亚马逊宣称，关闭呼叫中心与最近发生的工会罢工没有任何关系，但工会对此不予采信。华盛顿技术工人联合会发言人伦尼·萨瓦德（Rennie Sawade）说："对亚马逊联合工会的最大障碍就是恐惧。员工们害怕被炒鱿鱼——虽然这不合法。如果他们把你炒了的话，你还得争取向他们讨回工作。"

亚马逊不仅要与偷窃、工会以及订单履行中心的玩忽职守行为作斗争，还要与一些预想不到的事情相抗衡：这就是天气。主管们很快得知，他们只能听天由命，唯一能做的就是在凤凰城的第一家物流公司安装空调设备。那年的夏天酷暑难耐，但他们可以在比较凉爽的天气节省这笔不必要的开支。订单履行中心的主管们采取了一些措施来应对夏季热浪的到来。如果温度上升到华氏 100 度以上——美国中西部经常达到这样高的温度——那么早晨和下午的休息时间就会在原来的 15 分钟基础上增加 5 分钟，并且安装了电扇，还提供免费的佳得乐饮料。

光凭这些举措要想解决问题显然是不够的，确实也是如此。2011 年，艾伦镇的报纸《早安》（*Morning Call*）中揭露了亚马逊位于利哈伊山谷两家订单履行中心恶劣的工作环境，尤其是在夏季酷热难耐的时候。15 名工人出现了中暑症状，被送到了当地的一家医院。急诊室的医生致电联邦监管部门，通报了工作环境的不安全因素。有一个令人汗颜的细节描述深深地震撼了许多亚马逊的顾客，报纸提到，在热浪滚滚的夏季，亚马逊花钱雇了一辆私人救护车，让救护车司机驻扎在订单履行中心门外，等待把倒下的员工送往医院。

杰夫·维尔克认为，亚马逊全部的安全纪录记载着它曾向职业安全和健康署（OSHA）通报过，说他们的事故率很低，这表明在公司的仓库里工作比在商店里安全。（有关亚马逊仓库记录中向OSHA通报的事故率很低，这能证明他们的说法是正确的。[3]）虽然有公众的监督，这事也显得无关紧要。据媒体报道，有很多员工由于休克被送到医院，第二年，媒体的负面报道铺天盖地，亚马逊宣布要斥资5 200万美元在大多数订单履行中心安装空调。

贝佐斯和维尔克可以平息混乱，也在尝试加大管理力度，但很难彻底根除这一切。人类与生俱来的反复无常和不可预见的巧合时常以意外的方式出现，就像2010年12月，不满的员工在弗恩利供货仓库放了一把火。据当时在场的两位员工称，员工们被疏散出来，被送回家之前，还在寒风瑟瑟的冬天里足足在外面站了两个小时。同一年，还是在弗恩利，有一位员工不想在传送带上继续玩命，于是在订单履行中心里驾车兜风。后来他被人们送出大门。

或许最精彩的故事出自于2006年最繁忙的节日季。堪萨斯州科菲维尔订单履行中心的一位临时工，每天都是上班时出现下班时离开，但很奇怪，在上班期间没有任何关于他的记录。亚马逊的钟表和记录生产情况的系统没有连接上，因此这个缺陷一直没被注意，这种情况延续了一周。

有人终于发现了这个阴谋。在订单履行中心一个偏远的角落里，堆着足有8英尺的木板，这名工人偷偷地在下面挖了个洞。里面完全是一个真空地带。他自己搭了个舒服的小窝，用从亚马逊成堆的货架上偷来的东西来装饰他的小窝。里面有食品，有床，还有从书上撕下来的图片用来装饰墙面，还有几张印有色情图片的挂历。科菲维尔订单履行中心的总经理布莱恩·加尔文（Brian Calvin）立即开除了这位住在小屋里的员工，把他赶了出去。这个人没有任何辩解地离开，走到了附近的公交车站。我们可以想象他的狼狈相，但他或许还带有一丝胜利时的得意洋洋。

第七章
一家技术公司，而非零售商

2005 年 7 月 30 日，亚马逊在西雅图的贝纳罗亚音乐厅（Benaroya Hall）举办了一场十周年庆祝晚会。作家詹姆斯 · 帕特森（James Patterson）、吉姆 · 柯林斯和编剧劳伦斯 · 卡斯丹 (Lawrence Kasdan) 向员工和宾客们发表了演讲，鲍勃 · 迪伦（Bob Dylan）和诺拉 · 琼斯（Norah Jones）表演了精彩的二重唱，演唱的是一首大家很少听到的歌曲——迪伦的《我将得到解脱》(*I Shall Be Released*)。喜剧演员比尔 · 马赫（Bill Maher）担任晚会的司仪。市场销售部副总裁凯茜 · 萨维特说服了贝佐斯在这个具有历史意义的时刻慷慨解囊，他们用一种对顾客来说更便捷的方式组织所有活动，演唱会在亚马逊网站上采用流媒体现场直播，有 100 万人在线观看。

不管亚马逊网站的进步有多大，它也只是随后才兴盛的一种媒介。现在正是来自硅谷的搜索引擎明星谷歌的时代。谷歌的创始人拉里 · 佩奇和谢尔盖 · 布林正在改写互联网的历史。他们的知名度节节攀升，2004 年他们的首次公开募股受到了全球性的关注。一时间，网络商务模式和传统公司里精明且经验丰富的首席执行官们在硅谷里犹如沧海一粟，根本无足轻重，取而代之的则是资深的技术高管。

这好像变成了斯坦福大学计算机系博士们的时代，而不是由哈佛MBA或来自华尔街对冲基金的少年天才们来主宰的时代，不过外界并不相信亚马逊会从这场深刻的变革中退败。在公司十周年庆的这一年里，亚马逊的股票股价下跌了12个百分点，而华尔街关注的则是它那微小的赢利以及其他网络公司采用的高级商务模式。在周年庆纪念活动中，关注亚马逊的23位金融分析师中就有18位持怀疑态度，在股票评级时，他们既不主张继续持有亚马逊的股票，也不主张卖掉。比起亚马逊的股票市值，易趣依然被视为商业投资的理想之地。谷歌的规模是亚马逊的四倍多，而谷歌的股票才上市不到一年。显然，以固定的价格在线零售商品的模式完全过时了。

自20世纪90年代晚期开始，贝佐斯就一直声称亚马逊在电子商务技术方面处于领先地位，是一家技术公司，而非零售商。但这听起来只是一种一厢情愿的想法——亚马逊的利润大多还是靠卖东西给客户而获得的。尽管贝佐斯表示抗议，但是亚马逊看起来、听起来、行动起来、叫卖起来仍然都像是一个零售商——而且是那种不怎么赢利的零售商。

十周年庆活动结束后一周，《纽约时报》就在星期日的商务版头版发表了长篇文章，认为贝佐斯已经不适合干这点事儿了。[1]“贝佐斯先生作为公司的创始人，是时候学学其他许多科技公司创始人的做法了：寻找一位受过专业训练且有着深厚管理背景的首席执行官来代替自己。”文章中引用了一位分析师的快人快语。

谷歌的崛起不仅改变了华尔街和媒体的心态，也给亚马逊带来了一系列新的挑战。网民们不仅仅只是在亚马逊网站上四处搜寻产品，同时也到谷歌上开始他们的购物之旅，谷歌在杰夫·贝佐斯和客户之间充当了一个不受欢迎的中间商的角色。谷歌在电子商务方面很有野心，很早就开发了一个相应的购物引擎，叫做血拼高手（Froogle）。更糟的是，亚马逊和易趣不得不相互竞争，甚至在谷歌的搜索结果中打广告，比如热度搜索的关键词“平板电视”和“苹果iPod”。从搜索开始的整个销售过程中，它们基本上都要支付给谷歌一定的佣金。为了让这一新型的广告更有效，亚马逊设计了第一个在线自动化搜索的广告购买系统，取名为乌鲁班巴（Urubamba），它是以秘鲁境内亚马逊河的一条支流来命名的。但是贝佐斯不愿帮助谷歌开发这类工具，因为它们最终会成为亚马逊的竞争对手。“要把谷歌看成一座山，你可以爬的山，但是却不能动它。”他对负责乌鲁班巴开发的年轻的布莱克·斯库尔（Blake Scholl）说道。布莱克可以“利用他们，但不要让他们变得更聪明”。

谷歌不仅和亚马逊争顾客，还相互争夺有才华的工程师。搜索巨头谷歌在首次公开募股后，就在柯克兰开办了事务所——距西雅图市中心仅 20 分钟的车程。谷歌为员工提供了奢华的待遇，如免费食物、办公室公共健身房，还为员工的子女提供日托服务，就更不用说员工还可以选择持有价值不菲的公司股票期权。而比较起来，亚马逊为员工提供的股票其价格却令人作呕，其内部也是相互争斗，员工还得自己付停车费和钱费。因此，谷歌大批吸收亚马逊的工程师就成了理所当然的事。

在此期间，贝佐斯不断宣扬要在亚马逊公司的核心业务之外进行投资。在 2003 年到 2005 年间，亚马逊开始设计自己的搜索引擎，并想出了一个办法，可以让顾客在网站里搜索图书中出现的短语。贝佐斯还开创了一种现代群体性的服务，叫做土耳其机器人（Mechanical Turk），它为亚马逊网络服务奠定了基础。一个独具特色的创意引导了电脑的云时代。

贝佐斯与企业发展的阻力作斗争，他指的是对于一些非正统的动作，公司内部会出现的任何阻力。他认为即使是实力雄厚的公司也常常会本能地抵制不正常的动向。在季度董事会上，他要求每个部门主管都举出一个例子，说明他们在过去遇到的企业阻力。贝佐斯正准备让他的这些管理者们认可这一系列令人不可思议且耗资巨大颇具风险的赌注。他拒不接受亚马逊的命运，坚信它并非一家乏味且利润微薄的在线零售商。

“只有一种办法可以摆脱这个困境，”在此期间，他一再向员工们表示，“就是要自己找到出路。”

贝佐斯坚信亚马逊需要将自身定义为科技公司，而非零售商，所以他开始聘请技术专家并授予他们带有隐蔽性的头衔。2001 年，他聘请了苹果的资深员工及知名的用户界面专家拉里·特斯勒（Larry Tesler），任命他为购物体验副总裁。第二年，他雇用了一位从斯坦福大学毕业的机器学习（Machine-Learning）教授安德烈亚斯·韦根（Andreas Weigend），任命他为首席科学家。两人都没有接受贝佐斯的严格指导，而且很快就厌倦了西雅图。韦根只在亚马逊待了 16 个月，而特斯勒干了三年多。然后，贝佐斯找到了一位技术专家，此人和他一样，都想要找到方法让亚马逊开拓出新的方向。

乌迪·曼博（Udi Manber）出生在以色列北部的一个小镇克里亚特·雅姆，他在华盛顿大学获得了计算机科学博士学位。1989 年，在亚利桑那大学担任计算机科学教授期间，他出版了一本权威性著作《算法导论：一种创造性方法》（*Introduction to Algorithms.A Ceative Approach*），书中讨论了复杂的数学公式解决方法，引起了硅谷行家们的关注。曼博在雅虎辉煌的时代为其工作，但在 2002 年，前华纳兄弟公司首席执行官特里·塞梅尔（Terry Semel）接任雅虎首席执行官，并重新将雅虎定位为一家门户网站，曼博备感失望而辞职。

瑞克·达尔泽尔听闻了曼博的著作，所以在他正准备离开雅虎时开始劝说他。达尔泽尔向贝佐斯引荐了曼博，但人们议论纷纷，一段令人激动的另类兄弟情就此产生。贝佐斯最先问曼博的一个问题是：“你为什么不描述一下你发明的新算法？”曼博照做了，而且对于贝佐斯的理解力深感惊讶。“他不仅完全理解了它，而且比大多数人理解得都快。这事儿我从来没想过会发生在一位CEO身上。向雅虎的最高管理层解释都要花我一个月的时间呢。”曼博说道。

曼博非常不愿意搬到西雅图。他的妻子是斯坦福大学的教授，而两个年幼的女儿还在上学。但贝佐斯同意让他在西雅图和硅谷两地工作。同年秋天，曼博加入了亚马逊，贝佐斯授予他一个非常不起眼的职位：首席算法师。几个月后，他进入高管团队。“乌迪和杰夫瞬间就产生了化学反应。”达尔泽尔说。

曼博的职责非常广泛：利用技术提高亚马逊的运作并创造出新的特色。他每周要见贝佐斯一次—— CEO通常都厌恶一对一的会议，但这是个例外—— 汇报正在进行的项目，并想出新点子。曼博总能吸引贝佐斯的全部注意力，有一天他们甚至在亚马逊的季度收益发布会之前的数小时进行了一次会面。

曼博在亚马逊的第一批项目就包括树立规模庞大的抱负，引起媒体和纽约出版机构的注意。在曼博加入公司前，亚马逊就已经推出了一种叫做图书试读（Look Inside the Book）的工具，可以让顾客浏览每本书的前几页，从而达到类似实体书店的读书感受。曼博进一步开发了这一工具，他建议提供一种叫做书内搜索的服务，可以让顾客搜索他们购买的所有书中特定的词或短语。贝佐斯非常喜欢这个点子，并下了很大的赌注：他想让顾客能够搜索网站上的任何一本书。他给曼博定的目标是：建立一个新的数据目录并把10万本书归入其中。[2]

对出版商们来说“我们的论据非常简单”，曼博说。“假设有两家书店，一家店里所有的书都是被塑封起来的，而在另一家你却可以坐着看你想看的书，而且想坐多久就坐多久，想看什么书就看什么书。想想看，你认为哪一家书店会卖出更多的书？”出版商担心书内搜索可能会打开网络盗版的大门。

然而，多数出版商却同意试试看，他们把样书交给亚马逊，然后书被运往菲律宾，接着由承包商进行扫描。之后曼博的团队就运用光学字符识别软件将扫描的图像转换成文本，这样亚马逊的搜索算法就可以导航并设置索引。为了不让顾客免费读书，亚马逊只提供书的一小段—— 比如搜索词的前面或后面的一至两页，而且只提供给顾客档案中有信用卡消费记录的人。他们还在每位用户的计算机里去掉了一小段被称为“小型文本文件”(cookie) 的代码，这就使顾客无法不断返回，从而免费阅读其他页。

这是一个需要大量计算的过程，而亚马逊并没有为曼博和他的团队提供足够的计算机资源。几乎每个晚上和周末，曼博都不得不利用员工的电脑来运行他的软件。但他的一个部下找到了一批为紧急事件准备的闲置电脑，曼博得到允许，可以使用那些机器。不过，在任何有需要的时候，这些电脑都可能被召回。

亚马逊于 2003 年 10 月引进了书内搜索工具—— 三年半以来，在《连线》杂志上第一次出现了公司的专题报道，以庆祝其重大的创新。文章再次提起了贝佐斯在 20 世纪 90 年代设想的亚历山大项目，也就是要开一家能收藏所有书的梦幻书店。或许这样巨大的书店应该是数字的，这样就可能更实际些。贝佐斯谨慎地告诉《连线》杂志书内搜索工具可能确实是一个开始。“你必须从某处开始，”他说，“你爬上第一座小山，就能从山顶上看到下一座山。”[3]

整个 20 世纪 90 年代，亚马逊都在不断增加新的产品，因此高管们会得出这一必然的结论：公司一定要擅长产品搜索。在公司成立的早期，亚马逊曾经注册过一个搜索引擎，也就是现已停止使用的 Alta Vista，一家独立的电脑制造商，即迪吉多电脑公司(Digital Equipment Corp.) 创造了它，但很快就证明了这种方法并不好用。20 世纪 90 年代末，亚马逊的工程师德维恩 · 鲍曼（Dwayne Bowman）和鲁本 · 奥尔特加(Ruben Ortega)带头开发了一种内部产品搜索工具，叫做Botega（由两人的姓氏组成），该工具利用了亚马逊自正式营业以来搜集的大量客户数据、信息和网站。在一段时间内，这个工具很好用。当顾客点击搜索某个指定的搜索词时，该系统就能够识别顶级的产品，然后在随后的搜索中给予这些产品较高的定位。但亚马逊的目录变得越来越复杂，而谷歌在索引和组织网络方面都做得极好，亚马逊不得不面临这一尴尬的事实——公司的一个主要竞争对手可能在搜索亚马逊网站时比亚马逊自己的搜索引擎做得更好。

此时，几个因素导致亚马逊直接进入更广泛的网络搜索领域，并首次直接与谷歌进行一对一的对抗。亚马逊有一段时间很难吸引技术人才到西雅图，而其分部的工程师常常发现自己在和同一个工程师竞争。于是在 2003 年年底，杰夫 · 霍尔顿、乌迪 · 曼博和几个同事到帕洛阿尔托进行招聘。这次行程收获颇丰，西雅图的劳动力市场变得非常具有贫乏，而且公司也决定在西雅图以外的城市开设首个北美办事处。

贝佐斯和达尔泽尔把这些卫星办事处称为远程开发中心。他们是想把办事处设在拥有大量技术人才的地区，建立团队，从事某些特定的、独立的项目，充分利用新部门的能量和敏捷性，同时又最大限度地减少与西雅图总公司的交流。亚马逊的顾问律师担心这样的话公司可能需要缴纳州销售税，但法律规定只要这些办事处是独立的子公司，而且不参与和客户的交易就可以避免这一税项，因此他们还是同意了这一发展战略。

一年后，身在西雅图的曼博厌倦了两地奔波，然后他被调到新的帕洛阿尔托办事处担任主任。2003 年 10 月，亚马逊第一个研发中心在帕洛阿尔托市中心成立，它位于韦弗利大街（Waverly Streets）和汉密尔顿大街（Hamilton Streets）交汇处。贝佐斯仍继续显示出他对数学符号缩写的偏好，称它为A9——算法（algorithms）的缩写。尽管曼博调职了，但他每周还是会与贝佐斯开会，要么是通过电话会议，要么是定期前往总部开会。

他们仍然野心勃勃。A9 不仅致力于改造亚马逊网站上的产品搜索，而且还向谷歌的领地发动了直接的攻击，因为他们开发了一种通用的网络搜索引擎。公司获得了谷歌搜索索引的授权，但又高高地立足于谷歌之上——与谷歌合作的同时又与其竞争。“搜索并不能解决问题。”曼博说。当时是 2004 年 4 月,A9 刚推出了一个搜索引擎。“还有很多事可以做。这仅仅是个开始。”

A9 赋予了贝佐斯和曼博一个舞台，他们可以在这里尝试一些更大胆的想法，而其中大部分都与亚马逊的核心业务没有任何关系。在一次头脑风暴会议上，他们决定要在网络上提供重塑黄页的时机，发起一项分区视图的项目，在 A9 的搜索结果列表上自动匹配相关的商店和餐厅所在街道的照片。两年前，谷歌曾宣布了一个类似的项目（它更成功，但最后却非常有争议），叫做谷歌街景（Street View）。

谷歌可以让公司的一队卡车装上价值不菲的专业摄像机跑遍全国，拍摄街景，但亚马逊在这一问题上采用了一贯的做法——强调节俭。曼博项目的预算还不到 10 万美元。A9 的摄影师们带着便携式设备飞到美国的 20 个大城市，租车来干这项工作。

到了 2005 年底，谷歌不仅大受欢迎，而且还使其市场资本化，相较之下，A9 的通用网络搜索就像是一个高贵但失败的实验。很明显，网络搜索并不是廉价的东西，也无法利用对手的搜索索引来完成。曼博雇了十几个工程师来维护网络搜索，而谷歌却有几百个。纵然如此，A9 却依旧前景光明。它对亚马逊网站上的产品搜索进行了适当的改进，并开始了一项叫做 Clickriver 的广告服务，它允许广告商（例如一个电视安装公司）购买亚马逊网站搜索结果的链接[例如，搜索高清电视（HDTV）]。Clickriver 包含着一个新广告业务的机遇，后来随着机遇的发展它成为公司大量收入的来源。曼博在亚马逊工作期间，在其他方面也卓有成效：三年后，他申请的专利超过 20 项，其中一些署的还是贝佐斯的名字。

但随后高管团队爆发了一系列冲突，破坏了贝佐斯和曼博的合作关系，贝佐斯又走回到老路，继续想向世界证明亚马逊并不是一个无聊的零售商，也不是一家在新时代采用了最不具灵感的商业模式的落后的技术公司。

十周年庆的时候，亚马逊是一个让人非常不快的工作场所。股票价格持平，薪金的年度增长有严格的限制，而且增长的速度令人绝望。员工都认为工资过低，而工作却过多。当新的研发中心在帕洛阿尔托和其他地方开设时，亚马逊的内部就流传着一个笑话——这样的变动是必要的，因为在西雅图人人都知道公司的员工是多么凄惨，多么可怜。

在工程部，员工们不断地努力修复现已老化、杂乱无章和乱七八糟的基础技术设施。公司已经超越了原有的框架，这一框架由谢尔·卡芬设计于20世纪90年代，被称为奥比多斯（Obidos）的集成代码库已使用多年，亚马逊高管沃纳·沃格尔（Werner Vogels）后来称其为“使用胶带和WD40技术绑起来的”。[4] 亚马逊复制了这个笨拙的代码库，用以运行塔吉特和鲍德斯的网站，这种做法非常合算，但是放大了公司的基础设施问题。工程师们不仅要去一栋大楼“灭火”，还要经常到周边处理地狱般混乱的情况。

和当时的许多其他技术公司一样，亚马逊得到了一个教训，他们聪明地将技术基础设施转变成了一个更简单、更灵活的设施，叫做服务至上的体系结构。在这种框架内，每一种功能和服务都被视为一个独立的区块，可以很容易地更新或替换而不破坏整体。

当时亚马逊的首席技术官艾尔·韦尔默朗（Al Vermeulen）是一位热情的领航员，同事们都亲切地叫他AL V.。在他的带领下，公司重建了技术基础设施，使其成为一系列相互独立却也相互关联的设施。在这个新代码库尴尬的扩展转换期，有一段被亚马逊称为古鲁帕（Gurupa，根据亚马逊河的一段来命名，那段河分出了多条支流），这段时期长达三年，给公司的网络工程师带来了各种头痛的问题，他们被迫携带传呼机以便随时迅速回应层出不穷的问题。

结果是许多人才离开了公司，其中很多都投奔了谷歌。史蒂夫 · 耶奇（Steve Yegge）就是其中之一，他也是这个时候离开公司的。多年后，他在谷歌的社交网站上发表了一篇文章，里面提到了他对前老板的看法，无意中让此事显现在公众面前。“如果想要让我描述亚马逊时不感到恶心，这对我来说是个挑战，”耶奇写道，“但我最终会想出来的。在许多方面，他们的营运都是世界级的——但主要是对客户；对员工，则差远了。但我想最重要的终究还是客户。”

到 2004 年年底，另一件事又影响了亚马逊内部的情绪和运作。玩具反斗城将亚马逊起诉至联邦法院，认为亚马逊违反了双方的协议，允许其连锁店独家销售亚马逊网站上最受欢迎的玩具。该案问题纷繁复杂，并纠结于原合同中的一些晦涩难懂的法律语言。但问题的症结就在于目标和世界观的冲突。玩具反斗城认为他们向亚马逊支付了高额年费和一定比例的销售额，并授权亚马逊在网上独家销售其最流行的玩具。但是亚马逊及其CEO管理层却无法容忍可能阻碍客户最终选择的东西。而且亚马逊不断地激怒合作伙伴，他们想出了新的方法，就是在网站上允许其他的卖家列出有竞争性的玩具。

审判于 2005 年 9 月开始，在新泽西帕特森闷热的法庭内举行。贝佐斯花了两天时间出庭作证，而且根据法庭的记录，他当时好像不太自在。法官玛格丽特 · 玛丽 · 麦克维（Margaret Mary McVeigh）怀疑贝佐斯无法回忆起当时重要的决定，最终裁决玩具反斗城胜诉，并允许该玩具销售商解除与亚马逊的合同，恢复自己的网站。在裁决期间，法官认为亚马逊的员工在线下对原告嗤之以鼻，并对自己公司的CEO表示崇敬及担忧。“这当然是我个人的看法，在亚马逊，如果没有杰夫 · 贝佐斯的支持，就不会有什么大事。”

她在判词中写道，这引用了玩具反斗城一位经理的证词。

亚马逊上诉不但被拒绝，而且要支付给前合作伙伴 5 100 万美元的赔偿。与玩具反斗城之间的争端可以让我们了解到亚马逊过于重视与顾客的关系，机械地想要满足顾客的要求，从而对与其合作的大公司怀有一定的敌意。[在玩具反斗城诉讼案的同时，亚马逊的另一合作伙伴，旅游网站艾派迪（Expedia）也准备控告亚马逊。这件事最后在庭外得以解决。]

现在，随着玩具业的转型及与玩具反斗城之间的协议解除后，亏损的零售部门陷入更大的混乱。问题的一部分在于如果电子产品和珠宝都没有赢利，但却比旧的媒体业务增长得快，就会拖累公司的财政收益。贝佐斯觉得他需要特别关注这一问题，于是在 2004 年年底，他雇用了卡尔 · 拉曼（Kal Raman）——在线健康与美容用品零售商（Drugstore.com）的前高管，他曾支持员工剽窃，最终引发了 1998 年沃尔玛诉讼案。一夜之间，贝佐斯把当时全球零售高级副总裁迭戈 · 皮亚琴蒂尼的管理范围一分为二，把亏损的部门交给拉曼。在某个星期二，贝佐斯在公司内部的电子邮件里宣布了这一人事变动。当时几乎人人都说这个消息不仅让他们感到震惊，也让皮亚琴蒂尼大吃一惊（尽管皮亚琴蒂尼坚持说他在收到电子邮件之前就已经知道了这个变动）。

拉曼出生在印度南部的一个小村庄。他的父亲在他 15 岁的时候去世了，这个家庭从此陷入了贫困。经过不懈地努力，他在孟买获得了电气工程学位，然后在得克萨斯的沃尔玛得到了一个顾问的职位，后来又晋升到沃尔玛的IT部门，并结识了瑞克 · 达尔泽尔。[5] 拉曼聪明灵活、不知疲倦，以极其苛刻闻名。他也有一些令人印象深刻的习惯，包括在会议上咀嚼他叫做面包的印度槟榔叶，然后吐到垃圾桶里。黛安 · 利埃当时负责亚马逊的数据库，并要向拉曼报告，她是这么总结的："卡尔让人想发疯。"

拉曼利用自己在沃尔玛获得的经验推动了一些系统的建立，最终实现了贝佐斯对亚马逊的设想，即让亚马逊成为一家以数据为核心的公司。他的团队创建了一些自动化的工具，可以让买家以若干变量为基础来订购，如季节性趋势、过去的购买行为以及在特定的时间内有多少客户正在寻找特定的商品。拉曼的团队还改进了定价机器人软件（这是网上搜索的自动程序，探查竞争对手的价格，然后对亚马逊的价格做出相应的调整），从而贯彻了贝佐斯一直坚持的理念，即要求公司无论是在线还是离线，都应是最低价格。

买家要严格把关，保持一定的库存及价格优势。如果在某种程度上未能兑现——如果他们的货架上突然空了或亚马逊的价格高于竞争对手——那么"卡尔绝对饶不了你，会亲手杀了你的，"黛安·利埃说，她曾为拉曼工作了18个月，"他们之间有太多的争吵和吼叫。技术总是在更新，而且因为技术总是在更新，所以数据往往是错误的。如果我们把数据交给杰夫·贝佐斯，结果数据相互矛盾，那么他一定会冲我们大吼。哦，太可怕了。"

拉曼说话快，有浓重的口音，而他的错误语法，被称为卡式用法(Kalisms)，这早已成为传奇。"你们一定要与吸烟断裂！"他吼道。或者会说："我能吃一些你喝过的东西吗，这样我也会把你们的活儿干好了。"他在亚马逊待了不到两年，但公司的人们至今仍在谈论他。

"卡尔很冷酷，"杰森·戈德伯格（Jason Goldberger）说，他是一位零售经理，曾在拉曼手下干过，"他就像电影里演的那样。卡特里娜飓风走后一年，我接管了家装业务，他无法理解为什么发电机的销量下降了（相比而言，飓风增强它的销量应该会增加）。他的性格让人很压抑。"

所有这些变化在当时都让亚马逊整体上出现了功能障碍，让人十分揪心。高管团队因各种自相残杀的竞争而深感困扰，这是大公司里常有的现象。拉曼和皮亚琴蒂尼因分管零售业务，权力分散，无法好好相处。拉曼也与杰夫·维尔克有冲突。当时，维尔克听说拉曼对执行团队有负面看法，因此，在一场大型会议上他就与其对峙。“我听说你有话想对我说，”维尔克说，“你要在这些人面前把话说出来吗？”旁观者以为他们可能会大打出手。此外，公关部副总裁凯茜·萨维特和皮亚琴蒂尼关系不好，而完全吸收了贝佐斯的原则和处事方法的杰森·基拉尔将去运营视频网站葫芦网的主管，但却兼任原职——他还要在亚马逊待几个月，直到找到他的替代者。

这一切贝佐斯处理得都很糟糕；就像在一个不同的二维平面里演出的个人闹剧一样，他不能也不想介入纠纷。结果，据其中几位成员说，高管团队变成了一个火药味十足的论坛，团队里的每个人都觉得要直言不讳，要巴结老板，而政治争端则可以置之不理。

其中最大的争端就是乌迪·曼博和另一位公司的技术领导人杰夫·霍尔顿之间的争论。霍尔顿是贝佐斯在萧氏公司集团的前同事，他曾是位少年黑客，自称新星。

霍尔顿一直在亚马逊的管理团队任职，资格最老且与贝佐斯关系亲密。如果说高管团队的成员都是围绕太阳旋转的行星，那么霍尔顿就是水星，把持着特权，并招致了大量的批评，当然部分是由于嫉妒。霍尔顿当时30多岁，仍然巧舌如簧，爱喝无糖汽水和星冰乐（Frappuccino），在产品会上咄咄逼人。像贝佐斯一样，他是一个很有进取心的管理者，急于迅速看到结果。

作为全球搜索的高级副总裁，霍尔顿负责个性化、自动化商品、公关、电子邮件营销部门以及搜索引擎部门的500多名员工。曼博回到帕洛阿尔托并管理A9在一定程度上是他的主意。但过了一段时间，霍尔顿开始觉得曼博的团队太过专注于一般搜索引擎引发的一些抽象问题，并没有将搜索用于亚马逊网站并解决实际问题，如数据延迟或在亚马逊网站从搜索到产生结果的时间长度。问题是霍尔顿持有网站搜索信息的所有权，而曼博则负责搜索技术：他们两人基本上是互相依赖的。

最后，霍尔顿感到越来越沮丧，他觉得问题无法解决，因此就和一位名叫戴伦·温格洛夫（Darren Vengroff）的工程师开始在西雅图进行秘密研究，想要使用开源工具Lucene和Solr重建亚马逊的搜索引擎。几个月后，霍尔顿向贝佐斯展示了雏形产品，而他同意让他们测试。霍尔顿告诉贝佐斯他想进一步发展以Solr为基础的引擎，如果一切顺利，就把引擎部门搬回西雅图。贝佐斯说他会考虑，但后来却接受了曼博的建议——曼博认为霍尔顿偷袭了他的地盘。

现在每个人的地位都很尴尬。贝佐斯让霍尔顿和曼博共建一个团队来评价新的方法。接下来发生的事情可能会有不同结果，但底线是曼博和霍尔顿都不喜欢对方，两人不能在一起工作。评估期结束后，贝佐斯决定搜索技术仍由A9管辖。霍尔顿很沮丧。他认为自己的团队在项目中起了带头作用，而且一直都在努力修复网站上不断出现的搜索问题。贝佐斯指出他的这些看法都带有个人情绪，不符合逻辑。

霍尔顿觉得贝佐斯更偏爱曼博，所以他打算离开亚马逊。他和温格洛夫开了一家移动搜索公司Pelago[后来由酷朋网（Troupon）收购]。尽管两人的关系出现了问题，但霍尔顿和贝佐斯仍然是朋友，而且贝佐斯在Pelago也有投资。当霍尔顿离开亚马逊的时候，贝佐斯可以说是失去了公司里他最好的一位朋友，也失去了亚马逊最多才多艺的创新者。幸运的是，他还有乌迪·曼博。

然而曼博也决定离开了。

曼博说他不喜欢管理偏远的办事处，觉得离西雅图的决策层太远了。私下里，他对贝佐斯曾允许霍尔顿的搜索团队留在西雅图而感到恼火。他告诉贝佐斯和瑞克·达尔泽尔说他想回到学术界，从事记忆科学的研究。贝佐斯恳求曼博留在被他称为亚马逊人的部门。曼博说他会考虑。

与此同时，谷歌最老的一位员工工程副总裁乌尔斯·霍泽尔（Urs

Hölzle）想放弃他对搜索的监督，专注于谷歌的基础设施。霍泽尔邀请乌迪·曼博与他共进晚餐，席间他问曼博是否愿意取代他成为谷歌搜索工程部的头儿，这让这位以色列科学家大吃一惊。刚开始，曼博考虑，说他打算离开这个领域。然而几周后，他改变了主意，决定不妨听听谷歌的条件。当年一月，霍泽尔在帕洛阿尔托市中心的一家餐馆——伊勒佛纳伊奥（Il-Fornaio）的私人房间里设宴，拉里·佩奇作陪。佩奇和曼博确定都是单独进入餐厅的。在吃饭的时候，谢尔盖·布林加入了他们。谷歌首席执行官埃里克·施密特在大家吃甜点的时候出现。真是一场令人印象深刻的全场紧逼的会议！

二月份的时候，曼博收到了谷歌极具诱惑的邀请，请他管理谷歌的搜索团队，曼博决定接受。除了钱以外，对于所有搜索引擎的工程师来说，进入谷歌就意味着踏入了最大的游戏领域，加入了世界冠军的队伍。而对谷歌来说则得到了一个搜索领域里最聪明的人，同时又能一举斩断竞争对手所做的努力。

现在曼博必须通知贝佐斯，他打电话告诉贝佐斯这个消息，当时还有许多其他员工都跳槽到了谷歌。亚马逊的员工描述了接下来发生的事情，他们认为那是贝佐斯有史以来最失常的状态。曼博料到贝佐斯会很失望，并且也许想要说服他留下来。“我预料杰夫会这么做，但实际情况却并非如此。”曼博说，“当然他很生气，他冲我发火。我不记得他说的原话，但应该是类似这样的‘不！不！不！你不能这么做！’他责骂我，就像我是个犯了大错的孩子。”

在那一刻，曼博觉得自己失去了一个朋友。他恳求贝佐斯想想像他这样有背景和兴趣的工程师不可能会拒绝到谷歌工作的机会。贝佐斯认为这是对他个人的背叛。这一次，一位员工的离职，他无法轻描淡写。“他没有拐弯抹角，我感觉糟透了。他一直对我很好，也是我最亲密的一个导师，我曾经让他失望了。”曼博说，“我不知道他是否会原谅我，也许不会，但我真的没有其他选择。我已经决定离开亚马逊，它是我的高峰和去一个新的领域里从零开始的障碍。”

几天后，贝佐斯平静下来，试着想让曼博改变主意，但已经太晚了。现在，贝佐斯同时失去了两个他最亲密的同事和技术领导人，而且恰恰是亚马逊试图打破零售商的局限，并成为一家技术公司而步履蹒跚的时候。曼博离开后一年，A9的通用搜索引擎失败并关闭。分区视图被谷歌街景并购。虽然书内搜索很有趣，但不足以改变游戏规则，世界上最好的工程师们纷纷逃离令人厌恶的亚马逊文化，投奔谷歌和硅谷其他热门的网络公司。如果贝佐斯想继续向世界证明他一直声称的亚马逊确确实实是一家技术公司的话，他就需要巨大的突破。

* * *

2002年年初，网络传播和计算机图书出版商蒂姆·奥赖利（Tim O' Reilly）飞到西雅图游说杰夫·贝佐斯。奥赖利后来帮助开发了一系列流行的Web 2.0技术会议，并为硬件爱好者创立了一个旅游博览会，称为玩家大会（Maker Faire）。他认为亚马逊是一个过于孤立的网站。他希望公司能够提供销售数据，例如，让他和其他出版商跟踪各种潮流并帮助他们决定以后出版什么。[6] 贝佐斯没有考虑过向外界提供如此范围广泛的服务，所以起初他回答说他并没有看出亚马逊会得到什么样的好处。

多年来，奥赖利和贝佐斯维持着时而友好时而敌对的关系。2000年2月，奥赖利曾组织了一次针对亚马逊的在线抗议活动，因为当时亚马逊不允许其他网络零售商使用其专利技术—— 一键下单系统。[贝佐斯巧妙地加入了论战，同意奥赖利对专利系统的批评，并支持他建立独立书店赏金猎人（Bounty Quest）的想法。除非公司放弃专利，否则该书店会允许其他公司发布悬赏，来奖励那些张贴削弱该专利作用的文件。[7]奥赖利还写了一篇博文，称即便是网上价格更便宜，他还是建议当地书店的书迷们最好是到书店买书，否则这些商家可能会消失。这篇文章贴在全国多家独立书店的收银机上。

但 2002 年拜访贝佐斯这次，奥赖利的提议很有说服力，而且贝佐斯也听从了他的建议。奥赖利向贝佐斯展示了他的公司创建的一个复杂的工具——Amarank——可以每隔数小时访问亚马逊网站并复制奥赖利出版公司的书籍及其竞争对手的书籍排名。这是一个比较笨拙的程序，它依赖的是一种名叫屏幕抓取的原始技术。奥赖利建议亚马逊应该开发一系列被称为应用程序编程接口或者叫APIs的在线工具，这样第三方很容易就能获取其价格、产品和销售排名的数据。奥赖利雄心勃勃地谈到可以将亚马逊的全部书店进行打包分配，并允许在其基础上建立其他网站。“企业需要考虑的不仅仅是他们自己能从新技术中得到什么，还应该让别人从新技术中获利。”他说道。[8]

在奥赖利来访之后，贝佐斯召集当时的主管瑞克·达尔泽尔、尼尔·罗斯曼和柯林·布里亚（Colin Bryar）开会来讨论这一问题。达尔泽尔指出公司内部已经有了类似的研究，他向贝佐斯提及了一位年轻的工程师，名叫罗伯·弗雷德里克（Rob Frederick），他创办的移动商务公司Convergence于 1999 年被亚马逊收购。弗雷德里克的团队正在设计APIs，将允许非PC的移动设备如手机和掌上电脑访问亚马逊网上商店。那次会议之后，贝佐斯邀请奥赖利向一组工程师说明情况，后来又在亚马逊的一次全体会议上进行讲解，内容包括计算机的历史以及成为平台的重要性。

贝佐斯把弗雷德里克的团队合并到了柯林·布里亚负责的团队中，并给他们下达了任务，要求他们创造出一套新的APIs，以让开发商进驻亚马逊网站。很快，其他网站就能根据亚马逊的目录索引发表可选的商品，包括价格和详细的产品说明，并使用其支付系统和购物车。贝佐斯带来了网络开放的新观念，在接下来的几个月里，他在亚马逊内部宣扬公司应该让开发商也能使用这些新工具，“让他们给我们带来惊喜”。当年春天，公司举办了第一次开发商会议，并邀请了所有企图破解亚马逊系统的外界人士。现在开发商和客户及第三方销售商一起，成为亚马逊的另一批拥护者。而新的团队由柯林·布里亚和罗伯·弗雷德里克领导，他们得到了一个正式的名称：亚马逊网络服务系统（Amazon Web Services，简称AWS）。

亚马逊极其偶然地迈上了一条成功之路。

亚马逊网络服务系统现在的业务是出售电脑的基础设施如存储器、数据库及原始计算能力。这项服务与硅谷及更广泛的技术社区的日常生活交织在一起。新成立的公司，如瀑布流（Pinterest）和照片分享（Instagram）租用亚马逊的空间及周期，并在互联网上运营，这就好像有高性能服务器坐守在自己的办公室里一样。即使是大型企业也依赖AWS——比如网飞公司（Netflix）利用它向客户传递视频流[①]。AWS帮助引进了一个叫做云的虚拟概念，云被视为科技创业公司未来命运的主宰，风险投资者常把它当作企业家获得创业资金的资质证明。美国政府的各个部门，如美国国家航空航天局（NASA）和中央情报局（Central Intelligence Agency）也是AWS的高端客户。尽管亚马逊一直都没有公布AWS的财务业绩和赢利能力，但据2012年摩根士丹利的分析师们估计，它的年收入可能已达到220亿美元。

亚马逊网络服务系统的兴起也引发了一些不可忽视的问题。一个在线零售商怎么能做这种完全无关的业务？这种最初被称为亚马逊网络服务系统的生物——研究商务API的团队——如何演变成一个截然不同的高技术基础设

① 视频流，是指视频数据的传输。——译者注

施的卖家？早期的观察家们认为亚马逊的零售业带有季节性——在假期的几个月里欣欣向荣——因此贝佐斯决定在业务比较萧条的时期出租公司里多余的计算机容量。但这种解释已被亚马逊内部人员广泛否认，部分原因是如果这种解释属实，那么亚马逊就要在每年秋天把开发商从服务器里踢出去。

提供这种基础设施服务实际上开始于古鲁帕和更为可靠的技术架构的过渡，这一过程在 2003 年就有了苗头。当时亚马逊的内部系统已经崩溃——变成了一些比较耐用的单个零件，亚马逊的技术人员还都只是传统意义上的单一团队，总部设在西雅图市中心联合车站（Seattle's Union Station）附近的一栋单独的办公楼里。这个团队严格控制着访问亚马逊服务器的人，而公司内部的各个团队必须得向他们申请资源，才能试用他们的新项目和新技术。其过程非常缓慢，这使得亚马逊的许多项目主管都很丧气。"一群家伙们运转这些机器，就像是计算机硬件的祭司，而我们其他的人都反对他们，"当时的一个软件开发经理克里斯·布朗（Chris Brown）说，"我们想要一个可以自由尝试的场地。"

贝佐斯也被惹恼了。公司已经改进了现场总线控制系统的亮光挑货系统，而且也已成功地改写成了组件服务系统，但是计算机的资源供应仍然是一个瓶颈。它的功能有多不健全，我们可以从当时的情况得以了解——当时的项目领导人会向高管团队呈上长达 6 页的陈述，然后却在讨论会上声称他们无法实际测试该项目。瑞克·达尔泽尔想起在一场特别重要的会议上，当时的个性化部门主管马特·朗德（Matt Round）抱怨说他没有可用的资源以供测验。"杰夫终于冲我大发雷霆，"达尔泽尔说，"我总是能很好地应对杰夫的怒火，但说实话，他有权力生气。我们扼杀了创造力的发展。虽然我们可能比世界上 99%的企业都快，但我们还是太慢了。"

与此同时，贝佐斯非常倾心于一本叫做《创造》（*Creation*）的书，作者史蒂夫·格兰德（Steve Grand）是 20 世纪 90 年代的一个视频游戏《生物》

（*Creatures*）的开发商。该游戏可以让玩家在电脑屏幕上引导并培育一个看似智能的生物有机体。格兰德写道，他创造智能生命的方法就是专注于设计简单的计算构件——原语①，然后就可以坐等那些奇怪的行为出现。正如电子原件是由电阻和电容器之类的基础零件组成，生命体也是从基因构件中涌现出来的，格兰德认为复杂的人工智能（AI）可以从控制原语中出现，然后就可以进化成“改变设计的进化之轮”。[9]

尽管这本书深奥难懂、富有挑战性，但当时在亚马逊高管读书俱乐部里被广泛讨论，它澄清了公司本身基础设施问题方面的争论。如果亚马逊想激发开发商的创造性，就不应该去猜他们需要什么样的服务；这样的猜测只是基于过去的模式。相反，公司应该创建原语——计算的基石——然后让道。换句话说，公司应该将其基础设施最小化，变成最简单的原子构件，并允许开发商尽量灵活、自由地进入。据一些员工所说，贝佐斯当时是这样宣布的：“开发商是炼金术士，而我们的工作是尽己所能，让他们展现自己的炼金术。”贝佐斯命令工程师团队展开头脑风暴，想出尽可能多的原语。存储、带宽、通信、支付和处理，所有这些都被罗列其中。亚马逊以一种非正式的方式开始建设团队，开发以上列出的服务——就好像公司不知道原语是一种非凡的见解。

2004年末，公司IT基础设施部的头儿克里斯·平卡姆（Chris Pinkham）告诉达尔泽尔，他决定和他的家人返回祖国南非。而当时A9已经在帕洛阿尔托扎了根，达尔泽尔正忙于在苏格兰、印度和其他地方建立远程开发中心。达尔泽尔建议平卡姆不要离开亚马逊，而是在开普敦开设一个办事处。他们讨论了项目的可能性，最终决定建立一项服务——无论是什么类型的开发商，都允许他们运行亚马逊服务器上的所有应用程序。平卡姆和几个同事

① 原语（primitive），操作系统用语范畴。由若干指令组成的，用于完成一定功能的一个过程。——译者注

研究了这一问题，想出了一个计划，他们利用一种叫做Xen（Xen是一个开放源代码虚拟机监视器，由剑桥大学开发）的新的开源工具，这种软件可以让一家数据中心的单个物理服务器上同时运行多个应用软件。

平卡姆与同事克里斯·布朗一起到南非，他们在康斯坦提亚（Constantia）的一栋不伦不类的办公楼上开始了工作。康斯坦提亚是一个酿酒区，位于开普敦东北部，附近有一所学校和一个小型的无家可归者的营地。他们最终成功地开发出了弹性计算云（Elastic Compute Cloud），或称为EC2——这项服务是AWS的核心，并成为Web 2.0 繁荣的推进器。

至少在第一年，EC2 的诞生是孤独的，平卡姆在西雅图只是零零星星地和同事们谈起过。康斯坦提亚办公室必须处理能够装满两个住宅的DSL线路，而且在 2005 年那炎热的夏天里，南非的一个国家级核反应堆出现问题，工程师们只得在轮流限电的艰苦条件下工作。平卡姆后来说独处不无裨益，因为这样的距离相当舒服，可以远离亚马逊那个CEO的干扰。“我大部分时间都在躲贝佐斯，” 平卡姆说，“他是个说起话来很有趣的家伙，但是你一定不想成为他‘宠物计划’的一部分。他会让你分心。”

十几名工程师同时开发后来被称为简单存储服务（Simple Storage Service）的程序，也可以称为S3，他们可没那么奢侈，不过他们都尽量不让自己受到干扰。他们在太平洋医疗中心八楼的一间办公室工作，近两年来每天都在一起吃午饭，而且下班后还经常在一起玩牌。无论是他们还是他们的头儿——创业城际数字媒体公司（Real Networks）的艾伦·阿特拉斯（Alan Atlas）——都能躲到天边去。

贝佐斯非常关注网络服务的发展进程，经常潜入S3 系统，了解其细节，他要详细地知道该服务如何能跟上需求，还多次把工程师叫回制图板旁边，以简化S3 的结构。“我们开始时总是很有趣，很高兴，杰夫的笑声在房间内回响，” 阿特拉斯说，“然后就可能会有事情发生，会议急转直下，你可能会担心自己的小命。可以毫不夸张地说，每次开会后我都害怕自己会被解雇。”

阿特拉斯说，在S3项目进行期间，他经常很难把握住贝佐斯的想法。“在他的想象中，项目要便宜得多，200美元的机器堆放在架子上，应该都快放不下了。而且项目必须能永远扩张下去。”阿特拉斯说。贝佐斯告诉他：“其规模要达到无限大，而且没有计划性的停止时间。要无限！”

一次会议上，阿特拉斯小心翼翼地建议：在服务推出后，他们就可以指出如何跟上任何意外性的增长。这使贝佐斯大发雷霆。“他指着我说，‘你为什么要浪费我的生命？’，然后又继续大谈特谈《无能警探》(*Keystone Cops*)。”阿特拉斯说道，“他是真的生气了。我跟不上他的想法。这种情况发生过很多次。他比我们走得更远。”

为了推出简单存储服务，阿特拉斯为同事们制作了纪念T恤；他借用超人服装的设计，但胸前的标志不是S，而是S3。当然了，他还得自己掏腰包。

正当他们的网络服务在南非和西雅图之间扩张时，贝佐斯和达尔泽尔开始考虑由谁来当领导的问题。贝佐斯提议任命艾尔 · 韦尔默朗——亚马逊的首席技术官。这样的话，艾尔就得每天从俄勒冈的科瓦利斯飞到西雅图，而且他说他并不想干行政。他觉得自己只是一个和艾伦 · 阿特拉斯一起研究S3的工程师。所以达尔泽尔就推荐了安迪 · 雅西，就是他，多年前刚开始在亚马逊工作时，在公司的第一场球赛中很不幸地用球棒击中了杰夫 · 贝佐斯。

如果说高科技的新时代实际上是计算机科学博士们的时代，那么雅西很明显是与众不同的。雅西毕业于哈佛商学院，喜欢布法罗辣鸡翅和纽约球队，他可能不太适合待在一家令人讨厌的科技创业公司里。或许是因为这个原因，他在亚马逊的职业生涯一直蜿蜒曲折，有时还非常困难。1998年，雅西向公司提交了他原创的商业计划，建议亚马逊进军音乐领域，但随后他却失望地看到另一个主管被选为负责人。几年后，公司重组时，雅西被选作负责个性化团队的主管，但却遭到了当时该部门工程师们的反对，他们无法接受一位非技术人员作为自己的头儿。

因此雅西就得到了一次独一无二的机会。贝佐斯请他担任自己的第一个“影子”——这个新职位需要雅西一直跟在CEO身旁，并陪同他参加每一场会议。其他科技公司，比如英特尔和太阳公司都有类似的职位，而且贝佐斯以前也曾尝试过，他当时任命的是刚进公司的主管——包括一位名叫约翰·欧文德克（John Overdeck ）的萧氏公司的工程师和Accept.com 的创始人丹尼·沙德（Danny Shader）——但却从来都不是一个全职工作，而且许多前任“影子”后来都离开了公司。雅西对这个提议感到抵触。“给我了这个职位，我觉得受宠若惊，因为我可以和杰夫在一起工作，但最初我一点也不兴奋，因为我已经看到过这个计划以前是怎么失败的。”他说，“我问杰夫怎么样才算成功。他说如果我了解了他，而他也了解了我，我们彼此建立了信任的关系，那就算成功了。”雅西接受了这个提议，在接下来的 18 个月里，他大部分时间都陪在贝佐斯身边，陪他旅行，讨论每天发生的大事，并观察这位老板的处事风格和思维过程。雅西将“影子”定义为准首席参谋，而现在贝佐斯的“影子”正式被命名为技术顾问——在公司中是一个令人垂涎且具有广泛知名度的职位。对贝佐斯来说，有一个助手随时待在身边，讨论重要事宜，确保特定的任务能够跟进，也是另一种扩大自身影响力的方式。

雅西的“影子任务”结束后，他自然而然地成为了AWS主管的候选人之一。他的第一项工作就是写一份战略构想；他必须字斟句酌，并将篇幅控制在 6 页以内。文章提出了AWS的扩张使命：“让开发商和企业都能够使用网络服务来创建复杂且可扩展的应用程序。”这份构想列出了亚马逊随后变成网络服务商的原语，从存储和计算到数据库，再到支付以及通讯。“我们试想一下，一个学生在宿舍里就能使用与世界上最大的公司一样的基础设施。”

雅西说，“我们认为这同样为创业公司和小公司提供了一个大的竞争场所，让他们也拥有与大公司相同的成本结构。”

雅西、贝佐斯和达尔泽尔将新的AWS计划提交给亚马逊的董事会，以及从来没有抬眼看过该项目的机构。约翰·杜尔表达了他事后称为“健康的怀疑态度”的观点，他问了一个非常明显的问题。当时，亚马逊很难招到工程师，而公司又需要加快其国际扩张的进程。他问的是：“我们为什么要进入这个行业？”

“因为我们也同样需要它。”贝佐斯说，他表示亚马逊需要提供能够反映更广泛市场需求的服务。雅西记得杜尔在会后告诉他，在一家敢于做如此大胆投资的公司工作，他深感荣幸。

大约就在这个时候，贝佐斯进行的另一个刚刚成型的项目受到了亚马逊董事会的阻挠。20世纪90年代末，比较购物网站点荣立的创始人离开了亚马逊，贝佐斯和他们的关系非常融洽，双方达成共识，他们将继续与亚马逊高管保持联系，甚至还可以协助亚马逊。随后，阿南德·拉贾拉曼（Anand Rajaraman）和沃基·哈里那亚安（Venky Harinarayan）两位创始人开办了自己的互联网企业，叫做寒武纪公司（Cambrian Ventures），而贝佐斯一直想让亚马逊投资该公司。但罕见的是，这次亚马逊的董事会违背了贝佐斯的意志，否决了这一提议。所以贝佐斯最终决定个人投资。这一项迂回决策的结果是亚马逊可能要开展另一项不可思议的网络服务，以再次表明公司试图超越网上零售。

当时，寒武纪公司刚刚在硅谷创立，提供点对点文件共享服务的纳普斯特（Napster）正引发了一场轰动，并造成了音乐界的恐慌。寒武纪的工程师认为纳普斯特和网络的力量能把分散在世界各地的人们联系起来。他们想是否可以利用这些分散的网络做一些有价值的东西，一些比偷窃音乐更好的东西吗？这个问题成为他们启动一个叫做阿格瑞亚（Agreya）项目的起源——阿格瑞亚是个梵语单词，意思是“第一次”。

当时的想法是开发软件和硬件，并利用互联网在全世界范围内找出人们的坐标，人能够解决计算机不擅长解决的问题。例如，一个计算机系统可能不善于检查家庭宠物的照片集，但能够找到描述猫或狗的照片。但人类却可以很容易做到这点。寒武纪企业高管认为，他们可以建立一个在线服务系统，统调全世界低成本的人力，然后将这些劳动力介绍给金融公司和其他大型公司。2001 年，他们申请了专利，并将这一想法命名为“人机混合计算组合”。[10]

后来这一想法名扬世界，并大受欢迎，被称为众包①。但是阿格瑞亚项目却走在了时代的前端，金融公司根本不明白是怎么回事。阿格瑞亚团队在“9 · 11”期间试图在纽约推销这一概念。但之后，公司的资本出现不足，因此他们停止了阿格瑞亚项目。

2003 年拉贾拉曼和哈里那亚安决定解散寒武纪，开办一家新的公司，名为Kosmix，公司将致力于开发通过特定的主题组织网上信息的技术。为了收拾寒武纪的一部分烂摊子，他们必须要应付贝佐斯，并处理他在公司的投资。毫不意外的是，贝佐斯确实是一个顽强的谈判对手，并顽强地维护自己的经济利益，甚至当投资风险与其净收益没多大关系时，他仍紧咬住不放。拉贾拉曼和哈里那亚安仍然记得他们长达两个月异常激烈的谈判，在此期间，贝佐斯要求将他在解散了的寒武纪的融资重新投入到新公司Kosmix。谈判期间，他们无意中向贝佐斯提起了阿格瑞亚的专利，他立即表现出极大的兴趣，并要求参与到整个交易中。他们认为这是一个机会，所以很快就同意卖给贝佐斯。

① 众包（Croud-sourcing），是互联网带来的新的生产组织形式。公司或机构把过去由员工执行的工作任务，以自由自愿的形式外包给非特定的大众网络。——译者注

让他们吃惊的是，贝佐斯的确在亚马逊内部开发了阿格瑞亚的一个新版本。他重新将之命名为土耳其机器人，原本是指18世纪的一台自动国际象棋机——实际上是机器里藏着一个身材矮小的人（一位国际象棋大师），他躲在机器下面，引导机器运行。从2004年1月到2005年11月，大约有24名亚马逊员工致力于这项工作。大家都认为这是杰夫的项目，也就意味着产品经理会每隔几周与贝佐斯面谈，并会络绎不绝地接到这位CEO的电子邮件——邮件里通常都是非常详细的建议，而且经常都是三更半夜发过来的。

2005年，亚马逊开始在内部使用"土耳其机器人"以完成一些事，比如评论书内搜索，扫描并检查客户上传到亚马逊的产品图片，以确保不是色情图片。该公司还采用"土耳其机器人"将A9羽翼未丰的分区视图工具中的图像与相应的商业建筑匹配。贝佐斯自己在这项任务上耗费了大量精力，并将其当做证明该项服务的一种方法。

正当公司准备向公众介绍"土耳其机器人"的时候，亚马逊的公关团队和一些员工抱怨因为系统用到了"土耳其人"这个词，他们感觉不舒服。而贝佐斯因为历史方面的联系，倒是很喜欢这个名字，但也同意让公关人员和土耳其机器人团队想出替代的名字。他们认真考虑后，建议使用Cadabra，暗指魔法和亚马逊原来的公司名称。但最后贝佐斯摆脱了困扰，声称如果有任何后果，他本人将亲自承担责任。

"土耳其机器人"于2005年11月悄然上线。现在，任何一位互联网用户都可以运行被亚马逊称为人工智能任务的程序，通常每次运行可以赚几美分。其他公司也可以在土耳其机器人网站上列出工作，亚马逊收取10%的费用。[11] 第一批申请者里有一家名叫美化语言（Casting Words）的音频转录公司，支付工人每分钟几美分的薪酬，让他们收听并记录播客。

"土耳其机器人"让贝佐斯再次有机会证明亚马逊除其核心零售业务以外是有创新能力的，而且他还可以炫耀自身浓重的好奇心，能够将抽象概念解释得清清楚楚。

他把“土耳其机器人”称为“人造的，人工智能”，并就此接受了《纽约时报》和《经济学人》的采访。其名字中涉及的种族问题从未招致批评，但是劳工维权人士却批评了该项服务，认为它是一个“虚拟的血汗工厂”及“全球化的阴暗面”。[12]

到2007年时，在100多个国家里，安置在“土耳其机器人”上的工人有数十万。[13]显然没有达到贝佐斯希望的那样大有起色，或至少还没有腾飞。一个显著的原因是“土耳其机器人”的获酬极低，在欠发达国家有很大的吸引力，但第三世界国家里最贫困的劳动人口却没有个人电脑，无法连接互联网。随后几年，亚马逊的其他网络服务出人意料地大有发展，贝佐斯倾注了更多的注意力，并向他们提供了更多的资源。正如在亚马逊早期创业时期一样，自动的个性化服务取代了编辑和机器，也没有人躲在里面，它将推动亚马逊期待已久的大突破。

2006年3月，亚马逊推出了简单存储服务，允许其他网站和开发商在亚马逊的服务器上存储计算机文件，如照片、文件或视频游戏玩家个人资料。S3起初孤零零的，有点被大家忽视了——像一段尚未完工的围墙。艾伦·阿特拉斯回想起在上线后一个月，服务中断了9个小时，但外界几乎没有人注意到。几个月后，弹性计算云推出了公开测试版，允许开发者在亚马逊的服务器上运行自己的程序。克里斯·布朗为了产品的上线特地从南非返回，据他所说，亚马逊在美国东海岸向顾客开放了第一批服务器，结果开发商们飞快地涌入，在亚马逊还没来得及让西海岸的家伙们进入之前，第一批服务器就已经被占满了。

AWS能立刻吸引创业公司的部分原因是它的商业模式。贝佐斯将网络服务视为类似电力事业一样的东西——允许客户只支付给他们使用费，且可以随时增加或减少他们的消费。“我所知道的最好的比喻就是电网，”贝佐斯说，“假设你回到100年前的过去，如果你想使用电，你必须建立自己的小发电厂，而许多工厂确实这么干了。但是当电网一出现，他们就立刻抛弃了自己的发电机，开始购买电网的电力。我这个类比只是想让大家更明白。这就是计算基础设施正在发生的事。”[14]

即使这意味着在短期内会亏钱，贝佐斯仍把AWS视为带有折现率的工具。曾与克里斯·平卡姆一起研究EC2的威廉·范·比林（Willem van Biljon）建议将EC2定价为每小时15美分，这样公司的这项服务就会转亏为盈，平卡姆于2006年辞职后，威廉在公司里多待了几个月。在EC2推出前的一次高管会议上，贝佐斯自作主张将价格调整为每小时10美分。范·比林告诉他：“你会意识到自己要长期亏损的。”“很好。”贝佐斯回答说。

贝佐斯认为自己的公司在成本结构上有明显的优势，而且拥有在利润极低的业务氛围中生存的能力。他认为诸如IBM、微软和谷歌这样的公司可能不敢进入这样的市场，因为这将压低它们的总体利润。雷格梅森资本管理公司的首席投资官比尔·米勒（Bill Miller），也是亚马逊的大股东之一，他当时问贝佐斯对AWS赢利能力有何预测。贝佐斯预言说从长期看，它会赢利，但又说他不想重复“史蒂夫·乔布斯的错误”——将iPhone定价过高，利润过多，从而使智能手机市场成为吸引大规模竞争的众矢之的。

这番评论反映了他独特的经营理念。贝佐斯认为高利润会让竞争对手将投资更多地转到研发上，并引发进一步的竞争，而低利润则能吸引顾客，且防御性更强。[对iPhone的看法，他只说对了一部分；iPhone可观的利润确实吸引了大量的竞争，最初就是使用安卓（Android）操作系统的谷歌智能手机。但在某种程度上，对苹果公司及其股东来说，先进的智能手机也是极为有利可图的一种产品，至少到目前为止，AWS还只能望其项背。]

贝佐斯的观点得到了证实，AWS故意压低利润的行为达到了预期的效果。

谷歌董事长埃里克·施密特说至少在两年前他就发现，每家他见过的创业公司的创始人，好像都告诉他他们正在亚马逊的服务器上建设自己的系统。“突然间，到处都是亚马逊，”施密特说，“如果每一家利润快速增长的公司都建立在你的平台之上，巨大的收益将随之而来。”2010年，微软发布了一个叫做Azure的类似云计划。2012年，谷歌发布了自己的云平台（Compute Engine）。“荣誉应该归他们，”施密特说，“这些卖书的人研究了计算机科学，他们分析数据并创造了一种意义非凡的东西。”

正如《创造》的作者史蒂夫·格兰德曾预测的那样，生物进化的方式连贝佐斯也未曾想到。它结合了EC2和S3——存储和计算两个原语联系在一起——转化为AWS和科技的世界。创业公司不再需要花费他们的投资去购买服务器并招聘专业工程师来运营。基础设施的成本是可变的而不是固定的，它们与收入增长成正比。这可以让各家公司自由实验，最终使他们在改变商业模式时经受的损失最小，并能跟上快速增长的爆发式的社交网络（如脸谱和推特）的网民数量。

所有这一切都需花费数年时间，并需要大量努力。期间，开发者也会遇到许多挫折和挑战。安迪·雅西及其技术助手查利·贝尔（Charlie Bell）和沃纳·沃格尔总是能超越竞争对手，除了EC2和S3之外，他们还借助附加服务，比如灵活的支付服务和亚马逊的云搜索。在服务系统尚未成熟时，亚马逊内部的团队就被要求使用这些服务，这一命令引发了其工程师内部的另一轮恐慌。当创业公司甚至是一些大公司开始特别依赖AWS时，运行中断曾引发了极大的轰动，而长期以来喜欢秘而不宣的亚马逊发现，善于自我解释以及能与公众交谈才会变得更好。

但是亚马逊网络服务系统的出现引发了多方面的转变。亚马逊廉价且易于访问的网络服务使成千上万的互联网创业公司更易于创新——一些公司甚至没有这项服务就不可能成功。它还为较大的公司提供超级云计算机出租服务——只要有能力支付租金，就能引领许多领域进入新时代，如金融、石油和天然气以及健康和科学领域。可以毫不夸张地说，AWS，特别是其原始服务如S3和EC2，使整个技术产业摆脱了长期以来的后互联网衰退症状。亚马逊也完全从这一时期的大型硬件商如太阳微系统公司和惠普中异军突起，从而掀起了商业计算领域的第二波浪潮。

或许最大的改变就是亚马逊自身的形象。AWS使这家无所不卖的商店含义更加广阔，亚马逊的货架上又增加了与周围不怎么协调的产品，如现场展示和百万兆字节的存储服务。这让亚马逊干扰了沃尔玛和其他零售商竞争对手的目标，并使公司再次吸引了大批想要解决世界上最有趣问题的工程师。最后，经历了多年的挫折和内部的激烈冲突，亚马逊无可非议地已经成为贝佐斯一直梦想成为的技术公司。

第八章
菲奥娜

让我们回到 1997 年，互联网发展的早期。一位名叫马丁 · 艾伯哈特（Martin Eberhard）的企业家和他的朋友马克 · 塔潘宁（Marc Tarpenning）正坐在帕洛阿尔托的一家咖啡店里，一边喝着拿铁，一边思考着移动计算领域光明的未来。掌上电脑（一种开拓性的个人数字助理）刚刚出现，而且手机也快速地发展成表面圆滑的工具——能够很轻易地放进上衣的口袋。当时艾伯哈特和塔潘宁为一家磁盘驱动器制造商工作，他们刚从一场名为DiskCon的大会返回。换句话说，他们无聊透顶，想找点更有趣的事情来做。而碰巧的是他们两人都是非常爱读书的人。

那天，两人边喝着咖啡边推测最终能否发明一种计算机来阅读电子书籍。自从古登堡计划（Project Gutenberg，简称PG）出现后，多年来人们都在谈论此事。古登堡计划是非营利性质的，20 世纪 70 年代初发起于伊利诺伊州的香槟市，致力于将全世界的图书数字化，让每个人都能在个人电脑上进行阅读。艾伯哈特和塔潘宁则有了另一种想法。他们想要能移动的设备，这样人们就可以使用专用的电子阅读设备随身携带整个图书馆的电子书。当年春天，他们两人创办了新媒体公司（NuvoMedia）并开发出世界上第一台便携式电子阅读器，他们称其为火箭电子书（Rocket e-Book）或火箭书（Rocketbook）。

20 世纪 80 年代，艾伯哈特曾开办过一家计算机网络公司，而且曾到过硅谷几次（后来他与人合办了一家电动汽车公司——特斯拉汽车公司），所以他知道需要资金雄厚的投资者以及强大的盟友，为自己在复杂而未被宠坏的图书出版界铺路。艾伯哈特认为杰夫 · 贝佐斯和亚马逊正符合他的要求。

1997 年末，这两位新媒体的创始人和他们的律师带着一本火箭书的原型机来到西雅图，与贝佐斯及其高管进行了长达 3 周的谈判。他们住在市中心的一家廉价旅馆里，并定期到第二大道上的老哥伦比亚大楼探讨亚马逊投资新媒体的可能性。“贝佐斯‘真的对我们的设备很感兴趣’，”艾伯哈特说，“他知道显示屏技术终将变得更好。”

火箭书的原型很粗糙，封面是手绘式的，软件也是最基础的。但它工作起来却毫不含糊——可以在其闪闪发光的半透射式[①]LCD 屏幕上显示出《爱丽丝梦游仙境》及《双城记》。它有 1 磅多重——以今天的标准来看有点重——但却可以用单手拿，就像纸质的书籍一样；它采用背光技术，电池可以持续 20 个小时，足可以与现在的移动设备媲美。

贝佐斯似乎对此印象深刻，但仍持有一些保留意见。为了下载书籍，顾客需要把电子阅读器连到计算机上。“我们讨论了无线连接，但那时还太昂贵，”艾伯哈特说，“这样的话，每台设备就要再额外多出 400 美元，而且加载庞大数据的计划也很疯狂，不太可能实现。”作为现代电子阅读器，火箭书的显示屏让人的眼睛不舒服，但艾伯哈特核查了许多其他低功率、低眩光的替代品，如 MIT 媒体实验室（MIT Media Lab）正在开发的电子墨水（E-ink）和

① 半透射式，入射光能量一半反射，一半透射。——译者注

施乐公司的电子纸（e-paper），发现这些技术仍然不很可靠，而且花费昂贵。

经过 3 周的紧张谈判，双方遇到了一个重大障碍。贝佐斯告诉艾伯哈特，他担心支持新媒体并帮助他们取得成功，就有可能会创造机会让巴诺书店乘虚而入，从而买下创业公司。所以他要求两家公司拟定的所有合同中都必须加上独占权条款，并希望能对未来的投资者持有否决权。“如果我们拿阅读的未来做赌注，我们想通过把它大规模地介绍给我们的客户，帮助它取得成功。”亚马逊前美国零售部高级副总裁戴维 · 瑞舍说，他曾参与此次谈判，“但只有我们独占，这种方法才会有用。否则，我们就会慢慢地把客户推向潜在的竞争对手。”

但艾伯哈特不愿意限制他今后筹措资金的机会，因此贝佐斯的担心就成了最终得以实现的预言。很显然，双方的谈判陷入了僵局。艾伯哈特和塔潘宁立刻坐上飞机，飞往纽约拜访了巴诺书店的林恩 · 李吉奥和史蒂芬 · 李吉奥。他们在一周之内就达成了协议。该书店和出版界巨头贝塔斯曼同意各投资 200 万美元，他们两家公司买下了新媒体将近一半的股份。

后来流行的说法是火箭书和当时的竞争对手软书（SoftBook）一样，都超越了时代，世界还没有准备好阅读电子书。但这并不是所有的真相。新媒体第一年就售出 2 万台设备，业务上了轨道后，在第二年销量又翻了一倍。它与各大图书出版商都签订了具有开拓性的电子书合同（美国作家协会谴责其合同不利于作者[1]）。1999 年，思科公司投资新媒体，使其信誉进一步提升，并得到了另一个战略盟友。用户对该设备的评价普遍都很积极。奥普拉 · 温弗瑞（Oprah Winfrey）曾在《奥普拉杂志》（*O magazine*）的创刊号中将火箭电子书列为她最喜欢的 10 件东西之一，《连线》杂志也评论了该设备：“它就像来自未来的东西。”[2]

新媒体积极进取，发展很快。艾伯哈特打算拓宽经济规模，并进行技术开发，在降低价格的情况下改善火箭书的屏幕质量和电池寿命。（1999 年假期期间，其基本模型价值 169 美元。）“5 年之内，”同年 12 月，他对《新闻周刊》的史蒂芬 · 列维说，“我们会开发出不需透过玻璃就可阅读的前置面板技术。”[3]但是新媒体仍需要新的资本投入，艾伯哈特开始担心互联网泡沫无法持续多久，而且基金筹措的情况也会逐渐恶化。2000 年 2 月，他把新媒体卖给了位于伯班克一家叫金斯达（Gemstar）的交互式电视指南公司，价值约为 1.87 亿美元。此外，金斯达还收购了软书。

这是个很糟糕的行动。原来，金斯达的主要目标是通过诉讼来利用其专利组合。在公司出售后几个月，艾伯哈特和塔潘宁失望地退出了。随后金斯达推出了火箭电子书和软书的更新版，但销售缓慢而且公司内部缺乏信心，2003 年，这两样产品退出市场。为公司收购电子书做策划的金斯达首席执行官袁子春（Henry Yuen），后来因被指控虚报假账而逃到了中国。[4]

金斯达不仅毁掉了火箭电子书和软书的未来前景，还摧毁了大家对数字阅读这一想法的所有兴趣。巴诺书店在火箭电子书消失后完全停止了电子书的销售，而大概就在同一时间，奔迈（Palm）开始了它的电子书业务。[5]几乎所有人都认为电子书在技术上已经是死路一条，是一种毫无希望的媒介。

在那些年中，贝佐斯和艾伯哈特仍保持着朋友关系，他一直都密切关注着火箭电子书的崛起与衰落，这不仅仅是一时的兴趣。“我坚信将来绝大多数书籍将以电子形式出现，”他在 20 世纪 90 年代末这么说，“我还相信未来还有很长一段路要走，至少在未来的 10 年以后。”[6]

贝佐斯低估了它的潜力，不过也许是有意的。2004 年，为了给亚马逊找到可以对抗重新崛起的苹果电脑强大的信息搜集能力的数字战略，他在硅谷组建了一支秘密的特殊团队，设立了神秘的 126 实验室。126 实验室的硬件黑客们要执行一项艰巨的任务：使用一种电子书阅读器来破坏亚马逊自己的图书销售业务，同时也须满足亚马逊的总设计师贝佐斯本人那不切实际的高标准。为了让亚马逊配备上新的数字图书馆，该公司与全世界的出版商联络，推动他们采用表面隐藏（seemingly dormant）格式。这是一个几乎不可能完成的任务，而且必须在亚马逊特有的小额预算下完成。当年有许多失误，其中一些对今天仍有一定的影响。

但是，2007年亚马逊公开“Kindle”这项研究结果几周后，贝佐斯来到硅谷马丁·艾伯哈特的家进行拜访，问他认为亚马逊最终是否做对了。

多年来，史蒂夫·乔布斯在苹果掌舵期间，常常辱骂那些离开苹果并转入其他行业的前同事。尽管迭戈·皮亚琴蒂尼离开苹果到了亚马逊这家创业公司，乔布斯怀疑这家公司只是零售商而已，但是两人关系仍然非常密切。这很少见，可能是因为在皮亚琴蒂尼离开前给了苹果6个月的时间，以便找人替代他负责欧洲运营的工作。乔布斯如果需要了解亚马逊的事，就会偶尔联络皮亚琴蒂尼。2003年年初，皮亚琴蒂尼给他的前老板发送了一封电子邮件，提了一个请求——亚马逊有个提议想让苹果考虑一下。

当年春天，皮亚琴蒂尼带着技术人员尼尔·罗斯曼和H·B·西格尔（H. B. Siegel）来到苹果位于库比蒂诺的总部参加会谈，罗斯曼和西格尔两人创办了当时亚马逊羽翼未丰的数字媒体部门。亚马逊的高管没有料到乔布斯本人会出现，所以当他们看到苹果的创始人亲自迎接他们时感到非常吃惊，当天乔布斯与他们畅谈了数小时。

当时，苹果还没有开设音乐买卖的业务。iTunes软件允许用户整理并播放个人电脑上的音乐，并将歌曲传输到他们的iPod上播放，加入iPod的音乐收藏。乔布斯想把iTunes装到更多的电脑中，他对亚马逊的建议犹豫不决，因为亚马逊主张将CD分发给拥有iTunes软件的客户。皮亚琴蒂尼和他的同事们还提出了另一个计划：他们建议联合创办一个音乐商店，可以让iPod的拥有者从亚马逊的网站上购买数字音乐文件。

两项提议都无疾而终。乔布斯站在会议室的白板前，解释苹果公司本身就可以出售音乐专辑并能直接从iTunes卖出唱片和单轨音乐。亚马逊的高管反驳说，这样的音乐商店当然可以在网络上建立，但不能放在笨重的台式机里，因为它们不方便定期更新。但乔布斯则想要一个连贯并易于使用的体验——可以直接从音乐商店延伸到所有的便携式媒体播放器，操作非常简单，即使是不怎么聪明的用户也能操作。“很明显，乔布斯看不起网上销售，而且他也觉得大家都不会在意图书。”尼尔 · 罗斯曼说，“他设想了这种为客户端应用程序而设置的iTunes商店，并让我们知道为什么必须得是这种端到端（end-to-end）的体验。”

乔布斯满怀信心地预测苹果将很快在音乐销售方面赶超亚马逊，他说对了。2003 年 4 月，苹果推出iTunes音乐商店，在短短的几年间，苹果接二连三地超越了亚马逊、百思买和沃尔玛，成为了美国顶尖的音乐零售商。

有了那次令人蒙羞的教训后，贝佐斯后来指出亚马逊的投资者们“需要一台显微镜”，以便从公司里所有各种各样的数字方面的建议中找到销售点。[7]公司出售可以下载文本的电子书，能在电脑屏幕上使用微软和Adobe专用的格式阅读，但电子书商店仍然埋没在亚马逊网的站里，销售非常惨淡。书内查阅和书内搜索可以说是亚马逊在数字阅读方面所做的努力，但其目的是为了改善购物体验并增加纸质书的销售。早在与新媒体谈判之时，贝佐斯就一直在思考向数字媒体过渡是必然的。但是总会有一些更紧迫的问题要优先解决，如固定的配送中心以及提高亚马逊的技术基础设施。

在接下来的几年里，苹果主宰了音乐业务的市场，并将淘儿音乐城（Tower Records）和维珍Marketplace扔进了垃圾箱（同时也有网络盗版的功劳）。起初，贝佐斯对iTunes嗤之以鼻，他指出单轨音乐只卖 99 美分根本无利可图，苹果的目标只是想要增加iPod的销售额。这话倒没错，但是当iPod变得无处不在时，苹果开始利用iTunes进入相关媒体，如视频媒体，这就引起了亚马逊的重视。“我们大谈特谈，是什么使iPod在音乐上取得了成功，而当时其他公司都无法与之相比。”尼尔 · 罗斯曼说道。

亚马逊高管们花了数月时间来思考各种数字音乐战略，还曾经探讨要在亚马逊网站上出售的iPod上捆绑出售音乐光碟，以压制iPod。唱片公司不会同意，因此这个策略失败。亚马逊最终决定推出一种数字音乐服务，类似于狂想曲——让包月订阅用户都能够无限制地听到大批目录中的音乐。2005年，亚马逊准备推出这项服务。该服务中使用的音乐都用微软专有的DRM（数字版权管理）防拷贝软件Janus进行加密编码。但随后几个团队中的成员持反对意见，因为他们认为这种方法有缺陷，部分原因是iPod播放的就是Janus编码的音乐文件，而许多亚马逊的客户都有iPod。“我意识到，我宁死也不愿推出这个商店。”一位负责这一项目的产品经理埃里希 · 林格沃尔德说。贝佐斯同意放弃这个方法并重新开始。与此同时，苹果在数字媒体领域进一步领先。亚马逊终于在2007年推出了MP3商店，有的歌曲没有带DRM，用户可以自由复制。但苹果很快也开始就同样的版权协议展开谈判——亚马逊在音乐业务方面总是有点滞后。

贝佐斯的同事和朋友们常常将亚马逊在数字音乐方面的滞后归结为是贝佐斯对所有形式的音乐都缺乏兴趣。上高中时，贝佐斯强迫自己背下了迈阿密地方电台的电话号码，只是为了与同龄人谈话时假装熟悉音乐。[8] 同事们都记得，“9 · 11”事件后，在通往明尼阿波利斯办公室的庄严路途上，贝佐斯从一家便利店的便宜货架上不加区别地买了成堆的CD，好像它们可以互相代替一样。

而史蒂夫 · 乔布斯则完全相反，他不能在没有音乐的情况下生活和呼吸。他是鲍勃 · 迪伦和披头士乐队（The Beatles）狂热的粉丝，还曾经与歌手琼 · 贝兹（Joan Baez）约会。乔布斯的个人兴趣引导了苹果的战略。贝佐斯那特别的热情同样也对亚马逊有着类似的影响。贝佐斯不仅喜欢书——他还很享受它们，并有条不紊地阅读每一个细节。《动态的建筑》（*How*

Buildings Learn）一书及多本著作的作者斯图尔特 · 布兰德，回忆起当初贝佐斯向他展示1995年版他所写的书时，他大吃一惊。每页上都密密麻麻地布满了贝佐斯认真记下的笔记。

2004年，苹果在数字音乐上的优势催生了亚马逊新的灵魂——搜索服务。当年书籍、音乐和电影的销售占了亚马逊年收入的74%。如果说这些媒体的格式都将不可避免地过渡到数字形式，那么苹果的业绩说明，亚马逊必须快速行动起来保护自己。“我们都吓坏了，iPod对亚马逊的音乐业务产生了那么大的影响，”约翰 · 杜尔说道，“我们担心苹果或其他人会再抢走另一个核心业务：书籍。”

美盛集团（Legg Mason）的投资人比尔 · 米勒经常和贝佐斯讨论数字化过渡的问题。“我想事情的发展让杰夫有点措手不及，催生Kindle的就是iPod，它颠覆音乐业务的速度比他想象的更快。”米勒说，“他一直都知道音乐也终将数字化，但他没有想到他的CD业务就那样被排挤掉了。”

贝佐斯最终得出结论，认为如果亚马逊在新的数字时代想继续作为书商来茁壮成长，那么它就必须拥有自己的电子书业务，就像苹果控制音乐业务一样。“吃掉自己远比被别人吃掉好得多，”迭戈 · 皮亚琴蒂尼几年后在斯坦福大学商学院发表讲话时这么说道，“我们不想成为柯达。”这里说的柯达是拥有百年历史的摄影界巨头，其工程师早在20世纪70年代就发明出了数码相机，但当时他们的利润率仍然很可观，高管们因此不愿承担风险去投资生产一种未经证实的新产品，因而减少了自身本可获得的可观利润。

显然，早在2003年前后，贝佐斯就在考虑专用的电子阅读器——当时金斯达已经取消了火箭电子书的业务。安德烈亚斯 · 韦根在很短的时间内曾担任过亚马逊的首席科学家，他记得贝佐斯在谈起这种设备时，是这么对技术团队说的：“它可以单手阅读。”想象着另一只手可能会做什么样的事，韦根禁不住大声起来，然后小会议室里的其他人也和他一样哈哈大笑。韦根说：“杰夫是个乖孩子，他还不清楚‘单手阅读’指的是什么。”

2004 年，亚马逊公司的高管们考虑关闭公司新开的电子书店，上面的图书都采用了Adobe和微软的格式。商店从头到尾都让贝佐斯讨厌：选择少，价格高，而且客户还得下载图书并在自己的电脑或PDA屏幕上阅读，这种体验太糟糕了。但是据皮亚琴蒂尼观察，贝佐斯似乎下定了决心。尽管有这些早期的缺陷，但很明显，电子书就是图书销售的未来。

经过几个星期的讨论，贝佐斯在高管会议上宣布亚马逊将开发自己专用的、适合长时间阅读的电子阅读设备。这个指示让人大吃一惊。硬件的建设是昂贵且复杂的。它也超出了亚马逊的核心能力——能够进行冗长叙述的显著技能。有一大堆人强烈反对。尤其是有制造业背景的杰夫 · 维尔克，他知道如果公司想制作并出售自己的设备，何种挑战将会摆在他们面前。“我认为这会很困难，且带有破坏性，而且我怀疑它是否能够正确使用我们的资源。”他说道，“后来的结果证明我的大部分猜想在现实中都发生了，而且我们仍然全力反对，因为杰夫在短期内不会放弃。”

迭戈 · 皮亚琴蒂尼也反对。他曾亲眼目睹了苹果在 20 世纪 90 年代苦苦挣扎，主要是因为产品大量堆积且大批库存滞销。“在我和所有小生意人的眼中，这都是一项风险很高的投资。”他说。

贝佐斯对这些反对嗤之以鼻，他坚持说要像苹果那样在音乐领域取得成功，亚马逊必须调控用户体验，将时尚的硬件与易于使用的数字书店结合起来。“我们要聘请这方面的人才，”他在会议上告诉公司的高管，“我知道这很难。但是我们必须学习如何去做。”

在亚马逊内部有一个术语是用来形容那些不折不扣地实施杰夫 · 贝佐斯最好想法的高管的，那就是：杰夫机器人（Jeff Bots）。这个调皮的嘲讽之词无疑隐藏着些微嫉妒的含义，还意味着盲目的崇拜、忠诚以及效力。“杰夫机器人”从首席执行官那装满了想法的油罐中获得燃料，然后走入现实世界，忠实地执行这些最好的理念。他们已经完全吸收了贝佐斯的经营理念，并在此基础上塑造了自己的世界观。他们死记硬背杰夫的信条——如何从顾客开始以及如何做好幕后工作等，就好像这些就是他们的行为准则。如果一名记者来采访“杰夫机器人”，就会目睹其非凡的能力。他绝对不会说任何实质性的东西，只会一再强调亚马逊的创造性以及亚马逊对顾客那无与伦比、让人不住夸赞的热情。“杰夫机器人”宁愿咬碎植入臼齿的氰化物胶囊，也不会讨论亚马逊禁止他们公开讨论的话题——比如竞争以及产品可能出现的任何问题。

纵观亚马逊的历史，最忠心或者说最锐意进取的“杰夫机器人”莫过于史蒂夫·凯塞尔（Steve Kessel），他生于波士顿，毕业于达特茅斯学院和斯坦福大学商业研究所。1999 年，凯塞尔辞去浏览器先驱远景公司的咨询工作，加入了正在扩张的亚马逊。在公司的最初几年，他曾有一段时间负责图书分类，当时亚马逊着重培养与出版商的直接关系，并试图平息出版商的恐惧，因为他们害怕第三方会在网站上卖二手书。在这段磨合期，亚马逊面临着最大的挑战，贝佐斯非常信任他。

2004 年的一天，贝佐斯把凯塞尔叫进办公室，突然让他放弃他干得非常出色的工作，包括附加的所有责任和子项目。他说他想让凯塞尔接管亚马逊新成立的数字部门。凯塞尔非常怀疑。“我的第一反应就是，我已经拥有了世界上最好的一份工作。”他说，“最后杰夫谈到要建立全新的东西，我立刻对新的挑战感到无比兴奋。”贝佐斯坚持认为凯塞尔无法同时管理纸质媒体和数字媒体业务。“如果两种业务你都管，你将永远不能牢牢地抓住数字化的机遇。”贝佐斯说。

那时贝佐斯和高管们正在激烈并入迷地讨论另一本书——《创新者的窘境》（*The Innovator's Dilemma*），这本书大大影响了公司的战略。此书由哈佛大学教授克莱顿·克里斯坦森（Clayton Christensen）所著。克里斯坦森指出，大公司的失败不是因为它们想避免破坏性的变化，而是因为他们不愿意接受大有前途的新市场——新市场可能会破坏他们的传统业务，而且可能无法满足他们短期增长的需求。例如，西尔斯未能成功地从百货商店转换为折扣零售商，IBM没有及时将大型机转变为小型机。克里斯坦森在书中写到，那些解决了创新者困境的公司，只有当它们“围绕破坏性技术建立起负责新独立的业务部门后”[9]才会成功。

贝佐斯直接从这本书中吸取教训，他解除了凯塞尔在亚马逊传统媒体部门的职务。“你的工作就是要干掉自己的生意。”他告诉凯塞尔，“我想让你继续前进，但你的目标是让所有卖纸质书的人都失业。”贝佐斯强调了这份工作的紧迫性。他认为，如果亚马逊没有带领世界进入数字化阅读的时代，那么苹果或谷歌就会这么干。当凯塞尔问贝佐斯他开发电子阅读设备第一块硬件的最后期限时，贝佐斯告诉他：“事实上，你已经晚了。”

凯塞尔本人对硬件业务方面的知识一窍不通，在公司内部也没有资源可以利用，因此，他到硅谷进行调查，他与苹果和奔迈的硬件专家会面，并与世界知名的产业设计公司艾迪欧公司（IDEO）的高管会谈。他了解到亚马逊需要的不只是设计师，还包括电气工程师、机械工程师和无线电工程师——这个需求名单没有尽头。

凯塞尔遵从克里斯坦森的指导，就好像依照菜谱做菜一样。除了A9之外，凯塞尔在帕洛阿尔托另设了一家子公司。为了更好地领导新的部门，他雇用了格雷格·泽尔（Gregg Zehr）——一位随和的奔迈前工程副主管，他总是在办公室里放着一把爵士吉他。贾汀·帕雷克（Jateen Parekh）成为该部门的第一个员工，他曾在机顶盒制造商ReplayTV（TiVo科技公司的早期竞争对手）当过工程师。另外还有其他几位雇员。他们没有办公室，所以在A9总部的空房间里开了一块区域开始开工。泽尔和同事们开始着手为新部门起名——要足够诱人才能吸引硅谷最好且最聪明的工程师。最后他们决定将之命名为126实验室：1代表字母a，26代表字母z。它巧妙地代表了贝佐斯的梦想：让顾客能买到所有出版过的书，从a打头的排到z打头的。

他们没有得到要他们立即开始的命令，所以泽尔和他的团队花了几周的时间调查是否能把互联网和机顶盒甚至与MP3播放器连接起来。最后，负责亚马逊新硬件开发的极客们收到了自己的使命：他们要制作电子阅读设备。“我们得知自己要极为专注地去做一件了不起的事。”汤姆·瑞安（Tom Rran）说，他是奔迈的一位软件工程师，当年秋天被泽尔以高薪聘请到亚马逊，“我们的志向是要做另一个苹果。”

这个团队第二年仍然在A9的总部工作。后来搜索部门搬到了帕洛阿尔托市中心利顿和阿尔马法律事务所的办公室，126实验室也和他们一起搬到了法律事务所的旧图书室里。他们研究了当时市面上的电子阅读器，如索尼的Libre，它需要3节7号电池，而且销售量很差。他们认为市场是完全开放的。“这东西其他人都没有做好。”帕雷克说。

126实验室很快就获得了大量的资源，但它也不得不与贝佐斯那无限的想象力进行抗争。这位亚马逊的创始人希望他的新电子阅读器操作方便，即便是祖母辈的人都可以使用，他认为无线网络（WiFi）的配置对于不懂技术的用户来说太复杂了。他也不想强迫客户将设备连接到个人电脑上，所以唯一的选择就是利用蜂窝网络直接接入硬件，相当于在每个设备中都嵌入了无线电话。从来没有人这么做过。贝佐斯坚持认为，客户应该不会知道设备里有无线连接，而且不知道一旦接入就要付费。“我认为这种想法太疯狂了。真的太疯狂了。”帕雷克说。

在刚开始的那几个月里，Kindle的大多数初期方案已经定向。泽尔和帕雷克决定研究一种耗电量低的黑白显示技术，即所谓的电子墨水技术——就是数年前，马丁·艾伯哈德觉得太原始、太昂贵的那种技术。它采用数百万的微胶囊，每个都和一根头发的直径差不多大，而且在透明液体中含有带正电的白色粒子和带负电的黑色粒子悬浮物。当使用正电场时，带正电荷的粒子就移动到微胶囊的顶部，屏幕看起来就是白色的；当使用负电场时，负离子迁移，屏幕则出现黑色。

与液晶显示（LCD）系统不同，该技术在阳光直射时仍可以使用，而且电池耗电率低，阅读时眼睛也非常舒服。从某种意义上来说，亚马逊是幸运的——一种非常适合在设备上长时间阅读的技术（其他所有方面都很糟糕）在经历刚好 10 年的发展后成熟了。

在 2004 年最后的几个月里，126 实验室早期的工程师们为他们的新项目选择了一个代号。在泽尔的书桌上有一本尼尔·斯蒂芬森（Neal Stephenson）的《钻石时代》（*The Diamond Age*），那是一本关于未来的科幻小说，讲的是一位工程师偷了一本稀有的互动启蒙教科书让他的女儿菲奥娜（Fiona）看。早期的 126 实验室工程师们将小说中虚构的启蒙教科书作为他们创造的模板。出生在旧金山的平面设计师迈克尔·克罗南（Michael Cronan）被聘请来正式为这种新的专用阅读设备设计商标，之前他曾当过 TiVo 公司的营销执行官，之后又带领公司渡过难关。他想出了 Kindle，它有“着火，点亮”的意思，同时可以当名词和动词。但当时凯塞尔的团队更喜欢菲奥娜这个名字，团队企图说服贝佐斯保持这个名字，但并未成功。从某种意义上来说，斯蒂芬森小说中知识匮乏的菲奥娜成为了亚马逊的守护神，走在了数字冒险之旅的前沿。

正当泽尔和他 126 实验室的干将们致力于软件开发并发展与亚洲制造商的关系时，亚马逊新电子阅读器的早期工业设计工作被外包给了世界上最富负盛名的设计公司之一五角设计公司（Pentagram）的旧金山办事处。20 世纪 90 年代在苹果工作时，泽尔曾与该公司的罗伯特·布伦纳（Robert Brunner）合作过。他把布伦纳介绍给史蒂夫 · 凯塞尔，并建议五角公司提供一种比大公司如艾迪欧更灵活以及更加分散的合作方式。布伦纳派了两名设计师汤姆 · 霍布斯（Tom Hobbs）和西蒙 · 怀特霍恩（Symon Whitehorn）负责这项工作。

五角的两名英裔设计师开始研究阅读的真实物理过程——这种消遣方式的物理方面，比如读者如何翻页及如何将书拿在手中。他们强迫自己使用现有的电子阅读器阅读，比如索尼的Libre和老火箭电子书，也在利用掌上电脑进行阅读，比如康柏的iPaq和奔迈的Treo。他们在读者群中调查，并进行了电话采访，甚至还到西雅图跟贝佐斯面谈。他们尝试解构这几百年来人们都理所当然的过程。“我们正在努力研究潜意识的特征，而这些特性可以让你觉得正在读一本书。”霍布斯说。他们研究的一个主要结论就是一本好书会在读者手中消失。贝佐斯后来称这就是顶级设计目标。“Kindle也必须让路并消失，这样你就可以进入作者的世界。”他说道。[10]

五角的设计人员耗费了近两年时间来设计Kindle。每个星期二早上，他们到帕洛阿尔托A9的办公室，后来改为在山景城的126实验室的新办公室，与史蒂夫 · 凯塞尔、格雷 · 泽尔及查利 · 特利茨勒（Charlie Tritschler）会面——查利也是奔迈的资深员工，后加入了126实验室。他们定期前往西雅图向贝佐斯报告他们的最新进展，他们不得不按照亚马逊的方式，即6页篇幅的陈述向这位CEO报告。

会谈有时可能会变得剑拔弩张。霍布斯、怀特霍恩和布伦纳想使设备简单，并尽可能前卫、低调。贝佐斯也想要一个简单的标志设计，但他坚持要添加一个键盘，这样用户可以轻松地搜索书名并添加注释。[他想象自己与《华尔街日报》的专栏作家沃尔特 · 莫斯伯格（Walt Mossberg）同坐在一辆出租车上用键盘输入并下载电子书。]那时贝佐斯随身带着一部黑莓手机，他告诉设计师说：“我想让你们把我的黑莓手机和我的书结合起来。”

有一次去西雅图的时候，设计师们执意带去了没有键盘的样机模型。贝佐斯冷冷地看了他们一眼说："瞧，我们已经谈过这个问题了，我可能错了，但同时我又比你们看得更长远一些。"

"我记得随后的会谈非常安静。"霍布斯说。他们遵从了要求，把按钮设计成长方形，模仿了黑莓手机的风格，同时又能适合读者的手指跨设备操作时的角度。

对于无线连接也存在类似的争论。五角的设计师不明白无线连接怎么会经济实用，他们认为亚马逊可能会要求用户每买一本书就要为无线连接付费。在这方面，他们建议贝佐斯采用类似iTunes的模式，这就需要在个人电脑上安装一个书店的端口。贝佐斯一口回绝了。"这是我的设想，假设我要去机场，而我想读一本书，我想只要我把书名输入装置，那我立刻就能在车里下载它。"

"但是，你做不到的，先生。"霍布斯说。

"我决定的就是我可以做到的。"贝佐斯说，"我明白这并不是你们所能理解的一种商业模式。你们只是设计师，我要你们把它设计出来，而我会考虑商业模式。"

五角的设计团队关于"菲奥娜"的设计工作直至2016年中期，然后126实验室自己雇了设计师来继续开拓这一项目。当五角的设计师终于和当时世界其他地区的人们一起看到这个设备的时候，他们可能也觉得它自相矛盾。它的按钮太杂乱，设计也太混乱。不过，在项目结束后，西蒙·怀特霍恩就离开五角到了柯达工作了，他雇用汤姆·霍布斯为承包商，一起创造了一种独特的数码相机——可以让拍照的人给他们的照片加上经典的柯达彩色胶卷的效果。它比某些手机应用程序如Instagram出现得更早，当然了，在它还没有投放市场前，柯达就将这个项目毙掉了。

在五角撤出Kindle项目后不久，该设备似乎已经做好了上市准备。但是，随后又出现了一连串的事情从而推迟了它的面世。电子墨水显示器由亚洲生产，由于温度和湿度的变化，屏幕对比度会有所降低，或者因频繁使用而变暗。英特尔把Kindle使用的XScale微处理器芯片系列技术卖给了另一家芯片公司迈威尔（Marvell）。高通（Qualcomm）和博通（Broadcom）两家无线技术公司共同生产用在Kindle上的移动通信零件，但却在2007年相互起诉对方，当时好像还有一位法官阻止了Kindle的某些关键零件进入美国。贝佐斯本人也令项目一拖再拖，他一个接一个地发现设备的故障并要求对其不断完善。

绝密的Kindle项目拖了太久，即使大家并不知道这个项目是否真的存在，它也已经成为长久以来一直在亚马逊内部流传的谣言话题。2006年秋，在摩尔剧院（the Moore Theater）的一次全员大会上，有人站起来问贝佐斯："您能告诉我们126实验室是什么吗？"

贝佐斯粗略地回答了问题："它是加利福尼亚北部的一个开发中心。请继续下一个问题。"

* * *

为了给Kindle一个成功的机会（即便现在看起来还很遥远），亚马逊需要电子书——非常多的电子书。贝佐斯看过了火箭书，也见过了索尼的阅读器，但是为它们有限的图书种类感到惋惜。对早期的电子阅读器的使用者来说，他们几乎什么都看不到。贝佐斯的目标是拥有10万条数据目录，包括《纽约时报》畅销榜上的90%的图书，它们都能从电子阅读器上购买并下载。那时，出版社只把排在前面的畅销书转化为数字格式，总数大概只有2万种。Kindle商店给了贝佐斯另一个机会，让他满足万货商店的梦想。一个兼容并包的图书馆会给消费者带来极大的便利。但是要走到这一步，亚马逊需要施压、引诱甚至威胁那些合作伙伴们，其中很多公司都对亚马逊有不同的看法，但绝对不会把他当做忠诚的朋友。

回想起亚马逊早期，公司与图书出版商的关系主要是互惠互利的简单关系。公司大部分的书都来自英格拉姆、Baker & Taylor以及其他经销商，而且面临经销商没有库存这种比较少见的情况时，他们就直接从出版商那里买。那时，他们之间只是偶尔有一些小冲突。贝佐斯经常公开表示出版商实际上很讨厌顾客评论这一个东西，他们担心那些匿名的差评会影响图书销量。出版商和作家协会（the Authors Guild）也经常抱怨网上出现了一些第三方的小贩在卖二手书。[11]

就其本质来说，年轻的亚马逊不断向出版商索要更多的“元数据”，这些图书的补充信息包括作者的简介、对图书内容的综合描述以及图书封面的数字图象等。但是许多出版商仍视亚马逊为他们的救世主，他们迫切地想要与巴诺、鲍德斯及英国的水石层（Waterstones）相抗衡。而这些举动又都促成了这些大型书店推出更多的连锁店，并利用其规模和增长势头压低图书价格——在批发价的基础上再折上折。

贝佐斯生活在西雅图，与纽约市隔了一个大陆，所以他在图书出版界没什么朋友。比较少见的是，他与时代华纳旗下的出版集团的CEO拉里·基尔希鲍姆（Larry Kirshbaum）私人关系不错，并且和高调的詹姆斯·帕特森及其他几位作家交往甚密。基尔希鲍姆对亚马逊深信不疑，并在1997年5月亚马逊首次公开发行股票的时候就买进了亚马逊的股票。几个月后，在一个下着瓢泼大雨的夜晚，贝佐斯和基尔希鲍姆从曼哈顿的市中心走了6个街区，到时代生活大厦参加鲁伯特·默多克（Rupert Murdoch）为简·弗里德曼（Jane Friedman）举办的晚会，庆祝简被聘为新闻公司哈珀柯林斯（HarperCollins）图书公司的首席执行官。出版业的泰斗们纷纷涌入第五和第四大街之间的猴子酒吧（Monkey Bar）。酒吧用红色的皮革做成一个个小隔间，壁画上都是些跳上跳下、欢呼雀跃的黑猩猩。出席晚会的有兰登书屋的首席执行官阿尔伯托·维塔利和文学经纪人林恩·内斯比特（Lynn Nesbit）。很难得的是，当天夜晚贝佐斯亲切地与出版业的巨头们交谈，以宣告亚马逊将给这一行业带来不可逆转的改变。“当天晚上发生的所有事我都记得一清二楚，你的一生中总会遇到这种印象深刻的时刻。”基尔希鲍姆说，他于2011年加入亚马逊，成为亚马逊纽约出版部门的头儿，“事实上，我还记得贝佐斯借了我一把伞没还。”

从2000年开始，亚马逊开始强调消费，追求赢利，公司对出版界的态度开始转变。到了2004年，亚马逊出售的图书占了美国图书销售的一大部分。因此，公司开始积极地寻求与出版商更为有利的交易条件，并试图靠公司日益增长的规模获得一些利益，以在出版界谋求一定的地位。在这一比较关键的时期，亚马逊管理层的变化影响了公司与出版商的关系——林恩·布莱克受雇亚马逊，她本人也是出版界的资深人士，曾担任过麦克米伦出版公司（Macmillan）计算机图书部的总经理。

布莱克于1999年加入亚马逊。她的第一份工作就是要与出版商建立更强韧、更直接的关系，并制定包装标准，要求出版商们按标准将书打包，运往亚马逊的配送中心（例如，要使用无聚苯乙烯的泡沫板）。布莱克使亚马逊的图书供应链更规范、更专业、更具分析能力，她监督并创建了自动化系统，包括购书——无论是从经销商还是出版商处购买，只要库存有货并能提供最低价格。她开发了公司的第一个跨公司合作项目，只要出版商愿意支付推广费，就可以占据网站上明显的位置。这些都是所有大型零售商惯用的伎俩，布莱克在麦克米伦工作时，曾见过其他零售连锁店为了赢利而采用这种方法。

在亚马逊，布莱克显得与众不同。她拒绝使用黑莓手机，而且每天下午5点准时下班，去接她的小女儿。她是个很难对付的谈判高手，她熟悉业务，对1936年的反垄断法《鲁宾逊-帕特曼法》（*Robinson-Patman Act*）了如指掌。该法令禁止制造商将商品以较低的价格卖给大型零售商，而出售给规模较小的零售商的价格却比它高。尽管处在谈判桌的另一边，她还是很关心图书出版商的需求，并经常在亚马逊内部替他们辩护。“我与那些大型出版商的关系非常融洽，”布莱克说，“当然我逼着他们努力干活，把工作做得更好，但是当他们和我们之间的关系出现问题时，我很愿意解决这些矛盾。”

但布莱克建立的平衡很快遇到了麻烦。贝佐斯要求亚马逊要常年为顾客提供低价，并举办一些优惠活动，比如超级免费送货服务和Prime服务；他要求布莱克及其团队与图书出版商建立更优惠的经济关系，并尽可能地扩大利润空间。贝佐斯坚信亚马逊为图书出版业带来了特别丰厚的效益，理应得到很好的补偿。亚马逊网站上有数百万本书，而巴诺书店超市的书架上只能堆放15万本左右。和传统的零售商不同，亚马逊退书率很低，通常少于5%。而大型连锁书店则要定期返还他们从出版商那里订购的40%的书籍，而且要全额退款，这种做法在零售业几乎是独一无二的。

到了2004年，一向平静的亚马逊图书采购部门做好了战斗的准备。买手们都接受了谈判培训，了解了《鲁宾逊-帕特曼法》的局限及其灵活性。布莱克尽职尽责地劝说出版商妥协，而同时又不断提醒自己的老板，一旦出版商改变主意，亚马逊就会蒙受损失。“曾经有一段时间，亚马逊内部都很害怕出版业会变样，”图书部门的高级主管埃里克·戈斯（Erick Goss）这么说道，“林恩就是我们的大使。我相信她能维护好这些关系。”

亚马逊对大型出版商步步紧逼。它要求获得像团购批发一样的折扣，并延长账单支付时间，以及在运输时要尽量利用亚马逊与美国联合包裹服务公司达成的折扣协议。如果出版商没有达到他们的要求，亚马逊就威胁将他们的书从人机自动化推荐系统中撤下，这也就意味着他们将不会向客户推荐这本书。“出版商并没有真正理解亚马逊的意图。他们非常天真，根本不知道这样的后台目录有什么效果。”戈斯说，“他们大多数人不知道他们销售额增长的原因正是因为他们的后台目录处于显眼的位置。”

亚马逊有一种简单的方法来展示其市场力量。如果一家出版商不妥协，公司就会关闭推荐其书目的算法，出版商的销售额一般会下降40%。“通常30天左右出版商就会回过头来说：‘哎哟，我们怎么做这项工作？’”当时的一位资深买手克里斯托弗 · 史密斯说。

贝佐斯一如既往地争取更多。他要求布莱克从最小型的出版商那里争取更好的条件，这些出版商一旦失去在亚马逊后台目录上的稳定销售地位，就可能会破产。结果就是图书部门内部就推出了名为“瞪羚计划”（Gazelle Project）的项目，之所以这样命名，是因为贝佐斯在会议上建议布莱克说，亚马逊对待这些小出版商就应该像一头猎豹追逐一只生病的瞪羚一样。

作为“瞪羚计划”的一部分，根据出版商对亚马逊的依赖程度，布莱克的团队将其分类，然后从最容易攻陷的公司开始谈判。当时的 3 位图书买手回忆了那时的情景。布莱克本人说贝佐斯只是拿猎豹和瞪羚的类比来开玩笑，而且那也做得太过了。不过，这项计划还是清晰地展现出了一些真实的东西—— 一种对待图书出版商的现实政治（realpolitik），这种新的无情态度甚至把亚马逊的一些员工都吓了一跳。“瞪羚计划”开始后不久，亚马逊的律师听说了这个名字，坚持将其改为煽动性不那么强的“小型出版商谈判计划”（Small Publisher Negotiation Program）。

出版商们则吓坏了。他们以前都很欢迎亚马逊，认为它是能与图书连锁店相抗衡的一股力量，但现在却不断地提出新的要求。这些要求很有说服力，而且很快就以福利的形式转嫁到了亚马逊的用户身上，不过即便如此，这还是让人听起来很不舒服。亚马逊将节省下来的钱以免邮或更低价格的形式转移到顾客身上，从而加大了对实体书店以及那些独立书店的压力，并使亚马逊的市场竞争力日益增长。

大概就在这个时候，亚马逊的代表们又开始要求出版商为其书内搜索程序提交内容。与此同时，谷歌未经版权所有者的允许就开始扫描图书馆里的图书——这是一个规模宏大的项目，要把全世界的文学作品作为一种研究工具都传到网上。2005 年，美国作家协会和美国出版商协会双双在联邦法院起诉谷歌。这就像是以繁复的法律为背景的一出独角戏，但它使一些出版商越来越焦虑：他们很可能会失去对自身业务的控制力，转而由西海岸资金雄厚的互联网公司控制，他们似乎接近了图书销售的核心——你可以在一个算法中找到所有文学作品中的细枝末节。

林恩·布莱克于2005年初离开亚马逊。在经济收入方面，她取得了意想不到的成功，但她想投入更多的时间来照顾自己的家庭。她承认她也看得出来亚马逊与图书出版商的关系几近破裂。“也许这只是我的感觉。”她说，“我喜欢做生意时，双方都认为能从中获得有价值的东西，这也就意味着未来的谈判可以采取更文明的方式。”

她的继任者可能就不会像她一样在亚马逊内部替出版商说话了，也不会有同样敏锐的政治触觉。在布莱克离开之前，她提拔兰迪·米勒来接管与欧洲供应商的关系，后者是亚马逊珠宝商店的创始人之一。米勒自己承认说在强迫出版商为亚马逊提供更优惠的经济条款时，自己获得了一种施虐的快感。他将和亚马逊从所有欧洲出版商出版的书中获得的利润分级。然后，他和同事们就劝说那些落后的出版商改变交易条款，为亚马逊提供更好的条件，并再次以减少网站推广来威胁。米勒说他和同事们称该项目为“付费游戏”(Pay to Play)。而这一次亚马逊的律师又得到了消息，并将其改名为“供应商调整计划”(the Program Vendor Realignment)。

在接下来的一年里，米勒一直和各出版社的欧洲分部纠缠不休，包括兰登书屋、阿歇特出版公司，以及哈利·波特系列的出版商布鲁姆斯伯里(Bloomsbury)。“我想尽一切办法打击他们的业绩。”他说。他将他们的书目改成全价，并撤出亚马逊的推荐引擎；对于某些书籍，比如旅游方面的书，他推荐竞争对手的同类书籍。米勒不断地寻求新的手段来压榨那些痴迷地跟踪书籍销售排名的作家，让他们更加焦虑——亚马逊网站上所列的排名，显示出一位作家的作品与网站上其他作品相比的情况如何、作者如何以及他或她的书与网站上的其他产品相比如何。“我们经常与作家见面，所以我们知道谁会比较关注自己的排名。”米勒说，“我知道这些人一看到销量下降就会立马给销售商打电话。”

这些手段对亚马逊来说并不是什么新鲜事儿。公司已经从现代零售的百年业务经验中学到了多种手段。利润是有限的，而与供应商签订比较优惠的经济条款就会将其直接转化为更加长久的底线——这样每天都以低价出售商品才成为可能。

沃尔玛早已掌握了这一手段，它一直以传教士般的热情胁迫供应商，并坚信这样可以降低价格——产品犹如尿布般便宜，美国的底层阶级和中产阶级都能买得起。沃尔玛在这一方面早已是臭名昭著，它要求供应商在阿肯色州的本顿维尔开设办事处，并在它们的产品中增加某些技术，如射频识别技术（RFID chips①）。该公司知名的另一种做法是规定自己对商品应付的价格，如果公司认为供应商的利润太高，就会要求他们做大的让步。

在亚马逊成立之初，一些公司如索尼和迪士尼拒绝将产品直销给亚马逊，贝佐斯一直在这种动态竞争中处于劣势。他亲自研习了这种游戏。现在，权力平衡正在转移。现在是供应商更需要亚马逊，而不是亚马逊更需要他们。

在这种变化之中，亚马逊开始向出版商推出Kindle。

最初的两位Kindle推广大使要去拜访纽约的出版商，但两个看起来都不那么可靠。丹·罗斯（Dan Rose）长期以来一直都是亚马逊的业务发展主管，他负责说服出版商。罗斯中等身材，穿着像是从网上买的运动休闲服，比如卡其裤和皇家牛津蓝衬衫，时常谈论数字时代将带来的机遇。他与一位名叫杰夫·斯梯尔（Jeff Steele）的前微软产品主管一起拜访了出版商。杰夫是一个公开的同性恋，身高6.4英尺（约为1.95米），体格健美，身着深

① RFID chips，是一种通信技术，可通过无线电讯号识别特定目标并读写相关数据。——译者注

色西服，系领带，给人一种压迫感——但在现实中他的性情非常温和。

2006 年上半年，他们确定了目标——要说服那些紧张不安的出版商再次下注在电子书上，尽管许多出版商在电子出版这方面之前都曾失败，或者并没有很好地开始过。他们在执行任务时束手束脚：贝佐斯实际上并没有允许他们透露Kindle的存在，这仍属最高机密。

所以罗斯和斯梯尔只得采取迂回战术，大谈特谈书内搜索以及法国公司摩比电子书（Mobipocket）创建的电子书标准。为了快速启动电子书项目，亚马逊于 2005 年收购了该公司。由于有了摩比的技术，亚马逊的电子书可以在各种不同的设备上阅读，比如手机和掌上电脑。

没有任何迹象表明电子书的前景为何会一片光明，所以出版商都不愿付诸行动。他们最畅销的书都已经通过索尼、Adobe、微软和奔迈进行了电子书的转换，但是电子书仍然只是其业务中极小的一部分。将现有的书数字化也涉及大量的法律问题。而对于 20 世纪 90 年代末之前出版的图书，有时还不清楚谁拥有版权。出版商往往不愿再与作家及其代理人打交道，因为他们可能会将其视为一个重新协商并修改整个交易的机会。

罗斯和斯梯尔进展缓慢。雪上加霜的是，贝佐斯定的目标是 10 万本电子书，并希望他们每两周报告一次他们的进展。“我是这么描述我的工作的：把尖叫着、挣扎着的出版商拖进 21 世纪，”杰夫 · 斯梯尔说道，“我们发现他们真的不愿意做有意思的事。”那年夏天，两人终于说服了贝佐斯，他们不能再藏一手了：他们必须告诉出版商Kindle的事。“只要他们看到它，就会兴奋起来。”斯梯尔说。贝佐斯勉强同意让他们向出版商展示Kindle的原型机，前提是要在一个严格保密的范围内。

在 2006 年秋，亚马逊开始向出版商展示该设备。当时，“菲奥娜”非常不起眼：看起来就像奶油色的黑莓及计算器的结合物，而且工作时还经常死机。出版商认为，亚马逊兜售的产品可能会和贝他盒式录像机（Betamax①）的命运相同。该录像机是20世纪70年代索尼家庭录像机的一个版本，已经被淘汰。他们大多看到的是该设备缺少什么：没有颜色，没有视频，没有背光。早期的原型机也没有有效的无线接口，不过亚马逊的代表们也描述了有了无线接口会是什么样子，但是他们把做样品的电子书加载到了SD存储卡上，然后在设备上显示。但这种方法显得没什么说服力。

那几个月毫无所获，与此同时，为了实现目标，亚马逊的开发者发现了一个潜在的捷径，他们称之为黄玉（Topaz）。黄玉是一个程序，将书内搜索的数字扫描文件重新调整格式，以适应Kindle。亚马逊将这一选择提供给出版商，极力说明这样可以帮助他们降低书目数字化的成本，不过数字文件仍归Kindle独家所有。一些大型出版商，比如西蒙舒斯特出版社（Simon & Schuster）不想过多依赖亚马逊，但一些规模较小的出版商选择了这一项目。

2007年年初，亚马逊可以为Kindle安装无线接口了，而且终于有一些出版商了解了该设备的潜力。麦克米伦的首席执行官约翰·萨金特（John Sargent）和其他一些高管开始有所转变，他们首次承认该设备能够给顾客带来即时的满足感——任何时间都可以立即下载任何电子书。凭这一点，亚马逊就可能会在索尼和其他公司惨败的领域获得成功。当然，也正如贝佐斯所担心的那样，机密泄露了。科技博客网站瘾科技（Engadget）最先详细报道了亚马逊的新电子阅读器。不久，英国哈珀柯林斯的首席执行官维多利亚·巴恩斯利（Victoria Barnsley）在一次产业大会上确切表示她曾看到该设备，且“印象相当深刻”。[12]

Kindle本来预计于2006年假期面市，但又被推迟了一年，这是因为贝

① Betamax，第一款独立的盒式视频录像机，由索尼公司制造。——译者注

佐斯不断地施压，要求史蒂夫·凯塞尔及其团队对其进行完善，增加新的功能，并提供更强大的电子书目录。那时，丹·罗斯已经离开亚马逊，加入了刚成立的社交网站facebook，所以就由杰夫·斯梯尔及其团队直接向凯塞尔报告。与斯梯尔一起工作的是实体图书部门的产品部主管劳拉·波尔科(Laura Porco)。

波尔科毕业于俄亥俄州立大学，是林恩·布莱克在任时招聘的员工。她直言不讳，自己是亚马逊的坚实拥护者。她将贝佐斯要求的强度进行分流，无情且精确地从亚马逊与供应商之间的关系中抽取利润。加入Kindle的团队之前，她正与电影制作公司战斗，在一个谈判中把迪士尼从亚马逊的推荐目录上勾掉（这一策略并没奏效）。据波尔科的几位同事说，他们与华纳家庭娱乐（Warner Home Video）的高管产生了矛盾，冲突异常激烈，该公司曾禁止她进入华纳的大楼。兰登书屋的一位高管称她为亚马逊的“攻城槌”。即使是她的同事们也对她在工作时犹如“化身博士”般的转变而敬畏有加。“劳拉可能是世界上最友善的人，但是一旦涉及亚马逊，她就犹如嗜血般具有攻击性。”克里斯托弗·史密斯说。

在最初的Kindle谈判过后几年，出版业的一位主管人员到亚马逊应聘一个空缺的职位。亚马逊的一大堆图书主管对他进行了面试，其中包括波尔科，他只问了一个问题：“你的谈判策略是什么？”这位老兄说他坚信成功的谈判要令双方都感到愉悦。这与波尔科的那充满激情的观点并不契合，根据此人（他最终没有得到那份工作）的回答可推断出这是一个“非亚马逊式”的回答，但对亚马逊来说，一方必须永远是赢家。

这并不是批评某一位特定的亚马逊主管，而只是为了说明一点：当时在公司内部，其企业文化是自保性的，那些无法认同贝佐斯的激情、无法支持亚马逊及其顾客的人就会离开公司。而那些能够做到的人就会留下并得到提拔。

埃里克·戈斯是出版部门的一位资深员工，他无法再对“杰夫机器人”唯命是从。2006年，他搬到了纳什维尔照顾他体弱多病的母亲。他在一家竞争对手的杂志公司——订阅网站（Magazines.com）找到了一份工作，因此亚马逊威胁要起诉他，控诉他违反了竞业禁止条款（这事后来双方私了了）。戈斯承认他对亚马逊的感情很复杂。他对同事们完成了困难的工作而深感自豪，但他也发现自己越来越难以适应公司对待合作伙伴的方法，这与他自己信仰的基督教价值观相矛盾。他还说自己在离开亚马逊一年后患上了创伤后应激障碍（PTSD）①。

身材高大但很温柔的杰夫·斯梯尔，虽然率先发起了亚马逊对出版商的攻势，但也越来越不喜欢亚马逊逐渐增长的侵略性。“我不喜欢欺负人。每一个合理的商业开发协议应该包括一定程度上的妥协和让步。”他说道，“我只是觉得不舒服。”这后来成为他致命处，对于亚马逊和牛津大学出版社签订的条款，斯梯尔和凯塞尔争执不下，牛津大学出版社提供了电子词典，嵌入到Kindle里。凯塞尔想对已经达成的合同重新谈判，想让出版商提供更多的优惠条件，但斯梯尔直言不讳地告诉他说，交易已经达成，重新修改合同是不道德的行为。不久后，斯梯尔又和劳拉·波尔科较劲，因此凯塞尔请他收拾东西离开公司。随后，波尔科接管了Kindle项目。

在接下来的几个月里，亚马逊紧锣密鼓地对出版商威逼利诱。如果出版商数字化的目录不够，或者不够快的话，亚马逊就会警告他们，他们将会失去在亚马逊的搜索结果中突出的地位，并不再将其推荐给客户。数年前，唱片公司都毫无保留地逃到了苹果公司的羽翼下，因为当时他们面对的是更加危险且猖獗的盗版音乐的威胁。但图书并不容易盗版，也不容易在线分享，但图书出版商也有类似的担心。所以，贝佐斯终于把亚马逊统一成一体了。

① 指个体经历、目睹或遭遇到一个或多个涉及自身或他人的实际死亡，或受到死亡的威胁，或严重的受伤所导致的个体延迟出现和持续存在的精神障碍。——译者注

亚马逊开始从向出版商求助转变成了像父母威胁孩子一般。在波尔科意识到他们还没有奥普拉·温弗瑞读书俱乐部的选项，也没有加夫列尔·加西亚·马尔克斯（Gabriel García Márquez）的《百年孤独》（*One Hundred Years of Solitude*）的选项，就给兰登书屋的销售主管发了一封电子邮件，询问他为什么没有可用的电子书版本。注意，邮件发送的时间是在纽约时间的午夜时分，而且邮件语气傲慢，火药味十足。这立刻在出版公司内传开了。[兰登书屋出版这本书时带有克诺夫（Knopf）的印记，他们并没有数字版权。]

出版商们在亚马逊的恳求和威胁的双重攻势下都快精神分裂了，一旦延迟，亚马逊就会催促并威胁。波尔科及其团队提交了一份书单——上面是出版商需要数字化的图书名单，然后，如果电子书提交不够快，他们就厉声尖叫。亚马逊也会越过出版商，直接与作家及其经纪人交易，这令出版商感到很不舒服，他们只能眼睁睁地看着世界最大的零售商和他们最杰出的作家交谈。“我很清楚，这种精神错乱产生的直接原因是杰夫·贝佐斯，他有点狂热地痴迷着想要增加Kindle上加载的图书数量。”一位出版经理人说道。

亚马逊和它的出版商合作伙伴现在处于全然不同的世界。在出版商看来，电子书业务根本没有任何存在的意义，所以他们不明白为什么他们不接受就会被指责和惩罚。亚马逊的高层则将其视为面向未来时代的一场竞赛，并能够实现贝佐斯的设想——让每一本印刷的书籍都能立刻转化成数字产品，但同时在数字媒体发展的下一个重要阶段，他们又能拼命地打击苹果和谷歌。

在事态乱成一锅粥的时候，贝佐斯又进一步雪上加霜。他决定将最畅销的书和最新发行的书的电子版全都定价为9.99美元。这一数字并没有任何的研究依据——这是贝佐斯本能的想法，是为了模仿苹果。当年，苹果成功地推出iTunes，每一首数字单曲为99美分，而且贝佐斯还认为消费者都希望电子书的价格应该低于传统的书籍，原因是一本电子书根本没有印刷和存储的相关成本。鉴于亚马逊从出版商那里购买电子书的价格和纸质书批发的价格相同——通常一本书大概要要支付 15 美元，而零售价为 30 美元，这就意味着公司在销售的许多方面都可能会亏损。贝佐斯这一点做得非常高明——他认为出版商最终将被迫降低电子书的批发价格，这也反映了其出版成本降低了。同时，这也正是他所喜欢的未来投资模式。“顾客都很聪明，我们觉得他们会希望电子书比纸质书的价格低些，这样才物有所值。”史蒂夫 · 凯塞尔说道。

亚马逊知道出版商绝对会非常痛恨 9.99 美元的价格。比起最有利可图的昂贵的精装书，9.99 美元的电子书对某些顾客来说相当具有吸引力。这个价格会打压传统的零售商，特别是独立的书商，他们会突然发现自己的货架上摆满了那些读者认为犹如文物般过于昂贵的书籍。每个人都曾亲眼目睹过音乐界的这种变化，它给实体零售商带来了灾难性的后果。

所以亚马逊决定不让出版商知道 9.99 美元定价的计划，害怕他们会反对。这是相当合理的，因为零售商没有义务告诉供应商他们打算如何为产品定价，而且这么做理论上可以使纵向定价更加稳固，并引起反垄断当局的注意。然而，亚马逊过去都将出版商视为合作伙伴，而现在却故意隐瞒信息的关键部分。“我们得到指示，不能谈论定价策略。”杰夫 · 斯梯尔说，“我们知道，如果我们的电子书定价太低，他们就会担心这会让他们的产品贬值。所以我们只能对他们说尚未定价。”

除了定价计划外，大部分图书目录都数字化了，出版商慢慢都步入了正规。到了 2007 年的秋天，亚马逊的Kindle图书馆有 9 万本书，差不多达成了贝佐斯的目标——Kindle在指尖上就能拥有一家巴诺书店。

贝佐斯终于决定不再延迟Kindle的上市，开始推出第一批Kindle，各大图书出版商的高管们蜂拥而至，来到新闻发布会现场。在过去的几年里，他们已经被亚马逊折磨得焦头烂额，但作为一个产业，他们仍然是合作伙伴。他们小心翼翼地迈出了面向未来、无法避免的一步——而这个未来正带着一个巨大的惊喜等着他们。

2007 年 11 月 19 日，在曼哈顿下城的W酒店，杰夫 · 贝佐斯登上讲台，向人们介绍Kindle。在场的观众只有 100 名左右，都是记者和出版业的高层，与那些虔诚地聚集在苹果产品展示会上的人群相比，这一人数要少得多。贝佐斯那天身穿蓝色运动上衣和卡其裤子，声称亚马逊的新设备继承了550 年前老铁匠古登堡发明的活字印刷术。“为什么书是模拟技术攻下的最后堡垒？”当天贝佐斯问道，“问题是，你能改进像书这样高度进化并十分契合其任务的东西吗？如果可以，该怎么改？”

最初的Kindle阅读器售价为 399 美元，它显然是历时 3 年的开发过程中所有妥协与渴望的产物。它想要在读者手中消失，但却有一个楔形的身体，带着一堆方方正正的按键；它想要尝试大胆的设计，但却带有非常容易入门的文本说明书。贝佐斯想要的只是能把一件事做得极好的设备，但 126 实验室的前奔迈工程师看到了奔迈掌上电脑被更灵活的工具所取代，所以在最后一刻，他们给Kindle增加了其他功能，如Web浏览器和MP3 播放器。这些都被单独放在设备的一个区域内——一块不寻常的“试验性”区域。

回想起来，第一代Kindle就回答了贝佐斯的问题。在许多方面，它都优于其模拟的前身——纸质书。它重 10 盎司（约为 283 克），可以储存 200 本书籍。电子墨水屏幕也不伤眼睛。亚马逊为Kindle提供的Whispernet服务（免费 3G无线网络服务），可以让读者在一瞬间就能毫不费力地下载图书。“我认为Kindle之所以会成功而别人失败，我们非常专注，并不是专注于制造世界上最性感的小玩意儿，而是专注于制造能够真正实现人们愿望的东西。”一位忠实的“杰夫机器人”鲁斯 · 格兰迪内蒂说道。他后来加入了Kindle团队。

Kindle的成功让竞争对手们措手不及。W酒店发布会之前的几周，我在《纽约时报》上曾写过有关Kindle即将上市的报道，并与当时的巴诺书店CEO史蒂芬·李吉奥谈及此事。李吉奥和他的弟弟对于他们早期借火箭电子书进军电子阅读领域的经历心有余悸，他们认为顾客都已经完全断绝了阅读电子书的想法。“纸质书的物理价值无法以数字的形式复制，”李吉奥对我说，“人们喜欢收集书籍并存放在家里的书架上。我可以说书永远不可能被完全复制，因为书在消费者心中是实际存在的物体。”[13]

李吉奥听到谣传说Kindle将推出，但他对亚马逊的未来表示怀疑。“当然，如果有机会，我们会再次开展这项业务，但我们认为目前这个再次开展的概率很小，且在接下来的几年里也不会增加。”他说，“如果有市场，我们就会做。”

这是一个巨大的战略失误。在电子书市场上，巴诺将被迫面对亚马逊的挑战。巴诺的计划和亚马逊的非常类似，它在加利福尼亚北部建立了一个开发办事处，正如亚马逊建立的126实验室一样。具有讽刺意味的是，为了设备的设计，这家零售商雇用了罗伯特·布伦纳——一位曾在苹果工作的设计师，他离开五角公司开办了自己的公司Ammunition。布伦纳及其员工曾与贝佐斯有过争执，贝佐斯坚持要把按键放到Kindle上，所以，新的巴诺设备面市时就取消了按键，而采取了独立的触摸式控制盘，这一点并不让人吃惊。新设备名为Nook，其广告推广的口号是“没有按键的图书”。

当然，Kindle并非突然成功，但在亚马逊网站上排山倒海般的宣传和突出的位置下，公司的库存一定很快就会销售一空。史蒂夫·凯塞尔已经研究过类似的电子消费产品，比如iPod，并比较保守地下了第一批订单——2.5万台。但最初的一批货在数小时内就卖光了。随后，亚马逊发现开发Kindle的时间过长，一家台湾供应商已经停止生产其无线模块中的一个重要零件。这不得不让公司花了几个月的时间来替换。当一批新的Kindle于第二年秋天上市的时候，贝佐斯上了奥普拉·温弗瑞的脱口秀，而此时存货供应再次中断。“我们最初在设定Kindle第一代生产能力的时候，我们认为自己很乐观。”贝佐斯说，但“结果证明我们的规划很糟糕”。[14]

缺货导致一些内部摩擦的出现。即使货已卖光，贝佐斯仍然想继续在亚马逊主页上推广它，好让消费者了解并确立品牌概念。现负责北美零售业务的杰夫·维尔克则认为继续宣传让顾客无法买到的产品是不负责的行为，同时也浪费了亚马逊网站上最宝贵的不动产。有一天，原本在电子邮件中被愤怒争论的问题演变成了贝佐斯办公室里的一场激烈的谈话。“我们都非常激动，在那5分钟内，我们都疯了。”维尔克说。他后来承认贝佐斯是对的，为了建立Kindle的特权，短期的痛苦是值得的。当然，贝佐斯赢得了这场争论，但维尔克也说服他至少在网站上清楚地标明亚马逊手头已没有存货。

正如克莱顿·克里斯坦森在其著作《创新者的窘境》中所预测的那样，技术创新会引发公司及整个行业的阵痛，而出版商对此最有体会。亚马逊在过去两年间，利用威逼利诱的手段，强迫他们接受新的数字出版形式。但与出版商的所有谈话中，公司都重要的细节予以明确保留，而贝佐斯在他长达40分钟的演讲中的第17分钟透露了这一细节。《纽约时报》畅销书和新发行的书只要9.99美元。”贝佐斯在W酒店陈述一半的时候这么说道。

聚集在Kindle新闻发布会上的出版业高管们对此迷惑不解。9.99美元的价格是为了新上市的设备搞的促销活动吗？它只针对畅销书吗？甚至于这场发布会后，亚马逊的高管们仍告诉他们的出版同行，说他们不知道或者无可奉告。很快，整个图书业都清楚地知道了这么便宜的价格根本不是暂时的——亚马逊要把它当作一种新的标准。Kindle事件后，贝佐斯又参加了一场媒体巡回展览，并在一些节目上露面——如查理·罗斯访谈录（The Charlie Rose Show），大肆宣传新书和畅销书只卖9.99美元，非常有力地说明了图书业的变化。“任何书上都没有写图书必须一直用死去的树来印刷。”他对罗斯说。

最后，严峻的现实终于浮出水面，出版公司的高管们因为过于轻信而搬起石头砸了自己的脚。“这在我们的嘴里留下了一种难以置信的糟糕滋味，他们用他们那些该死的书单月复一月地打击我们，就是这滋味。”一位大型出版公司的高管说，“我不认为他们做了错事，但我认为他们的处理方式错了。这就像是棺材上的一颗钉子，可没人意识到这棺材是用来放我们的，而我们还每天都在谈论它。”

“我认为我们同意将文件提供给他们，但未加任何限制条件的行为绝对是过分天真了。”另一位六大出版商的高管说（这家出版公司的市场份额最大），“如果我能重写历史，我可能会说，‘谢谢你，我很喜欢你关于Kindle的想法，但我们得定个协议，规定你将不得低于成本销售。’我感觉自己像是在舵柄旁睡着了一样不踏实。”

为最畅销的电子书定的最新低价改变了一切。它使竞争偏向数字化的方向发展，对实体零售商造成了额外的压力，威胁到了独立书店，并使亚马逊的市场竞争力进一步增强。出版商们多年来都已见过亚马逊如何利用这种附加的杠杆。它索要更多的优惠，并将节省的钱以较低的价格和运费折扣的形式转送给顾客，这有助于它积聚更大的市场份额及更多的谈判筹码。这需要几年的时间才会奏效。当Kindle的势头强劲，开始真正畅销时，且Kindle 2也于2009年初面市，这一点就变得众所周知。“羚羊受伤了，猎豹仍逍遥法外”，而随后这家高知名度的公司以及其法律诉讼或许会动摇图书行业的基础。

在股票市场上，亚马逊已从陷入困境、饱经沧桑的网络公司幸存者成长为一家多元化的公司，其产品和理念对地方社区、国家经济及市场理念都有影响。和所有强大的公司一样，现在它的企业性质正遭受严峻的考验，不仅考验它如何更好服务顾客，也考验它将如何处理加入其旋转式生态系统的各方各面，包括员工、合作伙伴和政府。“菲奥娜”的开发为亚马逊的历史开辟了新的阶段，表现出公司永无止境的创新力和破坏力及其冷酷和算计。亚马逊的行为明显表现出贝佐斯自身在商业方面的竞争个性和无穷无尽的智慧。

THE EVERYTHING STORE

Jeff Bezos and the Age of Amazon

03 使命感，还是唯利是图

第九章
起飞！

被称为“凤凰城3号”的订单履行中心位于亚利桑那州最大的城市东侧，它为人们带来了感官盛宴。它的外表宏伟壮观，好像万货商店。放眼望去，都是大部分亚马逊顾客无法想象和从未见过的景象：一个60.5万平方英尺的圣殿，兼具效率和多样的选择。货架上的商品排列整齐，却看似随意。《星球大战》的动作人偶坐在睡袋旁，百吉饼的旁边是Xbox视频游戏机。贵重物品区的上方有摄像机监控，情趣玩具兔小子杰克（Impulse Jack Rabbit）摆放在如师通（Rosetta Stone）西班牙语学习光盘和iPod Nano MP3播放器之间。亚马逊的货铺将不同的商品摆放在一起，尽量避免员工选错物品，但员工似乎不会混淆。因为每一件商品、每一个货架、每一辆叉车、滚轮车和每一枚员工徽章上都有一个条形码，这无形中为员工计算出了一条最为便捷的工作通道。

“凤凰城3号”里的通道是一片繁忙景象，然而巨洞般的广阔场地却又让人感觉很“安静”。102台中央空调嗡嗡作响，连同电子手推车的鸣叫声汇成了一曲大合唱。一位员工拼命高喊，试图盖过这刺耳的声浪。他叫特里·琼斯（Terry Jones），是一位配货助理，时薪12美元。他推着小车穿过通道，通道两侧堆满了山一样高的货品，他用亲昵的语调提醒路上的人小心："车来了。哟呼！请小心点！"

琼斯非常遵守公司严格的安全制度，他还说自己在亚马逊过得非常"愉快和惬意"。在2007年，全世界的零售商们都收到了同样的警告：亚马逊要来了。

当年年初，华尔街的分析师们首先注意到亚马逊公司财务报告的变化。亚马逊的销售额快速攀升，同时，第三方销售商们报告亚马逊网站的访问量激增，而相应的竞争平台（如易趣网）的访问量则大大减少。奇怪的是，亚马逊的库存量也增加了。公司在许多地方（如"凤凰城3号"）储存了更多的商品，好像满怀信心地认为顾客会开始购买更多的商品。

司科特·德维特（Scott Devitt）当时是投资机构史蒂弗·尼古拉斯公司（Stifel Nicolaus）的一位分析师，他比大多数人都更早发现了这些变化，并于2007年1月增持了亚马逊的股票[1]。他更改了该股票的评级，而就在同一天，一位美林集团的顾问则提供了更常规的分析，他认为亚马逊毫无赢利的希望，不可能会赚钱。"办公室里所有的投资经理都在嘲笑我，"德维特说，"大家把我的投资分析中的每一个部分都批判得体无完肤。那时，大家都认为这是一个骗局，亚马逊根本不会赢利。"

对亚马逊自身来说，过去7年来卧薪尝胆的痛苦终于有了回报。亚马逊的Prime服务提供为期两天的物流服务，使公司的业务运转得更快。根据当时一位熟悉公司内部财务的人透露，加入亚马逊Prime高级会员的顾客在网站上的消费额平均翻了一番。一位喜欢购物的高级会员点进一家好事多超市，他可能只想买一箱啤酒，但走出超市的时候，除了啤酒，他还买了一堆DVD、一块9磅（约为8.16斤）的熏火腿和一台液晶电视。

Prime会员会购买更多不同类别的商品，这反过来又使卖家相信亚马逊会存储他们的商品并从配送中心发出订单，因为这就意味着他们的产品符合两天运到的Prime服务要求。亚马逊运用了分析师们所称的经营杠杆 —— 这需要耗费更多资产，而且公司赖以成名的微观利润空间开始扩大（尽管只是暂时的 —— 几年后会再次缩小，因为贝佐斯开始在新的领域投资，如平板电脑和流媒体）。

2007 年 4 月 24 日，亚马逊宣布公司第一季度的业绩出人意料地强劲，这让全世界更多的人第一次更加明确地了解了形势。公司的季度销售额首次突破 30 亿美元—— 一年内增长了 32%，远高于往年同期 20% 左右的年增长率，而其他电商的年增长率仅为 12%。这也就是说亚马逊从其他电商甚至是实体连锁店手中偷走了客户。2007 年，投资者们逐渐认识到Prime服务的益处，亚马逊的股票上涨了 240%—— 只有在随后的金融危机和全球经济衰退时才又一路下滑。

与此同时，亚马逊的运营在加速，易趣被远远地抛在身后。网上拍卖的吸引力已经消失，顾客需要快速购买带来的便利与确定性，而不是要等待 7 天然后再去看看自己努力低价竞标的购买行为是否成功——是不是买到了那套眼镜蛇高尔夫球棒。

但易趣的问题还不仅仅是拍卖的模式过于成熟。亚马逊和易趣选择了截然相反的道路。亚马逊愿意容忍自己的零售业务被扰乱，其市场就像易趣一样，允许第三方卖家在公司的产品细节页面上列出他们的商品；而易趣起初只是一个第三方的拍卖平台，易趣认为很多客户都想要像亚马逊一样的固定价格，试图通过吃一剂良药来解决自身的问题，但并没有成功。公司花了两年时间打造了一个单独的固定价格销售平台，称为“易趣快购”，并于 2006 年启动，但由于没有访问量而被迅速关闭。此时易趣才终于允许用户在搜索eBay.com的时候，网站上同时列出固定价格销售与拍卖[2]。

同时，亚马逊在技术上投入巨资，积极投资数字化开发项目，比如Kindle。亚马逊也注重稳定并提高其订单履行中心的效率。易趣的高管们到其他地方寻找高增长性的业务，于2005年获得了Skype的呼叫服务，2007年得到了在线票务网站StubHub，以及一系列的分类广告网站。但是这却让它的原始网站出现萎缩。随着时间的推移，顾客更喜欢在亚马逊购物，而不想在易趣上搜索物品以及和运费收得过高的卖家打交道。亚马逊与混乱状态战斗并征服了它，而易趣则被它吞噬了。

2008年，梅格·惠特曼将易趣的管理权移交给了约翰·多纳霍（John Donahoe）——一位高大亲切的贝恩咨询公司（Bain and Company）的前顾问，他曾是达特茅斯学院的篮球运动员。刚一上任，多纳霍首先就去了西雅图，到亚马逊的总部礼节性地拜访了贝佐斯。两位高管谈到了创新，谈到了人才招聘，以及他们如何得到足够的锻炼以应对压力。现在贝佐斯定期休假并严格安排饮食——只摄取精益蛋白质。

会面中，多纳霍向这位电子商务的先驱表达了他的敬意。“我总是无法与您相比，”他告诉贝佐斯，“我一直都非常钦佩您的所作所为。”贝佐斯说他并不认为亚马逊和易趣在打一场赢家通吃的战斗。“我们的工作是把电子商务这块饼做大，如果我们成功了，就会有足够的空间容纳5个亚马逊和5个易趣。”贝佐斯说，“我以前从未对易趣有过负面的评论，而且我也永远不会。我不想让任何人认为这是一场零和博弈[①]。”

那一年，易趣的股票市值损失超过一半，而当年7月，亚马逊的估值近十年来首次超过易趣。贝佐斯已经达成了他早期的许多目标，比如把亚马逊

① 零和博弈（zero-sum game），又称零和游戏，是博弈论的一个概念，属非合作博弈。指参与博弈的各方，在竞争中一方的收益必然意味着另一方的损失，博弈各方的收益和损失相加总和永远为“零”，双方不存在合作的可能。零和博弈的结果是一方吃掉另一方，一方的所得正是另一方的所失，整个社会的利益并不会因此而增加一分。这也就是典型的损人利己。——译者注

建成大型的网络商店。网站上销售的种类更多——而且一般来说都比以前销售的东西更多。2007 年，亚马逊上报的销售额为 148 亿美元，比它最早的两个敌人加起来的还要多：巴诺当年销售额为 54 亿美元，而易趣为 77 亿美元。

当然这也并不意味着什么。尽管“凤凰城 3 号”里的商品丰富充裕，贝佐斯还是在亚马逊种品繁多的产品线中看到了缺口。“为了成为一家资产超过 2 000 亿美元的公司，我们必须学习如何卖衣服和食品。”贝佐斯在这段时间经常对同事说这样的话。这个数字不是随机选择的，它指的是沃尔玛在这 10 年的中期销售额。为了进军新的消费产品，贝佐斯聘请了道格 · 赫灵顿（Doug Herrington），他是网络货车（Webvan）的经理。网络货车是网络公司繁荣以后一个倒闭的杂货商。经过两年的努力，赫灵顿的团队开始在亚马逊的大本营西雅图测试杂货送货服务——亚马逊的“生鲜”项目（Amazon Fresh）。

贝佐斯在雇用赫灵顿的同时，他还带来了经验丰富的服装主管史蒂芬 · 哥德史密斯（Steven Goldsmith），并收购了力士的奢侈品网站烧包网（Shopbop），帮助亚马逊了解服装产业那拜占庭式的错综复杂的方法。哥德史密斯和鲁斯 · 格兰迪内蒂都是强硬路线的代表人物，他们为服装业带来了新鲜的血液。

正当亚马逊再次扩张其零售业时，贝佐斯似乎想要调整他的管理风格，继续他那恶声在外且残酷的员工评估检查。据说他已经雇用了一名领导力教练，不过这位顾问的身份仍然是一个高度机密。“你可以看到他不断得到反馈并认真考核。”基础设施自动化的主任黛安 · 利埃说。有一次会议非常令人难忘，贝佐斯在会上以他惯用的犀利方式斥责利埃和她的同事，说他们愚不可及，还说他们“应该先想想自己在做什么，然后一周后再回来”。接着他走了几步停了下来，就好像突然想到了什么，他转过身又说，“但你们每个人都干得不错。”

杰夫团队现在的合作更加顺畅了。很明显，熟悉感在亚马逊管理者中培育出了信任，并平息了同事之间的争斗。与贝佐斯当时合作的高管有杰夫·维尔克、杰夫·布莱克本、迭戈·皮亚琴蒂尼、首席财务官汤姆·斯库塔克和法律总顾问米歇尔·威尔逊（Michelle Wilson），他们一起共事了差不多将近十年的时间。

但有一位受人敬爱的高管团队成员不再参与公司事务了。2007 年 11 月，在摩尔剧院召开的一次全体会议上，杰夫·贝佐斯向员工宣布，他长期的得力助手瑞克·达尔泽尔退休了。达尔泽尔是负责管理公司工程师的高管，有一段时间一直在准备退休。

他 50 岁了，体重增加了很多，而且他准备花更多的时间与家人共享天伦之乐。贝佐斯宣布这一消息后，两人在舞台上深情拥抱。在达尔泽尔工作的最后一天，同事们在南湖联合区（South Lake Union）的吉莉安酒吧（Jillian's bar）举办了一场低调的晚宴为他送别。

4 个月后，充分享受退休时光的达尔泽尔决定去看看在俄勒冈上大学的女儿。他的妻子特别申请了一架私人飞机，乘客有她自己、她的丈夫以及达尔泽尔的父母。奇怪的是他们的司机并没有把他们送到机场，而是送到了波音机场[①]和高尔文机场附近的一个私人机场。当车停在了熟悉的机库旁，机库里是一架达索猎鹰，达尔泽尔终于开始注意到不对劲了。他走上飞机，发现里面是他的朋友、同事和杰夫·贝佐斯，他们都喊道："这是一个惊喜！"他们准备到夏威夷开个庆祝会，以感谢达尔泽尔长期以来为公司所做的贡献，就像 9 年前为谢尔·卡芬庆祝一样。贝佐斯和麦凯奇邀请了安迪·雅西和他的妻子、以前的同事布鲁斯·琼斯，还有一群达尔泽尔的朋友和战友。

① 位于西雅图的南方，是一个仅供起降私人飞机或包机的机场。——译者注

他们住在科纳海滩的平房里。他们叫了管家服务，而且每天下午4点一位寿司师傅还会到场为他们提供服务。

共进晚餐时，大家不断相互敬酒。有一天他们还乘飞机到火山国家公园（Volcanoes National Park），但坐的是喷气式飞机，而不是直升机。“杰夫现在不喜欢直升机了。”布鲁斯·琼斯说。

贝佐斯总是让下属们工作到精疲力竭，很少为员工提供物质上的享受，而要员离开时他也没有表示任何的遗憾与悲伤。但有时他也会意想不到地表现出深切的感激之情。达尔泽尔10年来为公司鞠躬尽瘁，在逆境之时带领公司走向正规，那时公司的基础设施一片混乱，谷歌也不断挖走亚马逊的工程师。

在接下来的几年里，达尔泽尔通过远距离观察着亚马逊，吃惊地看到贝佐斯成了世界上最受尊敬的一位企业领导人。“有几件事杰夫做得比我以前的老板都要好。”达尔泽尔说，“他相信真理。许多人都在谈论真理，但是他们却不会围绕着最佳的真理状态进行决策。”

“其次就是他并不按常规思考问题。令我感到吃惊的是他只受物理定律的约束。他无法改变这些定律。他认为其他的一切都可以被公开讨论。”

在这段犹如文艺复兴时期的销售增长和持续的扩张中，亚马逊却很少进行并购。它从20世纪90年代后期的收购狂潮中吸取了经验教训，其影响仍在公司里留有余温。亚马逊冲动地花费了数亿美元购买未经验证的创业公司，而它却不能消化，该公司的大部分高管都离开了。因此，亚马逊采取了紧缩策略，在兼并和收购时锱铢必较。2000年到2008年间，它只收购了几家公司，其中包括中国的电子商务网站卓越网（Joyo，2004年以750万美元收购）、点播新贵书中浪（BookSurge，2005年购买，耗资不详），以及音频书公司Audible（2008年耗资3亿美元购入）。从更广泛的技术行业标准来看，这些交易都微不足道。例如，在此期间，谷歌斥资16.5亿美元买下了视频网站YouTube，并以31亿美元买下了网络广告公司双击公司（DoubleClick）。

亚马逊的企业发展部负责人杰夫·布莱克本表示，20世纪90年代亚马逊留下的创伤帮助其建立了一个“建筑文化”。每一家主体公司都要决定是否应该创建或购买新的公司。“杰夫一直都很喜欢创建新的公司。”布莱克本说。贝佐斯从商业圣经《从优秀到卓越》中汲取了教训，该书的作者吉姆·柯林斯建议只有当公司完全进入良性循环的时候才能收购其他公司，然后“成为一个飞轮动量加速器，而不是去创造加速器”。[3]

现在，亚马逊终于掌控了自己的飞轮，而且有充裕的时间去发挥。对贝佐斯和亚马逊来说，他们无法抵挡的诱惑是美捷步。这是一家鞋类和服装在线零售网站，始建于1999年，创始人是尼克·斯威姆（Nick Swinmurn）——一位讲话温柔但意志异常坚强的企业家。无论如何，斯威姆那看似不可能的想法——让人们在网上不试穿就买鞋——也随着网络的不景气而付诸东流。被十几个投资公司拒绝后，斯威姆最后终于得到了投资，资助者也是同样顽强的企业家谢家华（Tony Hsieh），一位移民的儿子，也是一位经验丰富的游戏老手，他已经把他的第一家公司黎明工专（LinkExchange）卖给了微软，得到了微软2.5亿美元的股票。谢家华和林君睿（Alfred Lin）两人是哈佛大学的同学，林君睿是黎明工专的前首席财务官。他们通过自己的投资公司创投青蛙（Venture Frogs）试探性地投入了50万美元启动美捷步，而且谢家华随后加入了该公司，成为首席执行官。在互联网经济的低迷时期，谢家华拒绝让美捷步破产，自己出资150万美元，并卖掉了一些个人资产以维持公司的运转。他将公司从旧金山搬到拉斯维加斯以降低运营成本，这样客户服务呼叫中心更容易招到工人。

2004年，谢家华得到了红杉资本（Sequoia Capital）的投资，该投资公司曾资助黎明工专。前几次，红杉资本一直都拒绝美捷步的要求，现在终于决定投资这家创业公司。几轮下来，该公司共投资4 800万美元。而且其中的一位合伙人迈克尔·莫里兹（Michael Moritz）也加入了董事会。在拉斯维加斯，公司终于步入了正轨。在网上购物者的脑海中，该公司的名字和网站已经与小说中在线买鞋的概念等同。

在许多方面，美捷步都是亚马逊的二次元版本：一切都是有点类似但却完全不同。谢家华像贝佐斯一样，孕育出了一种奇怪的内部文化，并经常公开谈论要加强顾客心目中的公司品牌形象。而且他更进一步。新员工如果在工作的第一周辞职，就能得到整整 1 000 美元的奖金，这样那些得到奖金的人就不适合待在公司。公司鼓励员工将他们小隔离间装扮得漂亮异常。公司的总部设在内华达州的亨德森（Henderson）。在有参观办公室的访客到来时，每个员工都要站起身来向访客们大声致敬。谢家华强烈地意识到，每个人甚至是高级管理人员都应该得到市场之外的补偿，这是因为公司内部强大的企业文化。

和贝佐斯一样，谢家华强调客户体验。公司承诺订货后 5~7 天免费送货，但在多数大城市地区，顾客两天就能收到货，这样能为顾客带来惊喜。该网站的用户可以在购买后一年内免费退货，而且顾客可以一次订购 4 双鞋，试过一遍后再返回 3 双。谢家华鼓励呼叫中心的客服代表尽量多花时间和客户沟通以解决他们的问题。当然了，贝佐斯则将客户的电话视为亚马逊的系统缺陷，他试图大力减少售出商品时与客户的接触。实际上，要在亚马逊网站上寻找免费电话号码可以说就像是在干清道夫一样的活儿。

美捷步的销售从 2001 年的 860 万美元猛增至 2003 年的 7 000 万美元和 2005 年的 3.7 亿美元。[4] 谢家华和他的伙伴们在服装市场的一个关键部分已经打败了亚马逊，将美捷步塑造成为顾客心目中一个强大且灵活的企业，它还与著名鞋业品牌（比如耐克）建立了良好关系。多年来贝佐斯第一次由衷地佩服并密切跟踪一家新兴的电商，这个暴发户有扩张的潜力，而且有可能会抢走一部分生意。

2005年8月，贝佐斯给谢家华发了一封电子邮件，告诉他自己要去拉斯维加斯并想去拜访他。两人在离美捷步办公室只有几个街区的双树酒店（DoubleTree hotel）的会议室见了面。贝佐斯带着杰夫·布莱克本。谢家华则带着尼克·斯威姆、迈克尔·莫里兹以及刚刚加入美捷步的董子会主席兼首席运营官阿尔弗雷德。为了调侃亚马逊著名的“两个比萨团队”文化，美捷步的高管从当地的一家餐馆叫了两个比萨饼，一个带有意大利辣味香肠，而另一个则配的是墨西哥辣椒。会面时间很短，气氛也很尴尬。美捷步的高管建议双方可以合作，但贝佐斯很有礼貌地说，他要收购整个企业。谢家华则直言不讳地说他想拥有一家独立的公司。后来，亚马逊的高管们认为可以出资5亿美元收购美捷步，但贝佐斯长期以来在收购方面都很节俭，他认为只需支付一小部分就够了。

在这一点上，贝佐斯在竞争格局中仍处于刚刚起步的状态。在这个特定的游戏中，他的对手所处的位置非常被人看好。根据法律规定，生产厂家不能设定零售价格，但他们可以决定把自己的产品出售给谁，而且他们明智地做出了决策。鞋业品牌如耐克和迈乐（Merrell）都视亚马逊为一个危险的打折商家，公司为了抓住新的顾客并获取市场份额，很可能在新的当季产品上与他们讨价还价。结果，顶级品牌都不愿意向亚马逊供货，以至于网站上的鞋子没有多少可供选择。

亚马逊在鞋业方面还有其他缺点。亚马逊网站不适合种类繁多的商品，比如鞋子可能会有6种颜色、18种尺寸及几种宽度。亚马逊网站会把一双鞋的各种选项都列出来，当作单独的商品，而且用户无法通过多个变量进行搜索，如颜色和尺寸。

在这个复杂的矩阵中航行，贝佐斯提出了一个不太可能的策略。他决定从头开始建立一个完全独立的网站——专门卖各种鞋子和手提包。贝佐斯把计划告诉了董事会成员，他们支持他再次进行昂贵和不切实际的投资，同时又重金注入Kindle和亚马逊的网站服务。“你要花多少钱？”首席财务官汤姆·斯库塔克在董事会上问。“你有多少钱？”贝佐斯反问。

公司在整个2006年都致力于建立全新的商店，据参与该项目的员工说，公司花了约3 000万美元从头开始设计，使用的是现代网络语言AJAX。高管们差点就叫它Javari.com，但这个URL的注册者拒绝出售该名字，而且如果出售则要求更多的钱。Endless商店终于在12月上市。开业第一天，Endless提供免费的隔天送货和免费退货。这项服务使亚马逊的每次销售都遭受亏损。但它很显然会对拉斯维加斯某公司造成压力。美捷步的董事会成员考虑了亚马逊采用的策略，咬了咬牙于一星期后也推出了免费的隔天送货。然而，不同的是，新的Endless不像它的竞争对手那样，隔天送货而几乎没有交通和销售等方面的损失。美捷步的利润空间遭受了直接的打击。

在接下来的一年中，Endless作为一个独立的零售商，几乎没有什么进展。这个商店吸引了像肯尼思科尔（Kenneth Cole）和玖熙（Nine West）这样的品牌，还开发出了一些特色，比如更灵活的搜索引擎，而且客户用鼠标在商品上徘徊的时候就会出现产品照片。但是亚马逊就像在一根摇摆不定的钢丝上行走一般，努力平息那些品牌公司的恐惧，使用行业标准的定价，同时也将Endless作为一种削弱美捷步价格的方法。2007年年初，服装品牌都在密切关注折扣活动，亚马逊在免费隔天送货活动上又增加了赠送5美元奖金的活动。换句话说就是客户得到的这5美元还可以在网站上买东西。这是一个聪明且透明的策略，让美捷步更加痛苦。Endless的员工说这当然是杰夫·贝佐斯想出的办法。然而，美捷步仍持续增长。2007年该公司的销售总额达到8.4亿美元，2008年超过10亿美元。那一年，贝佐斯得知美捷步开始在机场安检处的塑料桶底部做广告。“他们是在考虑超过我们！”他急忙召集大家开会。

但在美捷步内部也出现了一个很大的问题。它需要1亿美元循环信贷额度，而在2008年秋，雷曼兄弟的破产加剧了金融危机，冻结了资本市场。消费者的支出下降，美捷步的库存受到新借贷限制的约束，而与亚马逊的竞争则分割了公司的利润空间，美捷步之前那壮观的年增长率减少到只有10%。公司收回了免费隔天送货的保证，谢家华被迫裁员8%。

在他的畅销书《三双鞋：美捷步总裁谢家华自述》（*Delivering Happiness: A Path to Profits, Passion, and Purpose*）中，谢家华写到，在此期间，亚马逊继续发出收购的请求，美捷步的投资者越来越感兴趣，因为他们急于看到投资回报。迈克尔·莫里兹的看法则稍微有所不同。他投资美捷步时，希望它成为一个独立的、公共的公司，“为消费者提供从头到脚的每一件服装”。但是，他曾经看到亚马逊毁掉了他的一家投资组合公司：eToys。他10年前就知道，要和亚马逊竞争，公司就需要更多的工程师和精细的执行能力。“我们只是行动不够快，”莫里兹说，“你可以感觉到这会更难实现，我们浪费了机会。招聘太慢、工程部还不够好，而且软件也不如亚马逊。这让人觉得非常沮丧，再加上拉斯维加斯的位置，而且公司又不愿意支付有竞争力的薪酬，就更难招募人才。我们开始和业内最好的公司竞争，他们的箭袋里有许多箭，让我们的日子更不好过。所以，我们最后想做的一件事就是卖掉公司。这真令人痛心。”

谢家华想继续经营，但他最终承认亚马逊可能会成为美捷步的好东家。他考虑的一个因素就是住在拉斯维加斯和肯塔基配送中心附近的美捷步员工都住在房地产危机最严重的地方。许多人都看到他们的房屋价值暴跌，而他们拥有的唯一有价值的东西就是美捷步的股票。谢家华认为收购可以为员工暂时提供比较多的补偿，而许多员工都迫切需要它。美捷步董事会最终决定将公司出售给亚马逊，虽然投票苦乐参半，但终于达成了一致。

在接下来的几个月里，林君睿和亚马逊负责公司发展的副总裁彼得·克拉维茨（Peter Krawiec）进行了协商。贝佐斯和克拉维茨在谢家华南部高地的家中完成了交易。谢家位于一个豪华的住宅区内，周围还建有一个高尔夫球场。由两个比萨开始的一段旅程，以谢家华在他的庭院做汉堡而结束。几周后，贝佐斯录制了一段在欧洲旅行时的 8 分钟视频，让美捷步公司的员工观看。“如果要选择专注于竞争对手还是专注于客户，我们永远都会选择客户。”他说。一位穿着讲究、容易紧张的杰夫主义者在思考过去几年中公司与美捷步的竞争时如此说道：“我们关注我们的竞争对手在做什么，但我们的精力并不在那里。”

有些亚马逊的高管现在都敬畏地摇着头。贝佐斯一直追逐并捕获猎物，一位亚马逊高管估计两年多来，亚马逊在Endless等项目上花费了 1.5 亿美元。也许公司从中节省了金钱，因为如果经济衰退，这场战斗或收购可能会耗资更多。但是，谢家华、林君睿和莫里兹都对此进行了激烈的还击，因此，亚马逊最好还是把这场决斗看成是平局。9 亿美元的收购价格高于贝佐斯原本的预期，而且美捷步的董事聪明地要求亚马逊要用股权支付而不是现金。2009 年 11 月交易结束时，亚马逊的股票价格又一次回归到最高层，而一直持有公司股票的美捷步管理人员、雇员和投资者都获得了丰厚的回报。亚马逊从与美捷步的血腥战斗中吸取了教训，随后几年中会顽强地应用在与其他新兴电商的交易中。

2007 年 12 月开始的经济大衰退一直持续到 2009 年 7 月，从某些方面来说，这就像是送给亚马逊的一份礼物。这场危机不仅使美捷步投入到亚马逊的怀抱，而且也大大损害了世界上最大的线下零售连锁店的销售，它们的领导人都开始考虑采用生存模式。许多零售商不顾一切地想要保护他们的利润空间，因而他们的反应就是解雇员工、削减产品分类并降低他们的整体服务质量，而此时贝佐斯则开始在新的领域投资并加快配送的速度。经济危机就像是一种隐形的装置，把亚马逊的演变隐藏了起来，它成了一个危险的多样化竞争对手。零售商们都很害怕，但是步履蹒跚的全球经济和消费者支出下降才是魔鬼，而不是亚马逊。

残酷的经济衰退使全国最弱的零售商和几家老品牌宣布破产。电路城曾是美国最大的电子产品零售商。在其高峰期，公司在弗吉尼亚州里士满的连锁店超过 700 家，销售额高达 120 亿美元。然后，在 20 世纪 90 年代，一场变化破坏了公司以佣金为中心的销售模式。百思买、沃尔玛和好事多等公司引导了一个自助购物和Marketplace的新时代。客户可以从货架上抬下一台电视，拖到收银台结账，另外卖场的时薪也很低。电路城在很长时间之后才放弃以佣金为基础的销售队伍。个人电脑已成为电子商店里吸引人的热卖品，但电路城却不愿意把低利润的产品线变为高利润的产品组合。此外，20 世纪 90 年代公司的高管也都很分散，分布在卡迈斯（CarMax）的零售连锁店内，而且公司在DIVX的影碟出租系统上的支出超过 1 亿美元，而该系统很快就遭遇了滑铁卢。

然后，亚马逊带着终极的自助服务模式杀了过来，电路城再次因为这一剧烈的变化而停滞不前。从 2001 年到 2005 年，电路城允许亚马逊经营公司的网站，但之后它却没有在网络上形成很强的存在感。该公司已经无法了解客户想要什么，而且它也永远无法了解，瑞克 · 达尔泽尔引用贝佐斯的话说道："这是那个时代的真理。"金融危机期间，这家连锁店需要资金周转，但是此时的资本市场却干枯了。因此，2009 年，电路城——一家有着 60 年历史的公司宣布倒闭——有 3.4 万员工下岗，而在贝佐斯最喜欢的书《从优秀到卓越》中曾对该公司大加赞扬。[5]

几年之后，图书连锁店鲍德斯也走了相同的路子。

1971 年，在开发出一个图书销售跟踪和库存系统后，路易 · 鲍德斯和汤姆 · 鲍德斯兄弟（Brothers Louis and Tom Borders）在密歇根的安阿伯（Ann Arbor）创建了鲍德斯公司。1992 年凯玛特（Kmart）收购了该公司，兄弟俩离开，后来公司又单独分了出来。整个20世纪90年代，鲍德斯在美国各地、新加坡、澳大利亚、英国和其他国家的购物中心建造了大批大型的书店。1992年销售额达到2.248亿美元，2002年猛增至34亿美元。

但是，和电路城一样，鲍德斯经营理念开始变窄，多次错过了消费者品味的变化。它过分专注于开新店并增加同店销售，与巴诺在各条战线上竞争，并尽职尽责地引导和满足华尔街的季度预期。互联网不适合这种传统的微积分方法，因此没有得到公司的资本或最有才华的主管的关注。与电路城一样，鲍德斯让亚马逊运营其在线业务，这样它就能够专注于自己的实体店。鲍德斯的一位老高管（他要求匿名）说他们早期对亚马逊的看法就是“它只是一个邮购商——另一个Lands’ End①”。这位高管觉得这种情绪现在适合写到保险杠的贴纸上。

在其生命的最后10年中，鲍德斯不断受到打击。首先是在线图书销售额不断增加，然后是Kindle，最后是金融危机下顾客消费一直萎靡不振。鲍德斯与电路城一样，无法快速降低成本，因为公司的资金都用到了店铺的15或20年的租赁费上。据公司的首席执行官称，在它申请破产期间，一半商店的利润还仍然非常丰厚，但公司却无法筹集资金付清位置糟糕的店铺的租赁费。[6]鲍德斯在经济衰退期间加速败落，公司于2011年倒闭，失业的员工多达1.07万名。[7]

像其他连锁店一样，美国第二大零售商塔吉特在经济衰退中存活了下来。在此期间，公司在明尼阿波利斯的总部进行了裁员，并关闭了一个配送中心。[8]塔吉特于2001年就将其在线业务外包给了亚马逊，但双方的关系并不好，其合作项目经常比计划落后。“我们没有资源来为塔吉特构建基础设施。”费萨尔·马苏德（Faisal Masud）说，他曾在亚马逊负责塔吉特的业

① Lands’ End，是美国的一家服装邮购公司。——译者注

务，“所有事情当然都是亚马逊第一位，然后再考虑塔吉特。”

但在2006年，塔吉特逐渐意识到公司并没有能力开发自己的网站，而且令人难以置信的是，它再次与亚马逊签约5年。在新协议上签字后，杰夫·贝佐斯回到明尼阿波利斯，与塔吉特的高管罗伯特·乌尔里奇（Robert Ulrich）、杰拉尔德·斯托奇（Gerald Storch）会面，并做了演讲，所有塔吉特的员工都可以参加。当时的塔吉特网站主管戴尔·尼奇克回忆说为了填满大礼堂，他不得不亲自恳求员工参加。“这些人会成为我们在全球范围内的竞争对手，你必须密切观察他们。”他告诉同事说。

塔吉特知道自己必须掌控自己公司的网站，不能再依赖一个危险的竞争对手。2009年，该公司终于宣布要离开亚马逊，最终于合同到期两年后结束了双方的合作关系。这次脱离的过程十分坎坷。这家零售公司在IBM和甲骨文公司的帮助下建立了新网站，但在2011年节日期间却关闭了6次，而且公司负责在线业务的总裁也辞职了。

阿肯色州本顿维尔的人们在亚马逊的崛起中损失最大。尽管常年在电子商务领域内受到亚马逊的打压，沃尔玛还是巧妙地抗拒诱惑，没有将网站外包，公司的互联网运营部门于1999年在硅谷以北的布里斯班建立，但是却没有取得什么进展，无法煞掉亚马逊的威风。经济衰退之后，沃尔玛也开始重新加快互联网的业务。

2009年9月，我为《纽约时报》写了一个长篇故事，标题为“亚马逊能成为网络沃尔玛吗？”[9]这个标题显然触及了本顿维尔的神经。文章发表几周后，沃尔玛网站的首席执行官劳尔·巴斯克斯（Raul Vazquez）告诉《华尔街日报》说：“如果会出现一个‘网络沃尔玛’那也会是沃尔玛网站。我们的目标是成为最大且访问量最多的零售网站。”[10]在电子商务方面，沃尔玛先发制人，发动了强烈的市场攻击，沃尔玛将10本新书的价格压低到10美元，这些书都由备受瞩目的作家所著，比如斯蒂芬·金（Stephen

King）和丁 · 昆士（Dean Koontz）。亚马逊在几小时内也压低了这些书的价格。然后沃尔玛再次降低价格，降到了 9 美元，而亚马逊也又再次降价。亚马逊的高管们一直担心的正是沃尔玛的价格压力——但它晚了 10 年。太晚了，这对亚马逊没有造成任何危害。现在，亚马逊已经成为大型公司，完全可以承受这样的损失。

在接下来的一个月里，双方针锋相对的价格战像野火般蔓延开来，塔吉特也参与其中。这 3 家公司纷纷降价，包括DVD、视频游戏机和手机，甚至包括原本就很便宜的易烘烤箱（Easy-Bake Oven）、已经有 45 年历史的玩具公司孩之宝出品的玩具以及著名的加热小蛋糕的玩具。这些竞争造成了三家身价数十亿美元的公司之间的紧张局势。[11] 而现在，这三家零售商还针对一系列的精装书大幅度打折，因此，独立书店的行业组织美国书商协会（the American Booksellers Association）写信向美国司法部投诉说："整个图书行业在这些巨头的战争中会蒙受重大损失。"[12]

他们还没有看到任何迹象。

* * *

2009 年 2 月，亚马逊接管了纽约的摩根图书馆和博物馆的地下室礼堂，准备发售Kindle 2。作为"菲奥娜"的续作，Kindle 2[代号为图灵（Turing），来源于一个城堡的名称]的外形很薄，而且设计更简单、更直观，一点都不像第一代的那种繁冗的设计。亚马逊解决了长期以来存在的生产制造问题，但公司仍然需要改进产品推出的艺术。在活动的前一晚，紧张的排练过后，由于一些计算失误，贝佐斯怒斥了通讯部门的员工，包括讲台后方的大屏幕未能清楚地展示他的幻灯片。"我不知道你们是不是没有用高标准要求自己，还是你们只是不知道自己在做什么。"他深深地叹了一口气说。

如果说第一代Kindle改变了亚马逊并重新定位了公司的数字化未来，那么Kindle 2则彻底改变了出版业以及世界各地人们阅读书籍的方式。因为已经有了即时的品牌形象和广泛的可用性，新的Kindle深受客户的好评，并以亲民的价格最终实现了贝佐斯对主流电子阅读器的设想。在Nook和ipad还未推出之前，亚马逊已经占据了美国90%的数字阅读市场。[13]

对于大型图书出版商来说，亚马逊即将对电子书产生垄断这一事实非常可怕。在过去十年中，供应商们已经了解到，无论是何种类别，亚马逊既不会轻轻地也不会优雅地发挥其市场力量，而是会利用每一种杠杆来增加自己的收入，并将节省下来的资金投入到客户身上。如果公司没有得到想要的东西，其反应可能会很严重。Kindle 2上市后，英国亚马逊公司就不再出售法国出版业巨头阿歇特出版集团出版的畅销书，部分原因是长久以来亚马逊和阿歇特的关系很糟糕，因合同条款而产生了许多纠纷。客户甚至可以在亚马逊网站上的第三方卖家处购买阿歇特公司的书籍。[14]

出版商仍然很困扰，因为亚马逊以9.99美元的价格销售新书和畅销书。他们对各个制造商来说犹如噩梦一般——这就是类似于耐克拒绝为Endless供应鞋子的原因。出版业的高管认为亚马逊在新书刚发布时，对这些应季产品（新的书籍，而不是鞋子）会讨价还价。较低的价格可能反映出印刷的成本和数字图书的分配成本降低，但它忽略了出版商数字化时产生的新成本，也对其他零售商造成了巨大的压力——特别是独立书店，并帮助亚马逊加强了其对市场的控制。出版商考虑了几种方法来摆脱这种乱糟糟的状况。2009年初秋，两家出版商哈珀柯林斯和阿歇特尝试采用窗口式选择的电子书——也就是说将电子书延迟到精装版出版后几个月再上市。但此举遭到消费者的强烈反对，并在亚马逊上发表了极具讽刺性的评论。

当时，出版社的焦虑不断增加还有另一个原因。那一年，亚马逊推出了一个名叫安可（Encore）的程序，它允许作家在Kindle商店出版自己的新书或绝版书，并获得70%的销售利润。该服务被广泛解读为亚马逊直接进军出版业务的第一步。目前使用该程序的只是些不知名的作家，但也许有一天，他们可能会变成像斯蒂芬·金这样的大师级人物。

过去与其他零售商类似的措施也曾让图书出版商担忧不已。巴诺也曾推出过自己的出版业务。但是，单是亚马逊就有办法将大型出版社完全剔除出图书销售过程——通过成功地推出Kindle，它在电子书中占据了主导地位；而且通过一个叫做创意空间（CreateSpace）的自助出版单位，顾客就可以打印出自己在亚马逊网站上订购的书。亚马逊似乎在培养它与代理商和作家之间的关系，公司还聘请了兰登书屋的前高管戴维·纳加尔（David Naggar）加入Kindle项目的团队。这一切似乎都旨在实现杰夫·贝佐斯的扩张野心，即控制出版业棋盘上的每一处地方。“亚马逊是个好地方，它几乎可以实施所有不同规模的项目。”安可发布后，都柏林的图书编辑约恩·珀塞尔（Eoin Purcell）在博客上如此写道，“除了作家和代理人可以受益之外，亚马逊的安可已经成功地控制了整个价值链。”[15]

出版商认为他们的脖子都安着一个套索。这种当时在出版界广泛讨论的观点解释了接下来发生的事情：一个长期蔓延、引人注目的多年纠葛，终于在上千页的法律文件和耗时数周的法庭证词中曝光，多家图书出版商向欧盟和美国的司法部提出了反垄断的诉讼。

整个2009年，美国的6家大型出版商——企鹅（Penguin）、阿歇特、麦克米伦、哈珀柯林斯、兰登书屋和西蒙舒斯特出版社聚集一堂，探讨他们共同面临的困境。他们通过电话和电子邮件交流，并在纽约市的高档餐厅包房里会面。司法部后来声称，他们应该采取措施避免留下证据，因为这些活动可能被视为勾结。出版公司的高管们说，他们召开会议并不是为了谈论亚马逊，而是为了其他业务问题。但美国政府认为这些高管专门针对的是亚马逊及其有害的电子书定价策略，或者可以说针对的是被出版商称为（根据法庭文件）“9.99美元的问题”。

根据司法部的文件，出版社的高管们认为，改变力量平衡的唯一方法就是让整个行业行动起来，他们将60%的书卖给了亚马逊，这一庞大数量产生了杠杆效用。法庭文件显示他们考虑了多种选择，包括联合推出自己的电子书公司。然后，在2009年的秋天，一位白衣骑士[①]出现了，那就是苹果及其身患癌症的领导人——史蒂夫 · 乔布斯。

乔布斯打击亚马逊也有自己的原因。他非常清楚亚马逊可以利用电子书的主导地位，将其转变成其他类型的数字媒体——因为乔布斯自己就利用iTunes在数字音乐的垄断，将业务扩展到了播客、电视节目和电影。当时，苹果开始与出版商接触，乔布斯准备向他们介绍自己最后的绝招：ipad。他希望苹果公司宝贵的新发明上能使用各种媒体——包括书籍。

当年秋天，出版业的高管们与iTunes的主管爱迪 · 柯尔（Eddy Cue）及副手基斯 · 摩勒（Keith Moerer）谈判（具有讽刺意味的是，基斯以前受雇于亚马逊），其结果就是苹果解决了出版商的“9.99美元问题”，部分缓解了实体书店的压力，并允许苹果进入电子阅读领域，不需要与亚马逊对畅销书和新书的补贴式定价竞争。在新的电子模式中，出版商会正式成为零售商，可以自己定价，价格通常设定在（他们感觉）更舒服的区间，即13~15美元之间。作为经纪人，苹果可以得到30%的佣金，iPhone手机上的应用程序也采用了相同的方法。这种新的模式被称为代理模式，其中苹果公司得到保证，其他零售商不会降低其电子书的价格。据美国司法部看来，这就意味着出版商要强迫亚马逊采取同样的模式。在公司内部的电子邮件中——据传记作者沃尔特 · 艾萨克森所述——乔布斯曾自豪地称其为合气道式移动（Qikido move）。

出版社的首席执行官们都说，他们每个人都曾单独思考过亚马逊垄断式

① 白衣骑士，拯救别人于危难之中的人。——译者注

的成本以及其冷酷无情的企业性格，然后才决定采用代理模式。这一选择并非没有代价。付给零售商30%的佣金，出版商每本电子书的利润相较于他们坚持采用的传统批发模式会更少，在传统模式中，他们一般能得到列表价格的一半收入。“虽然代理在短期内更昂贵，但是其战略优势非常强大，我们甚至觉得自己是独立的——这正是我们要走的路。”一位出版业主管告诉我。

有一个人提出了反对意见，这就是兰登书屋的首席执行官马库斯·多赫勒（Markus Dohle）。他担心代理定价在经济上不利。如果维持现状，他觉得会更好。因此，在六大出版商中，只有兰登书屋决定暂时坚持传统的批发模式，所以苹果拒绝在新建立的电子书屋中销售兰登书屋出版的图书。

2010年1月27日，苹果在旧金山的芳草地艺术中心推出了ipad。这是乔布斯的最后一次公开露面，这位卓越的企业家吟唱出了一曲引人入胜的天鹅之歌——杰夫·贝佐斯曾明确表示了钦佩之意，并将其视为一个主要的竞争对手。发布会后，《华尔街日报》的专栏作家沃尔特·莫斯伯格问乔布斯，既然亚马逊电子书的价格更低，还会有什么人从苹果买电子书？“价格会一样的，”乔布斯说，他漫不经心地掀起了反垄断的红色大旗，表明所有的公司全都参与其中，“出版商实际上正在从亚马逊撤出商品，因为他们并不快乐。”[16]

其他出版商通过电子邮件或电话将情况告知亚马逊，麦克米伦的首席执行官约翰·萨金特亲自飞到西雅图，并告诉亚马逊公司他们将转向代理定价模式的消息。在20分钟紧张的会谈中，萨金特与Kindle的高管们谈判——包括劳拉·波尔科、鲁斯·格兰迪内蒂和戴维·纳加尔，萨金特同意授权亚马逊采用旧的条款和批发价，但须在出版几个月后才能得到电子书。亚马逊以压倒性的力量全力反击了代理行动，它将麦克米伦的纸质书和电子书从网站的购买按钮中去除。消费者仍然可以在亚马逊网站上购买麦克米伦的印刷书籍，但只能通过第三方购买。而Kindle的版本则完全消失，当年1月的所有周末都没有它们的书。对于那些并不了解亚马逊和出版商之间紧张关系的人来说——那些令人痛苦的“猎豹和瞪羚的”谈判等——突然爆发的敌意让人感到非常震惊。“我认为每个人当时都以为目睹了一场近身肉搏，”国际创造管理公司（International Creative Management）文学部的负责人斯隆·哈里斯（Sloan Harris）当时说，“而且看起来我们好像已经丢掉了核武器。”[17]

几天后，因为作家和客户在战斗中遭到伤害，在阵阵批评和指责声中，亚马逊做出了让步。贝佐斯和Kindle团队联合发布了一条公开消息：“通过暂时停止销售所有麦克米伦的书籍，我们已经表示强烈反对，也表示我们之间严重的分歧。最终，我们想让你们知道，我们将不得不投降，并接受麦克米伦的条款，因为麦克米伦已经垄断了自己的书籍，我们也想降低定价，因为我们觉得电子书的价格没必要那么高……Kindle是亚马逊的一项业务，也是一种使命。这个使命我们从未想过能轻易完成！”

具有讽刺意味的是，转向代理模式令Kindle更有利可图，因为亚马逊被迫为电子书收取更多的费用，而亚马逊在电子书销售方面处于近乎垄断的地位。这就使亚马逊不断降低Kindle的硬件价格。不到两年，最便宜的Kindle电子阅读器只需79美元。

但亚马逊并没有坐以待毙或让别人决定自己的条款。在接下来的一年中，亚马逊采用几种方法做出了强有力的回应。鲁斯·格兰迪内蒂从服装转到Kindle团队，刚刚从兰登书屋挖来的戴维·纳加尔轮流拜访了中型出版商如霍顿·米夫林出版公司（Houghton Mifflin）。据这些公司的几位高管说，他们得到警告说他们并没有杠杆可以转移到代理定价模式，而且如果他们这么做，亚马逊就会停止出售他们的书籍。亚马逊也更加关注自身的直接出版业务，这在未来几年中让出版商们再次窘迫不已。

为了减少亚马逊对电子书市场的控制，出版商和苹果为自己制造了一个很大的新问题。

根据法庭文件的记录，与麦克米伦对峙了一天后，亚马逊向联邦贸易委员会（Federal Trade Commission）和美国司法部发布了一个白皮书，列出了一系列事件以及自己的怀疑，它怀疑出版商和苹果非法勾结，阴谋制定电子书的价格。

许多出版业的高管怀疑亚马逊在挑起的法律争端中发挥了重大作用。但是，反垄断调查人员可能不需要过多的刺激。令人难以置信的是，尽管史蒂夫·乔布斯于2011年秋天去世，但是他早期的评论让苹果和5家出版公司更深入地挖掘了法律的漏洞。在史蒂夫·乔布斯的传记中，沃尔特·艾萨克森援引乔布斯的话："亚马逊在苹果介入之前就把事情搞砸了。一些书商开始撤出亚马逊。所以我们告诉出版商，我们会采用代理模式，你们定价，我们得30%。当然了，客户要花更多钱，但这就是你们想要的吧。"

乔布斯俨然如恩人般的言论对出版商非常不利。如果他们曾一起努力要让客户花"更多的钱"，反托拉斯案件就可以在此基础上立案。司法部于2012年4月11日控告苹果和5家出版商，指控他们合谋非法抬高电子书的价格。所有的出版商都不承认负有责任而最终解决了自己的麻烦，唯独苹果单独坚持声称自己没有做错任何事，而其目的只是为了扩大数字图书市场。

当年6月，针对苹果的案件在曼哈顿的一个法庭内开庭，历时17天。地方法院法官丹妮丝·科特（Denise Cote）发现苹果应负一定的责任，判决苹果勾结图书出版商消除价格竞争并抬高电子书的价格，因此违反了《舍曼反垄断法》（*Sherman Antitrust Act*）的第1条。苹果发誓要上诉。本书出版之时法院仍在召开损失听证会。

在法庭上和市场上，电子书的战争公开打响了。但是，虽然媒体报道了这一案件，可它还是从侧面显示出亚马逊当时的业务增长很快——公司因经济大衰退而中断的上升趋势重新恢复了新的活力。

2009年初，经济危机的迷雾进一步加深，亚马逊的季度增长率重新回到了衰退前的水平，而且在随后的两年中，股票价格上涨了236%。全世界都普遍承认了亚马逊的潜力——Prime服务的潜力、亚马逊强大的网站实力，以及AWS的前景、它在亚洲和欧洲持续赢利的能力。还有部分原因是在电子书价格战中，投资者开始了解到，Kindle可以占领图书业务的大部分份额，而且该设备对书店的潜在影响就像iTunes对唱片商店的所作所为一般。分析师集体提高了亚马逊的股票分级，共同基金的经理将亚马逊加入他们的投资组合。亚马逊第一次与谷歌和苹果同台竞技——不是跟班，而是地位平等的老大。它已经步入高速运行的轨道。

第十章
创新、探索，而非征服

经济大衰退过后，亚马逊飙升的知名度和崛起的市场力量使公司更加频繁地受到公众的关注，但也并不都是赞誉之声。在2010年和2011年，公司对越来越多的质疑声做出回击。亚马逊在以下几个方面饱受抨击：公司逃避国家销售税、两次大型收购行为背后的机制、进入图书出版业务的行动（与自己的供应商竞争），以及被大型制造商认定为摒弃了其定价政策的系统。几乎一夜之间，看似常年处于劣势的亚马逊公司俨然成了一个傲慢冷漠的巨头，企图建立他自己的一套游戏规则。

贝佐斯（和亚马逊允许在公共场合发言的一些杰夫主义者）在应对这些批评时表现出了一种令人困惑的态度。贝佐斯常说亚马逊“愿意被人误解”，这真是一种令人印象深刻的说辞——暗示了它的对手只是不了解亚马逊罢了。[1]贝佐斯也会把攻击转移，说亚马逊是一个以传道授业为目的的公司，而不是唯利是图。这种二分法起源于前董事会成员约翰 · 杜尔，他在读完其合伙人兰迪 · 科米萨（Randy Komisar）所著的关于经营理念的书《僧侣与谜语》(*The Monk and the Riddle*，于 2001 年出版)之后，制定了这一目标。传教士有正义的目标，并试图让世界变得更美好。而雇佣兵则是唯利是图，为了金钱和权力就可以扫荡所有拦路之人。至少对贝佐斯来说，亚马逊毫无疑问属于前者。“我每天都是传教士而不是雇佣兵，”他喜欢这么说，“这里有一个很大的悖论，即通常是传教士最终会赚钱更多。”[2]

亚马逊的发言人用很简单的方法处理这些争议，他们一再重复要点，很少谈及公司咄咄逼人的战术以及那些让人很不舒服的细节。他们的论点非常理智且听起来让人信服，同时也为亚马逊的战略利益服务。正是这种坚强的信念在一定程度上引导亚马逊顺利度过了公众监督最严密的时期。

从很多方面来讲，经济衰退对亚马逊来说简直犹如天上掉馅饼，但是美国和欧洲地方政府的财政恶化促使政府发起了新一轮的征收销售税的计划——而合法避税正是亚马逊最大的一个战术优势。这是一个高风险的战斗，参战者不只有两方，而且大家也都没有采取直接进攻的方式。而亚马逊坚守的信念只是碰巧对其自身的长远利益有利罢了。

战斗开始于 2007 年年底，纽约州州长爱略特 · 斯皮策 (Eliot Spitzer)提出一项议案，要扩大州内对纳税单位的定义，以此来筹集数百万美元。亚马逊可能面临着令人不安的未来，公司享受已久的豁免制度可能会取消，销售税会从 5% 增加到 10%。这样的话，大部分产品的价格就会上涨——而正是因为有这项税收优惠，公司在成立之初才决定了将什么地方作为其运营中心及公司总部的所在地。

起初，斯皮策的提案以失败告终。由于他的支持率下降，而且他的预算主管也担心普通市民可能对税收上涨有所顾虑，因此他提交提案后第二天就撤回了它。[3] 但纽约州有 43 亿美元的预算缺口迫切需要填补。在接下来的 2 月份，斯皮策重新提交了议案，正是他因性丑闻曝光而结束其政治生涯的前一个月。他的继任者大卫·佩特森（David Paterson）支持这个提案。同年4月，位于奥尔巴尼的州议会通过了该法案。

该法案巧妙地避开了1992年北卡罗来纳州最高法院的一个裁决，该裁决规定州内只有那些拥有实体店或类似店铺（比如店面或办事处）的商人才必须缴纳销售税。（严格来说，在线购买也要缴税，只是由客户自己支付。）纽约州的法律规定，以收取佣金将顾客与在线零售商联系在一起的联盟网站是该零售商的代理，因此联盟网站在所在州内就是正式的零售商。根据这项裁决的规定，若访客点击洋基队球迷网站，并通过该页面上的链接进入亚马逊网站，继而在这里购买其前任主教练乔·托瑞（Joe Torre）的回忆录，那么远在西雅图的亚马逊因为在纽约有一个店面，就必须向该州缴纳销售税。

亚马逊非常不悦。纽约州的法律于2008年夏生效，同时亚马逊与另一家零售商Overstock.com向州法院提出诉讼，但均以败诉告终。公司公开抱怨称各州的重复收税复杂且不切实际。“目前全国约有7 600种不同的税，包括像除雪和驱蚊虫这样的地区税。”亚马逊全球公共政策的副总裁保罗·米泽纳（Paul Misener）如是说，他同时也是这次税收战斗的亚马逊发言人。

亚马逊多年来用尽各种巧妙的手段避税。在那些有运营中心或其他机构（如126实验室）所处的州，公司避开实体的定义，将这些设施归为非赢利性独资子公司。比如内华达州弗恩利有一个独立的实体店，名为Amazon.com.nvdc, Inc。这不可能避开直接的审查，但亚马逊在兴建这些设施时就曾认真地与各州谈判，只要公司提供新的工作机会和从事经济活动，各州就可以睁一只眼闭一只眼。贝佐斯认为他的免税销售战略有很大的优势，同时他认为这也催生了与原则作斗争的自由意志。“我们并没有从那些州提供的服务中受益，所以如果要我们缴税就太不公平了，因为我们并没有得到任何服务。”他在2008年的一次股东会议上这么说。

贝佐斯还认为免销售税对顾客也是一大好处，因为如果失去这项优惠，商品价格就会提高。因此，他非常担心征收销售税的影响。据当时一位熟悉亚马逊财务状况的知情人士透露，纽约州通过互联网销售税法案后的第二个季度，亚马逊在纽约州的销售量就下降了10%。

纽约州的法案犹如感冒病毒般蔓延开来。同样现金拮据的州，如伊利诺伊州、北卡罗来纳州、夏威夷州、罗得岛州和得克萨斯州，也采取了打擦边球的方法，宣布附属网站也等同于实体店。作为回应，亚马逊借用了Overstock公司在纽约州采用的一个顽固策略，断绝与每个州内附属机构的关系。这些网站往往是由经营者和需要附属佣金的其他企业家经营的，他们愤怒地发现自己夹在了两大巨头之间，一边是现金短缺的州政府，另一边则是抱着一个明显的税收漏洞不放的、争强好胜的网络巨头。

附属机构并不是这一阶段销售税斗争中唯一的受害者。瓦迪姆 · 西平（Vadim Tsypin）是亚马逊的工程师，经常在加拿大魁北克的家中工作。2007年年底，爱略特 · 斯皮策提交了他的税收法案，亚马逊的律师越来越焦虑，西平的经理让他看了公司对加拿大人的政策，该政策宣称，亚马逊没有雇员在加拿大工作。这位经理告诉西平，根据法庭文件的规定，他们必须隐瞒西平曾在加拿大家中工作一事，经理说："因为这个问题，亚马逊可能会损失数百万美元。如果我们有加拿大的员工，就违反了美国和加拿大的法律。"

西平拒绝更改旧的履历和评估文件，因为他觉得这样做可能过不了审查那一关。他声称，随后，他的上司就开始劝他辞职，不断地骚扰他，他因此而生病（"偏头痛频繁发作，就像癫痫一样"）并请了病假。2010年，他向西雅图金县高级法院（King County Superior Court）提出诉讼——起诉亚马逊非法解雇、违约、造成精神损失，结果败诉。法官认为西平的现状与工作相关，但同时认为，这不足以处亚马逊民事处罚。

像亚马逊这样的大公司经常因非法解雇员工而被告上法庭，但瓦迪姆 · 西平这样的情况却很少见。这是亚马逊自身越来越担心销售税而造成的，因为一旦发现，亚马逊普遍存在的逃税行为就会被记入政府的公共纪录。西雅图市中心第三大道上的金县高级法院存有数十本公司的内部手册、流程图和区域分布图。所有这些都形成了一幅非常奇异的画面—— 一家公司不顾一切地改变自己，以适应瞬息万变的税收政策。

亚马逊甚至采用了一系列“非常手段”。亚马逊的员工参加贸易展览前必须获得批准，并被告知要避免参加所有亚马逊网站上的促销活动。员工未经许可不得在博客上讲话或与记者交谈，旅行中必须避免租用任何公共财产，不能使用亚马逊公司的电脑下订单。他们可以与其他公司签合同，比如网站产品的供应商，但只能在西雅图进行。

然后，公司那看似随意的分区结构变得更加重要了。亚马逊北美零售公司告知要出差的员工，他们工作的单位是亚马逊客服，而不是亚马逊，甚至他们携带的名片也要做出相应的修改。根据某一文件记载，他们得到指示，如果媒体怀疑他们参加贸易展的动机，就要说：“我在亚马逊客服工作，我们公司是亚马逊网站的运营商以及电子商务解决方案和服务的供应商，我来这里是为了了解最新的行业发展动态和趋势。”

西雅图总部的每一位员工都有一份彩色绘制的地图。如果要到标成绿色的州出差（如密歇根州）则没有问题，但去标成橙色的州（如加利福尼亚州）则需要特别许可，以便法务部门掌握亚马逊员工在那里停留的天数。如果要到标成红色的州（如得克萨斯州、新泽西州和马萨诸塞州），则要求员工完成一份出行问卷，有 17 项内容，是为了确定是否会让公司缴纳销售税（第 16 项：“你会举办抽奖活动吗？”）。随后，亚马逊的律师全面禁止员工出差，如有特例，员工就必须携带该州开具的一封证明信件，说明在特定形势下具体的处理方法。

根据当时的资深员工所述，管理层并没有进行内部讨论，讨论这么做是否正确，以及是否会影响员工的士气，这只是一种策略，一种维持公司税收优势的方法，有了这种优势，公司才能够提供较低的价格。2010年年初，在发给员工的国内税收备忘录中这样写道："许多州的经济前景暗淡，因此，各州比以往更加积极地征税。亚马逊公司最近与纽约州和得克萨斯州的问题及时说明了我们的风险增加了。这就是我们比以往任何时候都更加重视相关问题的原因。"[4]这份备忘录收录在瓦迪姆·西平的案件文档中。

2010年，在充分意识到要加紧与亚马逊正在面临的威胁作斗争后，沃尔玛、塔吉特、百思买、家得宝和西尔斯抛开过往的恩怨，联合起来组成了一个奇异的同盟。[5]他们共同组建了一个新的组织，称为大众商业公平联盟（the Alliance for Main Street Fairness）——它披着民粹主义语言的外衣，设法掩盖那呼之欲出的讽刺意味——该组织吹嘘保留小型夫妻零售店的重要性。他们雇用了一批说客，建立了一个高端网站，并在全国印发平面广告，并在电视上做视频广告。所有这些大型零售商的首席执行官都密切关注这场战斗。据参与战斗的两位说客称，沃尔玛的首席执行官迈克·杜克（Mike Duke）经常索要关于销售税之战的简报。

亚马逊与销售税展开了积极的斗争，在需要大量工作人员的地区，它寻求政治家的支持，采用胡萝卜加大棒的策略。2011年，得克萨斯州议会通过一项法案，强制在该州有运营设施的网络零售商缴纳销售税，亚马逊就威胁说要关闭达拉斯郊外的订单履行中心，而该订单履行中心拥有数百名当地的工人，而且在该州再建其他设施的计划也将付之一炬。得克萨斯州州长瑞克·佩里（Rick Perry）立刻否决了这项法案。在南卡罗来纳州，亚马逊通过使用相同的威胁手段获得了新法律的豁免，并同意给客户发送电子邮件，提醒他们应自觉缴纳销售税。在田纳西州，亚马逊提出要在该州建立3个新的订单履行中心，因此该州的立法人员同意推迟实施新法案。

在这些冲突中，贝佐斯主张制定联邦法案，简化销售税的征收条款并在整个电子商务行业内强制实施。（考虑到当时华盛顿出现的政治僵局，该方案实施的可能性极小。）2011 年，贝佐斯在接受我的一次采访时说："如果我对客户说，'我们不需要缴纳销售税，宪法清清楚楚地规定各州不能强迫州外的零售商缴纳销售税，且不能干涉其他州的商务活动，但我们还是要自愿缴纳，'无论如何这都站不住脚，顾客们会提出正当的抗议。解决的方法要么是修改宪法，要么是制定新的联邦法案。"

2012 年，这场战争戏剧性地达到了顶峰。亚马逊被得克萨斯州、南卡罗来纳州、田纳西州和宾夕法尼亚州层层包围，经过艰难的谈判，公司最终有所妥协，亚马逊在未来几年可以免税，但作为交换，它必须在每个州建立新的订单履行中心。在人口最多的加利福尼亚州，亚马逊显然觉得可以避开这场必然的争斗，公司做好了全面战斗的准备。州立法机构通过了销售税法案后，亚马逊策划了一场民意投票活动以推翻该法案，公司花费 525 万美元收集签名并在电台做广告。观察家预计，在这场战斗中，公司共花费 5 000 万美元。[6]

事实证明，这样的战斗耗资过高、饱受争议并招致恶毒的评论。大众商业公平联盟在全国发动了地毯式轰炸，主要针对发布反亚马逊的广告。社论作家和博客作家大多支持连锁Marketplace。"亚马逊想要避免销售税，这是美国商业界普遍存在的短期思维的糟糕案例。"网络博客达人蒂姆 · 奥莱利（Tim O'Reilly）在博客中如此写道。他知道如何钳制住贝佐斯的七寸，因为贝佐斯自诩目光长远。[7] 在亚马逊内部，大家也越来越明白公司正在充当坏人的角色。与此同时，亚马逊正准备用Kindle Fire在平板电脑市场上与苹果一决高低。同事们都向贝佐斯建议说："亚马逊不该在这样关键的时刻玷污自己的品牌形象。"

因此，当年秋天，亚马逊改变策略，与加利福尼亚州达成了协议：公司放弃民意投票，作为交换，圣诞节可以免税，同时公司承诺在旧金山及洛杉矶郊外建造新的订单履行中心。[8]不久之后，保罗·米泽纳向参议院商务、科学与运输委员会（the Senate Commerce Science and Transportation Committee）重申亚马逊支持联邦法案——而销售税之战中的那些亚马逊不太可能响应的新伙伴纷纷表态，百思买、塔吉特和沃尔玛也支持制定联邦法案。现在，只剩下销售税之战中的另一个战士——易趣——独自站出来，试图保护其最小的商人，比如待在家里的妈妈可以通过出售手工制品赚点外快。它主张，该法案不适用于那些少于50个雇员或年销售额少于1 000万美元的公司，但多数州拟定的销售税法案只豁免低于100万美元的公司。在本书结束之时，国会两院尚未通过一个全国性的销售税征收法案。

亚马逊损失了大量的利润，但作为一个目光长远的游戏玩家，贝佐斯很快就发掘了新的利润增长点，弥补了税收之战中的损失。亚马逊新的订单履行中心比较靠近大城市，这样公司就极有可能实现第二天或当天送达的服务，而且亚马逊的杂货业务——“亚马逊生鲜”——也可以更广泛地推广。亚马逊还可以扩展它的一项实验性服务——“亚马逊置物柜”，就像超市、药店和无线电器材公司（Radio Shack）里放置的那些带锁的橙色大柜子一样，如果顾客愿意，就可以用这个打包运输。

在许多州，免税在线购物的时代结束了，亚马逊税收策略的真正策划人罗伯特·康福特（Robert Comfort）律师随之走入了大家的视线，他在亚马逊主管80人的税务部门。康福特毕业于普林斯顿大学，于2000年加入亚马逊，十几年来，他用尽书中所有的把戏，还发明了很多新的手段来尽量减少公司的税收负担。在欧洲，他设计了富有争议的税收结构，通过卢森堡的商务实体进行销售，因为卢森堡是出了名的低税率国家。2012年，在欧洲民粹主义者和其他美国公司愤怒的指责浪潮中，这种隐秘的税收结构几乎崩溃（参与其中的美国公司包括谷歌），因为他们想要尽量减轻海外税收负担。

2012年年初，康福特宣布退休，离开亚马逊，而当时收税员正在调查公司。他随后又接了一份惬意的工作——卢森堡大公国在西雅图的名誉顾问。

亚马逊将要在一个平等的竞技场中与其线下的对手竞争，这尚属首次。

* * *

亚马逊内部有一个秘密的团体，其名字好像出自 007 的电影：竞争情报部。该部门自 2007 年以来一直隶属于财务部门，受资深高管蒂姆 · 斯通和杰森 · 沃尼克（Jason Warnick）管理。他们大量购买竞争对手的产品，检测其产品质量和服务速度。它的任务是调查竞争对手是否比亚马逊做得更好，并将调查数据提交给一个委员会。该委员会通常包括贝佐斯、杰夫 · 维尔克和迭戈 · 皮亚琴蒂尼，他们会确认公司是否受到威胁，并迅速赶上。

2000 年末，竞争情报部开始追踪一个竞争对手，该公司名字很难发音，而且与女性顾客的关系十分融洽。Quidsi（quid si 是拉丁语，意思是“如果”）是新泽西的一家公司，旗下的网站Diapers.com非常出名。2005 年，一所文法学校的两个小伙伴马克 · 罗（Marc Lore）和维尼特 · 巴哈拉拉（Vinit Bharara）创办了这家创业公司，目的是让睡眠不足的婴儿看护人能够轻松地购买重要物品。2008 年，该公司的业务已经扩大到销售所有新父母需要的必备装备，包括婴儿湿巾、婴儿配方奶粉、衣服和婴儿车。

众所周知，拖着尖叫不已的孩子到商店购物是让所有父母都头痛不已的事情，但直到Diapers.com网站开展业务一年后，亚马逊才开始卖婴儿用品，而且无论是塔吉特还是沃尔玛都没有在网站的该类别中大力投资。那时，互联网泡沫破灭后的阴云依然笼罩着电子商务行业，零售商认为贩卖体积大、数量多且利润低的产品根本无法赚钱，他们认为把好奇舒适干爽型纸尿布送到顾客的家门口是挣不到钱的。

罗和巴哈拉拉通过个性化婴儿用品的分配系统来让这一切成为现实。Quidsi的订单履行中心系统由前波音公司的运营主管斯科特 · 希尔顿（Scott

Hilton）设计，通过该软件来保证每个订单的运输箱都尽量最小（运输箱有23种尺寸可供选择），从而最大限度地减少多余的重量并降低每个订单的运输成本。（亚马逊的产品种类太多，不适合这种方法。）Quidsi在人口集中的大城市外围建造仓库，利用廉价的地面运输，而且还能在全国三分之二的范围内保证免费两日送达。Quidsi的创始人曾仔细研究过亚马逊，并奉杰夫·贝佐斯为偶像，在私下的谈话中他们称他为"老师"。[9]

妈妈们迷上了这种便利的购物方式，尿布可以很神速地就送到了家门口，她们热情地把Diapers.com网站推荐给朋友。一些风险投资公司，比如facebook的赞助商加速投资公司（Accel Partners），认为罗和巴哈拉拉可能已经找到了亚马逊的软肋，因此向该公司投资5 000万美元。大概就是在这个时候，杰夫·贝佐斯和他的业务开发团队以及对手沃尔玛都开始关注该公司。

亚马逊、Quidsi和沃尔玛的高管及代表都拒绝详谈随后的混战。亚马逊的兼并和收购主管杰夫·布莱克本认为Quidsi像美捷步一样，"是一家固执的独立公司，建立了一种非常灵活的特许经营方式"。他还提到亚马逊随后进军婴儿用品市场是预先计划好的，并不是为了与Quidsi竞争。

整个事件是通过3家公司内部员工的回忆拼凑起来的。他们都要求匿名，而且非常害怕，因为亚马逊和沃尔玛都要求员工严格遵守保密协议。一旦公开，他们可能会承担法律后果。

2009年，在一次介绍性的午餐会上，布莱克本告诉Quidsi的两位创始人一个不幸的消息：亚马逊这个电子商务巨头正准备投资该类商品，他们应认真考虑把公司出售给亚马逊。罗和巴哈拉拉说他们想继续保持公司的私有化与独立性。布莱克本告诉Quidsi的创始人如果他们改变了想法，可以随时给他打电话。

不久之后，Quidsi就注意到亚马逊将纸尿布和其他婴儿用品的价格降低了30%。Quidsi的高管们做了一个实验，他们操纵并修改了价格，然后看到亚马逊网站也随之更改了价格。亚马逊著名的定价机器人程序盯上了Diapers.com网站。

至少在刚开始的时候，Quidsi面对亚马逊的进攻表现良好。它并没有与亚马逊比谁的价格低，而是利用其品牌号召力，继续赢得人们交相称赞的好口碑。公司还利用与客户建立起来的信任关系和运营方面的专业知识，开设了两个新的网站：贩卖居家用品的Soap.com以及卖化妆品的BeautyBar.com。但是过了一段时间后，激烈的竞争开始影响公司的发展。Quidsi最终在短短几年内，从无到有，发展成为一家年销售额高达3亿美元的公司；但自从很荣幸地被亚马逊开始关注上它以后，其收入增长就开始放缓。投资者们不愿意提供更多的资金，而且公司还不够成熟，不能公开募股。这是破天荒头一次，罗和巴哈拉拉不得不考虑把公司卖掉。

此时，沃尔玛一直在寻找各种方法，以弥补他们在亚马逊手中丢失的领地，而且他们也在重组在线业务。沃尔玛副董事长爱德华多·卡斯特罗·怀特（Eduardo Castro-Wright）接管了沃尔玛网站，他一上任就立刻打电话给Diapers.com网站的马克·罗，开始进行收购谈判。罗说Quidsi希望开价“和美捷步一样”——9亿美元，其中包括多年来完成业绩目标而应得的奖金。沃尔玛基本上同意了，并开始做合法清查。[①]沃尔玛的首席执行官迈克·杜克还参观了Diapers.com在新泽西的一家订单履行中心。但是，随后沃尔玛总部本顿维尔的正式报价远远低于公司的要价。

罗拿起电话打给了亚马逊。2010年9月14日，罗和巴哈拉拉前往西雅图，游说杰夫·贝佐斯收购Quidsi。他们一大早就开始与贝佐斯会谈，而

① 合法清查（due diligence），经济学及金融学术语，由中介机构在企业的配合下，对企业的历史数据和文档、管理人员的背景、市场风险、管理风险、技术风险和资金风险做全面深入的审核，多发生在企业公开发行股票上市和企业收购中。——译者注

同时亚马逊却发布了一条新闻，即他们要引入一个新的服务——“亚马逊妈妈”（Amazon Mom）。这对新手父母们来说真是天大的福音：他们有机会得到长达一年的免费两日送达的prime服务（该优惠一般需要支付79美元才能享受），同时还享有许多其他优惠活动。其中一种优惠就是只要他们通过注册，同意接受每月定期发送纸尿布的服务，那么已经打折的尿布可以再打7折。而在新泽西，Quidsi的员工拼命打电话，想让这两位创始人与他们一起讨论如何公开应对“亚马逊妈妈”。但毫不意外的是，他们无法联系到老板。因为他们正轻松愉快地坐在亚马逊的办公室里会谈，对此一无所知。

现在，Quidsi可谓是吃尽了苦头。当月，Diapers.com网站上一箱帮宝适纸尿布标价45美元；而亚马逊定价39美元，“亚马逊妈妈”的客户通过订阅和保存，只花20多美元就可以买到一箱。[10]Quidsi的高管们曾经计算过，他们把所有已知的运费加上宝洁公司（Procter and Gamble）的批发价格，算出亚马逊在未来3个月，光是在纸尿布类产品方面可能就会损失1亿美元。

在亚马逊内部，贝佐斯已经为这些举动做出了合理的解释，他认为这关系到公司的长远利益，可以取悦顾客并建立消费品业务。他告诉企业发展部副总裁彼得·克拉维茨收购Quidsi的花费不能超过一定的数额，但无论如何都要确保亚马逊不能输给沃尔玛。

贝佐斯已经见过罗和巴哈拉拉，因此，亚马逊现在有为期3周的时间来研究Quidsi的财务情况并提交一份计划书。最后期限即将到来之时，克拉维茨向Quidsi开价5.4亿美元，并声称“可以商量”。他知道沃尔玛一直在寻找机会介入，所以他要求Quidsi在48小时内答复，并明确表示，如果公司的创始人不接受出价，那么紧锣密鼓的竞争仍将继续。

沃尔玛原本在这场战斗中占有天然的优势。Quidsi的投资商、加速投资公司的一位执行合伙人吉姆·布雷耶（Jim Breyer）也是沃尔玛董事会的董事。但沃尔玛被打了个措手不及。沃尔玛出价6亿美元的时候，Quidsi已经决定暂时接受亚马逊的投资意向书。迈克 · 杜克给好几位Quidsi的董事会成员打电话并留了信息，请求他们不要卖给亚马逊。那些信息随后都转录并发送到西雅图，因为亚马逊已经在初步的投资意向书中规定，Quidsi必须上交所有与后续出价有关的信息。

亚马逊的高管在得知沃尔玛的出价后，进一步施加压力，威胁Quidsi的创始人说，如果他们卖给沃尔玛，像“老师”这样一个强有力的竞争对手可能会把纸尿布的价格降到零。Quidsi的董事会召开会议讨论亚马逊的提议，并考虑是否可能与其解约，恢复与沃尔玛的谈判。但是，贝佐斯把电子商务当作核战争一样看待，他那赫鲁晓夫式的纸尿布价格战让Quidsi非常担心：如果仓促接受沃尔玛的并购提案，这颗原子弹就会爆炸，他们在完成并购之前就会很容易因出错而功亏一篑。所以Quidsi的高管接受亚马逊主要是出于恐惧。2010 年 11 月 8 日，亚马逊宣布收购Quidsi。

大亏血本的“亚马逊妈妈”很明显是为了让Diapers.com走投无路，并成为强力推销的工具。如果当时有人还对此有所怀疑，这些疑问也很快被亚马逊的后续行动驱散了。

宣布收购Quidsi的一个月后，亚马逊不再对新会员提供该项服务。但是当时联邦贸易委员会正在审查此次并购，因此在关闭服务几周后，亚马逊改弦易辙，重新开放，但折扣要少得多。

联邦贸易委员会的审查耗时 4 个半月，超过了标准的审查。进入第二个请求阶段时，公司必须提供更多有关交易的信息。据一位了解此次审查的联邦贸易委员会官员所述，该项交易多处都亮起了红灯。一场激烈的肉搏战及随后的合并最终导致该行为的很多主要参与者退出。但这桩交易最终得到批准，部分原因是其并未造成垄断。还有大量其他的公司都在线上及线下卖纸尿布，比如好事多和塔吉特。

贝佐斯再一次获得了胜利，他蚕食了一个潜在的竞争对手，并在他的万货商店的货架上又增添了新的产品。和美捷步一样，亚马逊允许Quidsi在内部独立运营（在新泽西），很快公司的业务就扩展到宠物用品和玩具，分别是Wag.com和Yoyo.com网站。沃尔玛已经错失了机会，已经无法得到这支优秀的企业家团队，他们曾在一个重要的产品领域内与亚马逊竞争。业内人士再次目瞪口呆，惊诧于贝佐斯又一次无情地发动并购行动，把对手推下悬崖。一位曾在近距离关注这场战斗的观察家说："他们拥有一种绝对的意志，能照亮周围的景色，最终成为赢家。"

* * *

对亚马逊的忧虑并不仅限于新泽西、拉斯维加斯和美国其他地方。德国的工业城市索林根位于杜塞尔多夫和科隆之间，以优质刮胡刀和刀具产品而闻名。当地的铁器贸易可以追溯到2 000年前。如今，这座城市是欧洲刀具产业的中心，也是一些知名品牌的发源地，比如拥有200年历史的三叉刀具公司（Wüsthof），这家公司历经乌茨沃夫家族连续7代的经营。在20世纪60年代，沃尔夫冈 · 乌茨沃夫（Wolfgang Wüsthof）把公司的高端产品引入北美。当时他坐在公交车上带着满满一皮箱的刀具从一个城镇都到另一个城镇。40年后，他的侄孙哈拉尔德 · 乌茨沃夫（Harald Wüsthof）接管了公司，渐渐地开始把连锁店卖掉，包括威廉斯-索纳玛（Williams-Sonoma）和梅西百货这样的连锁店。然后在21世纪初，乌茨沃夫开始向亚马逊网站供货。

在美国50年的历程中，三叉作为一个高端品牌已经声名在外，它经常得到《消费者报告》（*Consumer Reports*）的好评和《烹饪画报》（*Cook's Illustrated*）的青睐。因此，他家的一把高碳激光测试钢制成的8英寸空心菜刀就可以卖到125美元，而类似大小的一把其他菜刀在塔吉特只卖20美元。因为工厂雇用了数百名熟练工匠，所以保持高价对三叉公司来说至关重要。不过，刀具产品市场上充斥着大量劣质产品，在未经培训的人看来，这些刀具都差不多。

这就是为什么亚马逊5年来与三叉公司的关系一直犹如真正的刀战一般充满了腥风血雨——就像亚马逊和世界上许多其他品牌和制造商之间的关系一样。

制造商不能为自己的商品强制定价，但是他们却可以选择零售商，而且他们还有权使用一种称为MAP的工具来设定价格下限，也就是最低广告宣传价格。MAP要求线下零售商，如沃尔玛在做宣传广告和报纸广告时，定价有一定的门槛。线上零售商的负担更重。他们的产品页面就是广告，所以他们必须将推广的产品价格提到或超过MAP，否则生产商可能会一怒之下限制或撤销分配给它们的产品数量。

在销售三叉刀具的头几年，亚马逊还比较尊重这家德国公司的定价。亚马逊是一个很好的合作伙伴，随着网站访问量增加，它下的订单也很大，而且还能及时付款。亚马逊很快就成为三叉公司最重要的线上零售商及美国第二大卖家，仅次于威廉斯-索纳玛。随后，双方的关系开始紧张。亚马逊的定价机器人软件很擅长搜索网络并查找其他地方匹配的低价，亚马逊屡次违反三叉公司的MAP要求，比如定价125美元的顶级厨师刀（Grand Prix chef' s knife）只卖109美元。三叉公司觉得有必要设定MAP来保护其品牌价值以及独立的刀具店，这些刀具店占公司约四分之一的销售，但无法与亚马逊这样的折扣相抗衡。“正是这些店帮助我们建立了品牌。”三叉公司美国首席财务官雷内·阿诺德（René Arnold）说，“亚马逊卖不出一把新刀。他们不能像一家商店一样对其进行诠释。”

三叉公司最终于2006年停止了对亚马逊供货。“对我们来说，这很痛苦，”阿诺德说，“至少在短期内，我们的销售会有所损失。但我们相信我们的产品和我们的品牌比这个分销商的品牌更强。”在接下来的3年中，三叉刀具就从万货商店的货架上消失了——直到2009年，三叉公司才改变主意，又重新开始了与亚马逊那令人痛苦的关系。

制造产品的公司和销售这些产品的公司在若干世纪以来曾发动过多次这样的战争。亚马逊承诺每日低价，并巧妙地将直接零售与第三方市场相结合，将历史上已经存在的紧张局势拔高到了新的水平。和山姆 · 沃尔顿一样，贝佐斯认为公司的使命就是解决供应链效率低下的问题，并尽量为顾客提供最低的价格。亚马逊的高管认为MAP及类似的技术都只是最后残余的陈旧经商之道，是效率低下的公司用来保护自身庞大利润的噱头。亚马逊已经想出无数个变通方法，其中包括一种称为“隐藏价格”的技巧。有时亚马逊破坏MAP约定时不会把价格列在产品页上。顾客只有把物品放入购物车里的时候才能看到降低的价格。

这种方法很不光彩，主要是为了实现亚马逊长久以来想要无时无刻保持低价的愿望，同时公司开发的定价算法新功能能够快速找到价格更低的卖家。“我们知道。只有在客户的最大利益中，我们的成本结构才能帮助我们与对手竞争，并以低价销售而知名，”杰夫 · 维尔克说道，“这就是我们的目标。”维尔克承认并不是每个人都喜欢这种方法，但亚马逊会一直贯彻下去，制造商应该明白这是互联网本身的性质所决定的——而不仅仅是亚马逊——因为互联网可以帮助顾客很快就找到最低价格。

“如果某些供应商或品牌离开亚马逊，他们最终还是会回来的。”维尔克预测说。因为“顾客相信亚马逊提供了大量信息，而且可选的商品非常广泛。如果顾客准备购买，而且你也有机会向他们介绍你的产品，什么样的品牌不想这么干呢”。

英国真空机品牌戴森（Dyson）似乎就比较谨慎地对待亚马逊。该品牌在亚马逊出售数年之后，其创始人詹姆士 · 戴森爵士（Sir James Dyson）愤怒地冲进亚马逊的办公室，表达对亚马逊屡次违反MAP的不满。“詹姆士爵士说他相信我们会善待他的品牌，但我们却辜负了他的信任。”一位前高级买手克里·莫里斯说，当时他负责接待戴森。2011年戴森将其真空机撤出亚马逊网站，但是亚马逊市场上还是有一些型号的戴森真空机出售，不过都是由第三方商家供货。在过去的几年里，像索尼、Black&Decker这样的公司已轮番将产品撤出了亚马逊网站。苹果对亚马逊的控制特别严格，苹果限制亚马逊供应iPod，但不限制iPad和iPhone。

亚马逊快速繁荣的市场是亚马逊和其他公司之间紧张关系的一个主要原因。在2012年放假的那几个月中，亚马逊上销售的39%的产品都由第三方市场代理，而前一年则是36%。公司表示，全球约有200多万家第三方卖家在使用亚马逊市场，其2012年的产品销售量比2011年上涨了40%。[11]市场业务是公司一项赢利业务，因为公司可以从每次销售中提取6%~15%的佣金，而不必承担购买和存储的费用。

一些通过亚马逊市场销售的零售商好像与公司的关系非常矛盾，特别是如果他们没有特别以及可持续的卖点——比如独家销售某一特定产品，他们的关系就更是如此。亚马逊密切监控他们卖的东西，告诉他们什么产品热销，而且公司自己也开始销售这些产品。支付亚马逊佣金并帮助它找到热销产品，亚马逊市场上的零售商实际上是在帮助他们最凶猛的对手。

2003年，迈克尔·罗斯（Michael Ross）是figleaves.com的首席执行官。这是一家总部位于伦敦的在线网站，出售内衣和泳装以及英国品牌Shock Absorber非常流行的运动内衣。Figleaves很早就引起了亚马逊的注意，在亚马逊市场上首次亮相时，为了在美国推广，罗斯安排了一场实力差距较大的网球表演赛，参赛双方为杰夫·贝佐斯和该公司的著名代言人安娜·库尔尼科娃（Anna Kournikova）。

几年来figleaves都在亚马逊上出售产品，但不幸于2008年底离开。当时亚马逊网站上充斥着各式各样的Shock Absorber内衣和泳衣，而figleaves在网站上的销售额非常小。“在一个消费者选择有限的世界里，你必须去抢夺位置。”罗斯说，他后来创建了英国电子商务咨询公司eCommera。“但是在一个消费者有无限选择的世界里，你要争夺的是关注的焦点。而这比卖给别人产品需要更多的技巧。”

即使是那些靠亚马逊市场发财的卖家也都怀有警惕之心。销售绿色环保制品的卖家Greencupboards几乎完全是靠亚马逊成立了一家60人的公司，该公司出售的产品包括环保洗衣洗涤剂和宠物用品等等。尽管创始人乔希·纳布列特（Josh Neblett）称亚马逊可以帮助一家公司“从零开始”，但是他的公司必须一直与其他卖家及亚马逊自己的零售部门竞争，尽量提供最低的价格并在“购物车”中占据一席之地，以成为网站上某一特定畅销产品的卖家。这种激烈的价格竞争会让商家不断降价、利润消失。因此，为了生存，Greencupboards就必须让自己更像亚马逊。纳布列特说公司更加擅长搜索热销新品，锁定独家销售并精简组织。他曾说：“我只是一直将其视为游戏，我们一直在寻找玩游戏的最佳方法。”

然而，正如维尔克所说，一些不愿在亚马逊上销售的公司最终还是回来了，它们无法抗拒2亿的活跃客户和强劲的销售。亚马逊的员工将网站上的第三方销售比作海洛因毒瘾——随着销售额爆炸式的猛增，卖家突然享受到一种快感并持续一段时间，然后当亚马逊开始削减卖方的利润并靠价格打压他们时，他们就开始上瘾并自我毁灭。卖方“知道他们不应该服用海洛因，但他们却无法停止”，亚马逊的前买手克里·莫里斯说，“他们相互推挤、相互抱怨、相互威胁，直到他们最终明白他们必须自己消灭自己。”

由于亚马逊不断承诺会遵照制造商建议的价格出售产品，德国刀具制造商三叉公司于2009年回归亚马逊。公司将产品重新分配给了这家在线零售商，但早期的模式又重复发生。例如，三叉公司的美食12件套刀MAP定价为199美元，但在网站上显示的则是179美元。首席财务官雷内·阿诺德被公司的其他零售合作伙伴的抱怨包围了，因为他们的价格仍高出了10个百分点。这些小商店业主被亚马逊抢走了生意，有些被迫与亚马逊的价格竞争。他们怒气冲冲地给阿诺德打电话，威胁说也要降低自己的零售价格。现在，阿诺德和同事们能够轻易地想象出所有零售商都会开始要求降低三叉刀具的批发价格，那么公司的利润就会大幅度削减。公司在德国的传统制造业运营的经济方式也将不再有任何的意义。

在阿诺德抱怨之时，亚马逊的相关负责人，一位名叫凯文·贝茨（Kevin Bates）的采购经理回答说，亚马逊只是在网站上和第三方市场上寻找并匹配较低的价格。阿诺德认为那些卖家都是未经授权的零售商，并敦促亚马逊不要满足他们的要求。贝茨说他必须这么做——亚马逊总能找到最低价格。

阿诺德很失望。他一直监视着亚马逊的第三方市场并跟踪几家陌生的低价销售卖家，其中包括一家叫做“网上限时交易”（Great Deals Now Online）的卖家。这家神秘的商户好像一直在销售三叉刀，但阿诺德不知道他们是谁，亚马逊也没有办法联系到他们。“这家公司可能认识能得到剩余产品的人，或者有人在Bed，Bath and Beyond家居用品商店工作，从配送中心偷走了产品。”阿诺德说，“消费者不会在这种家伙身上花一个子儿，但是因为他在亚马逊平台上卖东西，所以他们以为这是家干净的公司，一定没什么问题。”阿诺德认为亚马逊市场会出现破坏性的打折活动，其零售业务中利用它当做借口来削弱MAP。

2011年，三叉公司再次决定结束与亚马逊的合作关系。为了向老板们解释为什么三叉公司切断了最好的销售渠道，雷内·阿诺德要求亚马逊召开会议，哈拉尔德·乌茨沃夫也专程从德国赶来。乌茨沃夫四十多岁，一头白色的波浪卷发，带着友好的笑容，他的生活照可能从来少不了他手持利刃的形象。

这场会议在亚马逊西雅图的办事处召开，气氛很紧张。凯文·贝茨陪同

他的上司丹 · 乔伊参加了会议，丹是负责厨卫用品这一类别的主管。贝茨和乔伊听到三叉要离开好像真的很吃惊，发誓要在水货市场上购买三叉刀具。据阿诺德的回忆，他们还威胁公司说每当顾客在亚马逊上搜索三叉品牌，亚马逊就会显示其竞争对手的广告，比如双立人（另一家总部设在索林根的刀具公司）和维氏军刀（瑞士军刀制造商）。

乌茨沃夫和阿诺德对亚马逊的强硬立场感到非常震惊，但他们坚持退出。“任何人都可以以半价出售更多的三叉刀具。这很容易，”阿诺德说，“但如果你开始以较低的价格出售，也许你可能会有几年的鼎盛时期，但两三年以内，你们就会让这家拥有 200 多年历史的家族企业真的成为历史。我们必须保护我们的品牌。这是我们的决策要点。所以我们退出了。”

第二年春天，在芝加哥厨卫用品贸易展上，阿诺德非常吃惊，因为他源源不断地收到卖家们充满同情的支持，他们也与亚马逊在MAP及神秘的第三方卖家方面存在一定的问题。与此同时，亚马逊也实施了当初的威胁，为三叉的对手打广告。2012 年年中，一位很有魄力的亚马逊买手设法找人在德国的三叉总部给他运来了一大箱刀具。该买卖大约持续了 6 周。

2012 年底，一位亚马逊的销售代表要求三叉公司重新考虑，遭到拒绝。但重点是，顾客仍然可以在亚马逊网站上买到品质优良的三叉刀具，由一些第三方卖家甚至是亚马逊亲自供应。2010 年，亚马逊开始了一项名为库存尾货（Warehouse Deals）的服务。人们可以在亚马逊市场及该网站上买入和出售翻新和使用过的产品。据一位该项目的管理人员称，该项目的目标就是要成为世界上最大的清算人。在广告中，这些产品经常标榜“跟新的一样”——例如，一包包装有点撕裂的纸尿布——而且亚马逊并不需要按MAP出售。

在撰写本书时，库存尾货商店上已经列出 60 多种三叉刀具产品，且折扣力度非常大。第三方商人，大多都是三叉公司授权的其他零售商，也在亚马逊上出售他们的刀具，通常都是通过亚马逊物流，这样产品就符合免运费的要求。所以即使合作伙伴撤出，亚马逊也已经奠定了基础，万货商店货架上永远不会空。

* * *

当初网络泡沫破灭后人人自危的那几年中，三叉还正高高兴兴地在亚马逊网站上出售刀具，杰夫·贝佐斯正在跟踪一个他视为潜在危险的新竞争对手：网飞公司。当时，亚马逊在包装盒上插入纸质广告挣点额外的钱，而且贝佐斯本人也收到一份网飞公司DVD租赁的宣传单。他把传单拿到会议室，怒不可遏地责备广告项目经理："他们破坏公司的宣传行为是不费吹灰之力，还是努力的结果？"

贝佐斯对网飞崛起的势头非常担心。网飞以其显眼的红信封以及无滞纳金的DVD邮递服务建立了与顾客之间的纽带，并在重要的媒体——电影视频中——确立了一个强势的品牌。在网飞早年成长时期，贝佐斯的副手们数次与其首席执行官里德·哈斯廷斯（Reed Hastings）会面，但据亚马逊的一位商业开发经理说，他们总是汇报说哈斯廷斯对卖公司"非常不感兴趣"。哈斯廷斯本人说亚马逊从来没有真的想要并购网飞，因为DVD出租空间的"基本管理节奏"需要多个小型配送中心，以便发送光盘并回收，这与亚马逊的核心零售业务大不相同。"他们积极投标并无意义，因为这无法真正发挥他们的优势。"他说。

像其他人一样，亚马逊的高管们知道销售和运输DVD光碟的日子屈指可数，但他们想要做好准备，以在未来能够很好地定位。因此，亚马逊在英国和德国开放了DVD租赁服务，以了解租赁业务，并在网飞尚未进入的市场上建立自己的品牌。但是，当地的公司也都冲在了前面，并且赢取新客户的成本远远高于亚马逊的预期。2008 年 2 月，亚马逊好像竖起白旗投降了，它将这些部门出售给了一个更大的竞争对手："爱电影"（Lovefilm）。作为交换，亚马逊获得了这家欧洲公司约 9 000 万美元的股票和 32%的所有权。杰夫 · 布莱克本说当时亚马逊怀疑租赁模式几乎没有什么发展空间，"我们把 DVD 业务卖给他们，因为他们好像高估了它。"

爱电影就像"科学怪人"弗兰肯斯坦（Frankenstein）一样，是结合了众多网飞的克隆体而联合制造出来的，这些克隆体已经逐渐相互融合，控制了大多数英国和德国的租赁市场。因此，它有许多股东（包括一些知名的风险投资公司）和一个庞大的董事会，对其战略行动，大量的内部意见相互冲突。交易后亚马逊成为其最大的股东。后来该公司的另一个投资者欧洲风险资本公司艺术联盟卖掉了公司 10%的股权，亚马逊巩固了它对该创业公司的掌控。当时负责亚马逊欧洲业务的前财务主管格雷格 · 格里利加入了爱电影的董事会。就像其惯常的做法一样，亚马逊从旁观察、学习，并耐心等待机会。

2009 年初，家用视频市场无情地偏向在线流媒体电影，不再关注邮件发送光盘的服务。与网飞一样，爱电影计划过渡到视频点播。它与多家电影公司（如华纳兄弟）签订了流媒体交易，而且其产品还可以在特定的设备上播放，比如索尼的PS3。但公司需要更多资金来进行这样的业务转换，因此在这一年，公司雇用了杰福瑞投资银行（Jeffries），开始准备并购和投资事宜。

私人股权公司如银湖合伙人（Silver Lake Partners）表示有一定的兴趣，但是谷歌则是爱电影最为突出的投标方。2009 年夏天，这家搜索巨头的高管团队制订了一个计划，准备同时并购爱电影和网飞，并在其核心广告业务之外添加一个重要的新焦点。据了解内部的三个人称，当年谷歌企业发展主管尼科什 · 阿罗拉（Nikesh Arora）和戴维 · 劳（David Lawee）曾与两家公司的人多次会面，并制定了一份初步并购确认书，称谷歌打算斥资 2 亿英镑（约 3 亿美元）收购爱电影。但这些计划最终付诸东流；谷歌的 YouTube 公司对此持反对意见，担心公司只能购买一家视频流公司而非另一家。

但爱电影仍需要其他资本。2010年夏天，公司高管决定上市。随后亚马逊决定收购爱电影，一切都不一样了。

在自己的电子商店里，亚马逊已经看到互联网连接的蓝光播放器和视频游戏机爆炸性的普及，知道自己不能再观望了。其早期的流媒体服务，亚马逊视频点播（Amazon Video on Demand），替代了以前过于复杂的视频下载商店Amazon Unbox，在观看之前，用户需要把整部电影下载到电脑或电视机顶盒中。流媒体服务（无需下载）显示出光明的前景，但公司在网络视频市场上仍落后于苹果和葫芦网。收购爱电影使亚马逊夺得了欧洲的滩头阵地。“他们从经济利益出发，认为他们可能将投资的财务回报转换成战略利益。”一位前合伙人达尔马什·米斯特里（Dharmash Mistry）说，他在伦敦风险资本公司八达通（Balderton Capital）工作，也是爱电影的董事会成员。“他们想要拥有这份资产。”

现在，爱电影的董事会成员将会见证美捷步和Quidsi创始人曾经见识过的无情战术。亚马逊指出，爱电影很明显需要投资数亿来获取情报并与财力雄厚的竞争对手争夺市场，如大型电缆集团英国天空广播公司（BSkyB）。而且当网飞最终进入欧洲市场时，亚马逊认为爱电影需要着眼于长期前景来投资，而不应花费时间和金钱只关注欧洲的保守人士，他们希望在首次公开募股前就看到利润。最好的方法就是把爱电影卖给亚马逊。这是带有贝佐斯风格的坚强信念——论证方法非常理智，同时也为亚马逊自身的战略利益服务。

在这场辩论中，亚马逊找到了一种技术性方法，防止爱电影首次公开募股。如果公司想要把股票卖给公众，它需要自行修改章程或公司联合的条款。作为最大的股东，亚马逊可以阻止这种变化。根据多个董事会成员和该公司关系密切的人士所述，亚马逊针对首次公开募股有效地实施了否决权，而且亚马逊明确表示，它不会授权或公开支持改动。这个问题非常棘手。如果公司最大的股东不公开支持募股，其潜在的投资者可能会迟疑。

爱电影的高管已经数次与律师会谈，试图找到一种方法来摆脱现状。他们也尝试吸引其他潜在的收购者，希望能引发收购战，但没有成功。每个人都明白亚马逊正在观望。

但爱电影毕竟是一家具有强大品牌、势头强劲的著名欧洲公司，亚马逊开价 1.5 亿英镑，刚好位于爱电影价格区间的底部。爱电影别无选择，只好开始谈判。在随后长时间的讨论中，亚马逊采取一贯的锱铢必较的手段，在每一点上都争论不休，比如管理层的补偿计划和托管支付的时间。爱电影的律师对亚马逊的谈判者所采取的顽固立场感到非常吃惊。会谈持续了 7 个多月，2011 年 1 月，亚马逊终于宣布收购。亚马逊最终支付了近 2 亿英磅，大约 3 亿美元——和谷歌的开价大致相同，只是在这一年半中，爱电影增加了其用户订阅量和数字电影的目录。

现在亚马逊已经在欧洲视频市场站稳脚跟，公司立刻就公布了优惠力度最大的活动。在宣布收购爱电影的 1 个月后，公司向美国的亚马逊会员引入了一个视频流服务。享受两天送达服务的Prime会员可以免费选择观看电影和电视节目，而且其节目单在未来的几年里将不断增加，因为亚马逊与提供商签署了协议，包括哥伦比亚广播公司（CBS）、美国国家广播环球公司（NBC Universal）、维亚康姆（Viacom）和付费电视频道 Epix。

在公司内部，贝佐斯声称发送赠品的理由是对Prime会员费用 79 美元的补充，这样顾客就会少买DVD。但Prime会员即时视频还有另一个作用。亚马逊现在提供一项额外补充的优惠服务，有点类似哈斯廷斯和同事们在网飞上的服务，定价为每个月 5~8 美元。这项服务直接给主要的竞争对手施加了压力，防止它们夺走万货商店的一个重要组成部分。亚马逊还提供顾客需要的所有格式的电影和电视节目——只需轻按一下按键。

对杰夫·贝佐斯来说，也许以最低价格出售他们的产品和服务是唯一比为客户提供这种优惠更神圣的事情。但图书出版是亚马逊难以驾驭的世界，2011年初，亚马逊似乎慢慢失去了设定低价的能力。当年3月，美国最大的图书出版商兰登书屋联合其他大型出版商采取代理定价模式，这样他们可以自己设定电子书的价格，并将30%的佣金支付给零售商。亚马逊的高管长久以来都在请求兰登书屋坚持采用批发模式，但并没有成功。贝佐斯现在无法再控制客户体验中至关重要的部分，无法让他们读到世界上大型出版公司的一些书籍。

失去了明显的价格优势的同时，电子书市场的竞争更加激烈，亚马逊的竞争对手包括巴诺的Nook、苹果的iBookstore以及以多伦多为总部的创业公司柯保（Kobo），公司在电子书市场的份额从2010年的90%下降到2012年的60%左右。“这是亚马逊第一次被迫站在一个公平竞争的环境中。”英格拉姆前首席战略官詹姆士·格雷（James Gray）说道。亚马逊的高管“基本上都气得吐血、破口大骂”。

亚马逊觉得大型图书出版商限制了它新数字格式的实验能力。例如，Kindle 2引入了一个语音功能，可以用机械男声或女声大声朗读小说文本。作家协会主席小罗伊·布朗特（Roy Blount Jr.）带头抗议该功能，在《纽约时报》上发表了一篇社论，认为作家并没有得到音频版权的费用。[12]亚马逊做出让步，允许出版商和作家为其具体的书籍设定这一特色服务，但许多都拒绝了。

图书出版商拒绝遵守亚马逊的游戏规则，所以亚马逊决定重塑规则。公司在纽约开办了一家出版社，野心勃勃地准备出版大牌作家的畅销书籍——这是纽约两个世纪以来图书行业的根本。

2011年4月，兰登书屋转为代理模式一个月后，亚马逊的一位招聘人员给纽约出版社的几位即将离任的编辑发送了电子邮件。公司正在招人，负责成立并管理一家出版社。“这家公司将集中收购具有独创性商业导向的小说和非小说作品，这些作品有望成为畅销书。”电子邮件中如此写道，“该出版社有庞大的预算支持，而且它的成功将直接影响亚马逊的整体业务。”多数收件人都礼貌地回绝了，所以Kindle的副总裁杰夫·贝尔（Jeff Belle）转而问那位发起招聘的工作人员，问他自己是否对这份工作感兴趣。“嗯，我曾这么想过。”图书代理拉里·基尔希鲍姆回答道，他曾担任过时代华纳图书部门的负责人。

基尔希鲍姆当时67岁，是最熟悉行业内幕的人，非常出名，而且在当时，几乎人人都喜欢他。他对大型的大众文化书籍有非常敏锐的直觉，也具备在大企业内生存的直觉。2000年美国在线收购时代华纳时，他带领华纳图书公司的工作人员穿上“我爱美国在线”的T恤并制作了一个视频，大家站在钢琴周围唱“难以忘怀”[该公司刚刚出版了娜塔利·科尔（Natalie Cole）的自传]。他一直在考虑电子书的问题。几乎比行业内所有人都要早——还在上面赔了钱。

2005年，基尔希鲍姆离开美国在线时代华纳，再次进入一个非常陌生的环境，成为一名图书代理。对亚马逊的憎恨已经成为图书行业中一个不可否认的事实。所以他以前的同事们都认为他是一个叛徒，一个投入黑暗的人，他们毫不犹豫地向他表达了他们的想法，有时甚至还很尖刻。

“我不得不避开某些批评，”基尔希鲍姆说，“但是有一则预言，我真的相信，即我们正在不断创新，努力帮助每一个人。我们正在努力创造潮流，能够抬起所有的船。”他指出，早在2003年巴诺收购斯特灵出版公司（Sterling）的时候，该行业也有类似的负面反应，因为他们也害怕这个强大的零售商正在试图垄断读者的注意力。“我们都担心第二天太阳会不会出来，但都是杞人忧天。”他说道。对于亚马逊，他说：“我们当然希望扮演重要的角色，但出版商成千上万，书籍也以百万计。我认为说我们垄断市场有点夸张了。”

基尔希鲍姆在西雅图的上司们也发出了同样的和谐的声调。“我们整个出版业是一个室内实验室，我们可以做实验，寻找有趣的新方法来连接作者和读者。”2012 年初，我为《商业周刊》撰写亚马逊出版社的封面故事时，杰夫·贝尔这么告诉我，“我们并不打算成为兰登书屋、西蒙舒斯特出版社或者哈珀柯林斯出版公司。我认为人们现在很难相信这一点。”[13]

亚马逊的高管们指责图书出版商在处理自己生死存亡问题的时候不理智，并指出抵制像平装书和折扣超市这样的变化已成为行业的一个标志性东西。而当涉及该话题的问题时，亚马逊的高管用一种被动攻击的困惑方式来自圆其说，坚持说媒体夸大了这一问题，给予了过度关注——有时这些解释证实了出版商担心的事。“多年来，卖冰人已经真的成为美国文化的重要组成部分，而他的目的就是为了防止你的食物变坏。”亚马逊音频子公司的创始人及主管唐纳德·卡茨（Donald Katz）说，“但是当冰箱被发明出来时，它并没有管卖冰人怎么想，也没有人花很多时间去写它。”

图书出版商只需要听听杰夫·贝佐斯本人如何让他们更恐惧。亚马逊的创始人一再表示对媒体的“老看门人”并无任何敬意，其商业模式是在目录时代形成的，而且其功能就是审查内容，然后主观地去决定公众要购买什么。这是一个创造力旺盛的新时代，在这个时代，人人都能轻松创造一些东西、找到一位观众，并让市场来决定给予适当的经济奖励。“即使是好心的看门人创新的速度也很慢。”贝佐斯在 2011 年给股东的信中如此写道，“如果一个平台是自助服务，那么甚至是不可能的想法也可以尝试，因为没有专家把关，并告诉你‘这绝对没什么用！’猜猜结果怎么样——许多不可能的想法都有用，而社会就从多元化中受益。”

这封信发表几周后，贝佐斯告诉《纽约时报》的托马斯·弗里德曼(Tomas Friedman)：“我看到各处的看门人都在消失。”如果说对贝佐斯信念的本质有任何疑问，弗里德曼就想到了一个图书出版的世界，这个世界只包括“一位得到版税的作家、亚马逊和读者”。[14]

“至少现在是开放的。”当时一位著名的图书代理说道。

当时，一种行业的免疫反应开始显现。图书界集体拒绝亚马逊在出版方面所做的新尝试。巴诺和多数独立书店拒绝储存亚马逊的书籍，纽约的媒体和出版社高管普遍都在嘲笑基尔希鲍姆和他那羽翼未丰的编辑团队。例如，为了与某些嘲讽针锋相对，他们斥资 80 万美元收购了演员兼导演彭妮 · 马歇尔（Penny Marshall）的回忆录，后来却又卖不出去。

同时，亚马逊继续试验新的电子书格式，并推进出版社与作家可以忍受的界限。公司引入了Kindle电子书单，中篇小说长度的电子书格式，还推出了Prime会员图书馆，可以让拥有Kindle阅读器的Prime会员一个月内免费借一本电子书。但是亚马逊在目录中罗列了许多中间出版商的书籍，而并没有得到许可，它认为自己已经以批发价购买了那些书籍，因此可以设定任何自己喜欢的零售价格（包括零元定价）。在随后的纠纷中，作家协会称该图书馆为“行使了野蛮的经济权力”，亚马逊做出了让步。[15]

贝佐斯和他的同事们并不在意早期基尔希鲍姆的纽约分部所面临的挑战，并声称他们会期待在长期内取得成功。他们可能把直接出版定位于未来，在未来，电子书籍成为出版市场的主力军，像巴诺这样的连锁店可能不会以目前的形式存在。在那个世界中，只有亚马逊会依然存在，出版的不仅仅是少数新作家的作品，还包括一些著名的作者作品。拉里 · 基尔希鲍姆可能再次成为最受欢迎的人——而且可能是纽约市唯一一个出版商。

* * *

2011 年 12 月，似乎为了总结一年来关于销售税、收购、MAP和电子书经济的争论，亚马逊愚笨地推出了智能手机的价格比较应用程序。该应用程序可以让用户拍下或扫描当地商店产品的条形码，并与亚马逊的产品价格进行比较。12 月 10 日，亚马逊为所有使用该应用程序并选择网上购买的人提供高达 15 美元的折扣。虽然某些类别（如书籍）除外，但此举还是激起了广泛的批评。

参议员奥林匹亚·斯诺（Olympia Snowe）称该推广活动为“反竞争的行为”，是“对主要小型企业的攻击，而这些企业解决了我们社会上的工人雇用问题”。俄勒冈波特兰的鲍威尔出版公司（Powen）的一位员工在facebook网站上创建了一个“攻占亚马逊”的页面。一位亚马逊的发言人指出，该应用程序主要是为了比较大型零售连锁店的价格，并没有什么利害关系。评论家们一拥而上，指责亚马逊利用顾客监视竞争者的价格并夺走夫妻店商家的销售。“刚开始，我认为亚马逊推出价格比较应用程序是出于傲慢和恶意，但却也显得有点笨手笨脚、措手不及呢。”小说家理查德·鲁索（Richard Russo）在《纽约时报》上写了一篇措辞严厉的社论。[16]

价格比较应用程序的冲突迅速消失。但它提出了一个更大的问题：是否应该继续将亚马逊视作一个创新和创造价值的公司，为消费者服务并取悦他们，还是将它视为一个庞然大物，只是将美元从其他公司和地方公司的账户中转出，为自己的小金库镀金？

经过这些年的冲突，杰夫·贝佐斯开始坐下来思考这个问题。他想知道，当亚马逊成为一个拥有一千亿美元销售额的公司时，怎么才能让人喜欢而非恐惧？就像他通常的做法一样，贝佐斯在一份备忘录中写下了自己的想法，并在一次高管团队会议结束时分发给高管团队。我从一位与亚马逊关系密切的人士手中得到一份。这份贝佐斯的备忘录名为亚马逊·爱，勾勒出一幅画面，展示了亚马逊创始人希望他的公司如何看待自己以及周围的世界如何看待它。它反映了贝佐斯的价值观和决心，甚至可能包括他的盲点。

“一些大公司发展出热情的粉丝团队，深受广大顾客的喜爱，而且人们甚至认为它们超酷，”他写道，“出于不同的原因、以不同的方式且以不同的程度，我印象中，像苹果、耐克、迪士尼、谷歌、全食超市（Whole Foods）、好事多甚至是UPS这样的公司，都是深受顾客喜欢的大型公司。而另一方面，像沃尔玛、微软、高盛和埃克森美孚这样的公司往往令人恐惧。”

贝佐斯认为人们对第二组公司的看法也许并不公平，只是人们认为它们从事了剥削行为。他不知道为什么微软的广大用户从未采用任何有效的手段站出来捍卫公司，他猜可能只是因为顾客不满意其产品。他认为UPS虽然并不特别具有创新性，但它有幸拥有无情的美国邮政服务作为竞争对手；沃尔玛在与市中心小店竞争的过程中，也存在“过多同情对手”的现象。

但贝佐斯对这种简单的结论并不满意，他利用自己的敏锐分析来解析为什么有些公司招人喜欢，而其他公司则让人惧怕。

> 粗鲁不是酷。
>
> 击败小家伙不是酷。
>
> 密切跟踪并不酷。
>
> 年轻超酷。
>
> 承担风险很酷。
>
> 胜利很酷。
>
> 有礼貌很酷。
>
> 打败较大的、无情的公司很酷。
>
> 发明酷。
>
> 探险家很酷。
>
> 征服者不酷。
>
> 过度关注竞争对手不酷。

授权给他人很酷。

仅为公司捕捉所有价值并不酷。

领导能力很酷。

信念很酷。

坦率很酷。

一味迎合大众并不酷。

虚伪不酷。

真诚很酷。

大胆设想很酷。

出乎意料很酷。

传教士很酷。

雇佣兵不酷。

在附上的表格，贝佐斯列出 17 种属性，包括礼貌、可靠、承担风险和大胆设想，每个特定的特征后面，他还列出了十几家公司。他承认自己的方法非常主观，但他的结论，最后成为亚马逊 · 爱的备忘录，旨在提升亚马逊的地位，能在众多受人喜爱的公司中突显自己。仅靠礼貌、可靠或者专注于顾客是不够的。创新、探索而不是征服非常重要。“我真的认为那四家‘失宠的’公司实际上非常具有创新性。但是人们并不将其视为发明家和先锋。仅仅有创新是不够的——还要具备开拓精神，同时受到顾客群体的认同。”他写道。

“我认为，这一结果并非现场分析得出的，因此可以把这个主题交由一位体贴的副总裁进行全面深入的分析。”贝佐斯得出结论说，“我们或许可以找到可操作的任务，增加我们在第一集团突显的概率。我觉得这很值得！”

第十一章
问号王国

在20周年纪念日即将到来之时，亚马逊终于实现了万货商店的最初设想，这是很久以前杰夫·贝佐斯和戴维·萧的想法，后由贝佐斯和谢尔·卡芬付诸行动。公司出售上百万件新品的和二手商品，并不断开拓新的产品领域；2012年和2013年新增加的类别包括工业用品、高档服饰、艺术品及酒类。公司在熙熙攘攘的亚马逊市场上为其他零售商提供店面，以作为蓬勃发展的网络服务业的一部分，公司为成千上万家科技公司、大学和政府实验室提供计算机基础设施。显然杰夫·贝佐斯相信公司的使命没有上限，网上销售的产品门类也没有上限。

如果想在全世界搜索与这个庞大的企业截然相反的店铺，即没有大量选择，但独家供应高端产品，不是靠品牌的忠诚度而是靠所有者随和的个性吸引人的店铺，那么你可以锁定亚利桑那州格伦代尔凤凰城北部的一家小小的自行车店。店名为行走者自行车中心（the Roadrunner Bike Center）。

这家名字有点严肃的商店建在一个鞋盒子形状的空间内，位于一个普通的购物中心，旁边是热卡兹水疗美容沙龙，向下走就是沃尔玛的一家杂货店。这家店可供出售的产品种类很少，只有优质的极限小轮车和轻型摩托车，供应商都是喜欢精挑细选的零售合作伙伴，而且一般不在网站上出售，也没有折扣店，比如捷安特（Giant）、哈洛（Haro）和红线（Red Line）等品牌。尽管它已经在凤凰城内搬了三次家，但多年来还是有许多顾客一直光顾这里。

“经营这家店的老头儿一直都在，而且你可以告诉他你是想修自行车还是想卖。”一位顾客的在线评论对这家商店赞赏有加，“如果你从这家店里买东西，他会非常照顾你。他还能为我买的自行车提供服务。这是我认为最便宜的一家店，有时他甚至还会打 30 美元的特价！这太疯狂了！”

一张红色的手写广告牌斜靠在窗外，上面写着假期预定！它与世界上所有的夫妻店没什么不同，30 年来一直受到主人的精心打理。除此之外，这家店与亚马逊形成了强烈的对比，而证据就在店里的相框里，挂在日光灯下和前台旁边的墙上。那是一份旧剪报和一张 6 岁男孩的照片，男孩留着运动型的小平头，站立在他的独轮车踏板上，一手扶着座椅，另一只手大胆地伸向一边。

2012 年年底，我发现杰夫 · 贝佐斯的生父泰德 · 乔根森就坐在柜台后面。我曾猜想过他对我的突然出现可能会有的反应，但我几乎没有猜到当时实际发生的情况：乔根森不知道杰夫 · 贝佐斯是谁，对名叫亚马逊的公司根本一无所知。他对我告诉他的事实完全不知所措，他否认自己是一位著名CEO的父亲，而且也否认他的儿子是世界上最富有的人。

但当我提到杰奎琳 · 吉斯和杰弗里的名字时，提到他们在十几岁的短暂婚姻里生下的儿子时，老人有了印象，他满脸通红，非常伤心。“他还活着吗？”他问道，他还没有完全意识到这到底是怎么回来。

“您儿子是这个世界上最成功的人之一。”我告诉他。我拿了一些从互联网上下载下来的贝佐斯的照片。令人难以置信的是，乔根森 45 年来第一次看到了自己的亲生儿子，他激动不已，简直不敢相信自己的眼睛。

当天晚上，我邀请乔根森和他的妻子琳达到当地的一家牛排店吃饭，他告诉了我他的经历。1968 年，贝佐斯一家从阿尔伯克基搬到休斯敦，乔根森答应杰姬和她的父亲，他会远离他们的生活。他一直留在阿尔伯克基，参加独轮车牧人剧团（Unicyde Uranglers）的表演，也会打点零工。他曾开过救护车，还在一家当地的公共事业单位西部电气公司（Western Electric）当过安装工人。

在二十几岁时，他搬到了好莱坞，帮助牧人剧团的经理劳埃德 · 史密斯开了一家新的自行车店，然后他又到图森找工作。1972 年，他刚从杂货店里买完香烟就遭到了抢劫——他们用一根 4 英寸长 2 英寸宽的铁棍把他的下巴打破了 10 处。

乔根森于 1974 年搬到凤凰城，再婚并戒了酒。这时他已经与前妻和孩子失去了联系，忘记了他们的新姓。他没有办法联系到他的儿子或关注他的进步，他说他觉得自己已经答应了不再干涉他们的生活。

1980 年，他花光了自己所有积蓄买下这家自行车店，因为这家店的原店主不想做生意了。从那时起，他就一直在经营这家店，店面曾搬过几次，最终搬到了现在的位置——凤凰城都会区北部边缘，毗邻新河山脉。他与第二任妻子离婚后，在自行车店遇到了第三任妻子琳达。第一次约会时她放了他鸽子，但在他第二次邀她出去的时候，她答应了。他们现在已经结婚 25 年了。琳达说他们私下里曾谈过杰弗里和泰德年轻时所犯的错误。

乔根森没有其他孩子，琳达在上一次婚姻中有四个儿子，孩子们与继父的关系很密切，但他从来没有告诉他们自己还有一个孩子——他说他觉得这没有必要。他觉得这是条“死胡同”，他相信自己永远不会再见到那个儿子或听到儿子的任何消息。

乔根森现年 69 岁，他心脏有问题，还有肺气肿，但还是不想退休。“我不想坐在家里一直盯着电视看。”他说。他待人亲切友好，他的妻子说他非常有同情心。（贝佐斯很像他的母亲，特别是眼睛周围；但他的鼻子和耳朵像父亲。）乔根森的商店离亚马逊的4家订单履行中心不到30英里，但是如果他在电视上看到杰夫·贝佐斯或读到一篇有关亚马逊的文章时，他也不会将两者联系起来。“我不知道他在哪里，是否找到了一份好工作，也不知道他是活着还是死了。”他说。近半个世纪以来，在他的脑海中，儿子的脸一直定格在婴儿期。

乔根森说他一直想与儿子联络——无论他的职业或地位如何——但他总是觉得第一次婚姻破裂完全是自己造成的，并惭愧地承认多年前他曾同意走出儿子的生活。“我不是一个好父亲，也不是个好丈夫，”他说，“全是我的错。我一点儿也不怪杰姬。”他很后悔，觉得杰夫·贝佐斯要努力克服那么多可怕的逆境和困难，这些一直都悬在亲生父亲的心里。

吃过晚餐，我准备离开，乔根森和他的妻子有些依依不舍，而且仍然还余惊未消，他们最终决定还是不告诉琳达的儿子们。这件事似乎跟他们没什么关系。

但几个月后，即2013年初，我接到他们最小的儿子达林·法拉（Darin Fala）打来的电话，他是霍尼韦尔公司的一个高级项目经理，也住在凤凰城，他十几岁的时候开始与乔根森一起生活。

法拉告诉我，乔根森在上周六下午召开了一次家庭会议。（“我敢打赌，他会告诉我们，他在外面有一个儿子或女儿。”法拉的妻子已经猜到了。）乔根森和琳达用很戏剧性的方法说明了情况。

法拉说那次聚会他非常痛苦，充满了泪水。“我的妻子总是叫我冷血动物，因为她从来没有见过我哭，”法拉说，“泰德也一样。那个星期六，我从来没有见过他那么激动，当然也充满了悲伤和遗憾。那种感觉让人无法抗拒。”

乔根森决定试着和贝佐斯家重新联系——法拉帮他打草稿，他写了一封信寄给贝佐斯和他的母亲。2013 年 2 月，他们通过挂号信和电子邮件将信寄出，他们等回复等了近 5 个月。贝佐斯一直不提自己亲生父亲的话题，这点并不令人吃惊：他更愿意展望未来而非回顾过去。

在电话中，法拉讲述了自己的感受。出于对贝佐斯的好奇，他曾在网上看过亚马逊几个这位首席执行官接受采访的片断，其中包括乔恩 · 斯图尔特（Jon Stewart）的每日秀（*The Daily Show*）节目。法拉对贝佐斯那出名且高亢的笑声非常吃惊。

因为在法拉童年时期，在家中回响的也是同样无拘无束的大笑声，不过在过去几年里，这笑声逐渐因肺气肿而大大减少了。“他笑得和泰德一样！”法拉简直无法相信，“几乎一模一样。”

* * *

贝佐斯无疑收到并阅读了乔根森的电子邮件——据他的同事以及他的私人助理说，他会到他那广为人知的电邮地址jeff@amazon.com里亲自查看所有的信息。事实上，许多亚马逊内部的不怎么光彩的事件都始于客户主动发来的电子邮件，然后贝佐斯转发给相关管理人员或员工，他在信中只加了一个问号。而对这些邮件的收件人来说，这符号就像一枚定时炸弹一样。

在亚马逊内部，有一个为突发事件的严重程度排名的系统。严重度五级（A Sev-5）指的是相对无关紧要的技术问题，可以由工程师在工作时解决。严重度一级（Asev-1）则是迫切需要解决的问题，工作人员需要时刻携带寻呼机（亚马逊仍然会将问题分配给多位工程师）。这类问题需要即时答复，随后会由贝佐斯的管理委员会，即杰夫团队的一位成员来审查整个情况。

然后，还有一个完全独立的突发危机事件种类，有些员工私下里称其为严重度B级（sev-B）。直接收到贝佐斯发送的电子邮件，上面带有那个著名的问号就属于这一类。如果亚马逊的员工收到这样的信件，他们就会停止手头上的一切事务，全身心地投入到CEO强调的问题里。他们通常会用几个小时来解决这个问题，然后就要准备如何完全解释清楚，而在答复上报给贝佐斯本人之前，会先后由几位主管来审查。这些带问号标记的邮件通常称为升级类邮件，贝佐斯用这种方式来保证那些潜在的问题能得以解决，保证亚马逊内部能一直听到客户的声音。

亚马逊近期更令人难忘的一件事始于2010年末的一封升级类邮件。贝佐斯开始注意到客户只浏览亚马逊性健康类的润滑剂部门发送的个性化的电子邮件——内容是亚马逊开发出了各种凝胶和其他促进亲密关系的润滑剂——却不买产品。虽然贝佐斯和他的营销人员之间的交流只是一个标点符号的程度，但是他们却知道他很生气。贝佐斯认为市场营销部门发送的电子邮件会让客户感到尴尬，因此他认为不应发送这样的邮件。

贝佐斯生气的时候喜欢说："稍等5分钟。"然后他的怒气就会像热带风暴般快速消失。[1]如果问题涉及糟糕的客户服务，则很少会这么过去。电子邮件营销团队知道该话题非常微妙，所以他们紧张地准备给出了一个解释。亚马逊的直销手段很分散，而且各类别的主管可以给那些看过某些类别产品却并未购买的顾客发送许多电子邮件。这样的邮件旨在提示那些摇摆不定的顾客去购买，它们促使亚马逊的年销售额高达数亿美元。但在这次润滑剂的电子邮件中，一位级别较低的产品经理显然在邮件的礼仪方面做的不太恰当。但营销团队却从未对此进行解释。因此贝佐斯要求开会讨论这个问题。

在一个工作日的早上，杰夫·维尔克、道格·哈灵顿、史蒂文·舒尔(Steven Shure，全球营销副总裁，前时代公司高管）以及其他几位员工聚集在会议室，屏息等待着。贝佐斯悄无声息地进到会场。用他惯常的"大家好"开始了会议，然后又说道："那么，史蒂文·舒尔准备发送与润滑剂有关的电子邮件了。"

贝佐斯并没有坐下。他的眼睛一直盯着舒尔。很明显，他气得火冒三丈。“我想关闭这个通道，”他说，“我们可以在不发送一封电子邮件的情况下就建立一家有上亿美元资产的公司。”

大家展开了激烈的辩论。亚马逊的文化是出了名的有对抗性和挑衅性的，它始于贝佐斯，他认为只有当双方的想法和观点相互碰撞，有时甚至是猛烈的碰撞时，真理才会涌现。在随后的混战中，维尔克及其同事们认为润滑剂在杂货店和药店都有卖，但严格来说，这个话题并不会让人感到尴尬。他们还指出，亚马逊每年通过这样的电子邮件促销提升了巨大的销售额。但贝佐斯不在乎；在他看来，无论赢利多少都不值得危及客户对亚马逊的信赖。这是一个具有启发性的时刻。他愿意扼杀自己企业可以赢利的一个渠道，而不愿让亚马逊与客户之间的关系接受考验。“这里有谁愿意站出来关闭这个通道？”他厉声问道。

最终，他们妥协了。某些种类（如健康和个人护理）的电子邮件营销完全终止。公司还决定建立一个中央过滤系统，确保各类别商品的经理不再促销一些敏感的产品，这样的话，礼仪问题就不会受制于个人的品味。电子邮件营销只能以后再提。

这个故事突出强调了亚马逊内部的一个矛盾。长期以来，员工的客观判断是网站改变的依据，公司几乎都是依靠指标来做出每一个重要决策的，比如要引进或终止哪些特色服务。然而，一些顾客随机造成的小插曲则与那些冰冷的、生硬的数据相反，同样也非常重要，甚至可以改变亚马逊政策。如果一位客户有一次不好的体验，贝佐斯就常会认为它反映了一个更大的问题——用一个问号将其升级为公司内部的问题。

许多亚马逊员工对这些类似消防演习的突发事件太熟悉了，他们认为它们极具破坏性。“为什么整个团队必须立刻停止手中的一切工作，去回答一个带有问号的问题呢？”一位员工曾在公司2011年的一次全体会议上问道，这次会议在西雅图的钥匙球馆（KeyArena）举行。这是一座篮球馆，有 17 000 多个座位。

“每位顾客反映的问题都很重要。”杰夫 · 维尔克回答说，“我们研究每一个问题，是因为它们显现出我们的规则和程序存在的一些问题。这是顾客替我们完成的一次审核。我们把它们视作宝贵的信息来源。”

亚马逊的风格本身就提倡高度放权，并承诺新员工能独立做决定。但贝佐斯可以终止任何程序，哪怕是该程序只给一位顾客制造了问题。润滑剂危机结束后的一年内，贝佐斯把清理电子邮件的任务当作他的个人使命。该部门的员工会突然发现他们可能正处在亚马逊最关注的点上：正处在创始人那令人畏惧的眼神监视之下。

尽管会留下伤痕，偶尔会出现创伤后应激障碍，但是亚马逊的前雇员们一般都认为他们在亚马逊工作期间是其事业中最富有成效的日子。他们的同事们都很聪明，工作具有挑战性，且管理部门之间频繁的横向变动不断为他们提供学习的机会。“每个人都知道选择在这里工作非常艰难。”费萨尔 · 马苏德（Faisal Masud）说，他在零售业干了 5 年，“你不断地学习，而且创新的步伐非常快。我曾申请过专利，也创新过。你做的每件事都伴随着激烈的竞争。”

但也有些人认为这些的经历让人痛苦。贝佐斯说公司吸引了喜欢开拓创新的人，但公司的前雇员们经常抱怨说亚马逊颇具大公司的官僚作风，但却是创业公司的步调，公司缺乏交流、重复工作多，所以许多事都进行得很吃力。在亚马逊干得好的人往往处于一个持续的敌对气氛中。贝佐斯非常讨厌被他称作“社会凝聚力”的东西，认为它只是寻求共识的自然冲动。他宁愿自己的部下在争论中靠着数字和激情战斗到底，他将这种方法列入了亚马逊的 14 条领导原则中——这些都是公司高度珍视的价值观，大家经常讨论并灌输给新的员工。[2]

敢于谏言 服从大局

领导者必须要能够不卑不亢地质疑他们无法苟同的决策，哪怕这样做让人心烦意乱，筋疲力尽。领导者要信念坚定，矢志不移。他们不会为了保持一团和气而屈就妥协。一旦做出决定，他们就会全身心地致力于实现目标。他们愿意支持不受欢迎或难获理解的意见。

有些员工喜欢这种颇具对抗性的文化，发现自己在其他地方不能很有效地工作。商务社交网站领客音（LinkedIn）上活跃着大量离开亚马逊然后又返回的公司主管。在公司内部，他们被称为飞镖。

但其他逃离公司的人称亚马逊的内部环境是一种“角斗士文化”，并不想回来。有许多人在公司里待了不到两年。“这是一个奇异的混合体。一方面，这家创业公司一直想成为超级企业；但另一方面，这家企业却又想一直当创业公司。”珍妮 · 迪波（Jenny Dibble）说。2011 年，她作为市场营销主管只在公司待了 5 个月，她曾尝试要让公司更多地使用社交媒体工具，却没有成效。她发现上司都不是特别愿意接受她的想法，而且长时间的工作又让她无法照顾家庭。“那里环境并不友好。”她说。

即使离开亚马逊也可能是一个需要斗争的过程——如果员工要在竞争对手的公司里从事类似的职业，公司一般就会寄信威胁说要告他们。费萨尔 · 马苏德提到了更多的证据，说明了这种“激烈的竞争”。他于 2010 年离开亚马逊到易趣，并收到了这样的威胁（易趣私下解决了这个事）。但总是有大批雇员流失好像并不能威胁到亚马逊。公司的股票价格稳定增长，因此吸引了许多新的人才。仅 2012 年，亚马逊的全职和兼职员工就上升至 88 400 名，同比增长了 57%。

亚马逊的薪酬设计成为尽量减少公司成本的方法，并尽量放大员工所要经历的艰辛和灾难以及留在公司的机会。新员工会得到行业的平均基本工资，以及延续两年的合同签字费，如果工作超过 4 年就能得到一定数量的股票。但不同于其他的技术公司，如谷歌和微软会将股票平均分摊给员工以作奖励，亚马逊则会在 4 年里调整份额。员工通常会在第一年工作结束时得到 5%的股份，第二年 15%，最后两年中每 6 个月得到 20%。随后两年的奖励也会调整，以确保员工一直都努力工作，而不会满足于现状。

50 人或 50 人以上部门的管理者要对下属进行“分级排序”，且必须开除业绩最差的员工。因为总是在接受测试，结果，许多亚马逊的员工一直都生活在恐惧之中。亚马逊的员工都有一个共同的感受，即当他们收到优秀的业绩评测结果时都真的感觉惊喜异常。而如果主管非常吝于赞美，下属们就惶惶不可终日，常常猜测自己什么时候会被解雇。

亚马逊很少有额外的福利或意外的奖金，20 世纪 90 年代，贝佐斯一开始就拒绝了给员工办公交卡的建议，因为他不想给他们紧迫感，以迫使他们在合理的时间下班。现在员工得到了智慧卡（ORCA cards），他们可以持卡免费搭乘西雅图的区域交通运输系统。在南湖联合区的公司办公室区域停车费为每月 220 美元，而亚马逊会为员工报销 180 美元。

不过，公司的节俭之风处处可见。会议室的桌子是用金色的门板和桌子并排堆在一起拼成的。自动售货机可以用信用卡，公司餐厅的食物没有补贴。新员工入职时会得到一个背包、一个电源适配器、一台笔记本电脑和一些特定的办公用品。如果辞职，就必须要上交所有设备，包括那个背包。公司正在不断寻找降低成本的方法，并将节省下来的钱以低价的形式转用在客户身上。这也被列入了神圣的领导者原则中。

勤俭节约

我们尽量不在与客户无关的地方花钱。勤俭节约可以让我们开动脑筋、自给自足并不断创新。在人员数量、预算规模或固定开支方面，没有额外的投入。

所有这些原则都是贝佐斯自己制定的。亚马逊的价值观就是他经营的原则，是经过了近 20 年低利润和激烈的质疑后摸爬滚打而形成的。在某种程度上，整个公司可以说都是围绕着他的大脑建立起来的——就像一台传播他的聪明才智、已达到最大半径的放大镜一样。“公司要尽量放大杰夫的思想，”当我向杰夫 · 维尔克征求他对该理论的看法时，他如此回答：“杰夫一直都在学习。他向我们每一个有专长的人学习，并在他的脑海里组合成最好的形式。现在每个人都会尽量像杰夫一样思考。”

贝佐斯的高管们经常模仿贝佐斯的行为。2012 年秋天，我在洛杉矶的拉斯皮加酒店（La Spiga）与迭戈 · 皮亚琴蒂尼共进晚餐，那是一家他最喜欢的意大利餐厅，位于西雅图的国会山附近。他慷慨地坚持要买单，而且付账后，他非常戏剧化地撕毁了收据。“公司才不会报销呢。”他说。

贝佐斯的节奏就是亚马逊的节奏，客户也受到密切关注，公司根据他采用的信息加工方式和时间安排来进行调整。他一年有两次亲自审查整个公司，两次审查期分别称为OP1（夏天进行）以及OP2（假期后进行）。各个团队在审查的前几个月都在紧锣密鼓地准备，拟定 6 页的文件，讲述未来一年的计划。几年前，公司进一步完善了这一过程，使叙述更容易让贝佐斯和其他杰夫团队成员理解，因为在审查期间，要讨论许多议题。现在每份文件的第一页都会罗列出一些要点，称为要旨，每个团队都有一些原则来指导艰难的决策，以使他们快速行动而不必一直受到监督。

贝佐斯就像一个同时下着无数盘棋的象棋大师，董事会的运行方式可以让他很有效率地关注每一场比赛。

有些象棋游戏比其他的更受关注。贝佐斯把更多的时间用在了亚马逊的新业务上，如亚马逊网络服务、公司的视频流服务，特别是Kindle和Kindle

Fire。（“我认为如果没有杰夫的批准，在Kindle项目的大楼里，你可能连个屁都不敢放。”一位资深高管说。）在这些部门里，压力非常大，工作和家庭之间的平衡如果保持不好可能会全部崩溃。

每周，通常是在周二，亚马逊各部门的主管们就会开会，审查对其业务至关重要的数据表格。客户的意见不会出现在这些会议中。数字本身就代表了哪些有用，哪些没用以及客户表现如何，最后则是公司整体的表现。

会议气氛可能会非常激烈。“对员工来说，此时他们就会深深地觉得管理团队非常可怕且令人印象深刻。他们会强迫你去看数字，然后回答每一个具体的问题，说明为什么会发生那样的事情，”戴夫·科特（Dave Cotter）说道，4年来他曾担任过亚马逊各部门的主管，“因为亚马逊非常庞大，这是一种非常快速的决策方法，不会引发主观性的争论。数据不会说谎。”

审查会议的高潮是每周三的每周业务回顾，这是亚马逊最重要的仪式之一，由维尔克主持。60位零售业务的主管聚集在一个房间里，审查他们的部门，分享有关残次品和退货方面的数据，他们对数据进行预测，并在公司的不同部门之间进行复杂的比较。

贝佐斯不参加这些会议。但在公司的任何地方都能感觉到他的存在。例如，润滑剂危机过后，电子邮件营销就一直处在他的监管之下。他仔细监测并过滤发送给客户的信息，而且他总是思考新的方式来进行电子邮件推广。然后，在2011年年末，他认为自己找到了重要的新思路。

贝佐斯非常喜欢VSL.com视觉系统网这样的电邮通讯网，它每日从网络和酷工具（Cool Tools）上搜集各种文化的花絮，它们概括了一些技术技巧和凯文·凯利（Kevin Kelly）所写的产品评论（凯利是《连线》杂志的第一任主编）。两种电子邮件都简短、条理清晰且信息量很大。贝佐斯就想亚马逊也许应该每周发送一封制作精美的电子邮件——短小精悍的数字杂志——而不是一连串平淡无奇的邮件，里面充斥着由算法演变成的市场营销策略。他

命令史蒂文 · 舒尔对这一想法进行研究。

舒尔成立了一个小组，他们花了两个月的时间进行尝试。贝佐斯并没有给他们指点太多，他们的任务很笼统，就是要制作出一种新型电子邮件以发送给客户——亚马逊在十几年前就已经失去了那种个性化声音，它减少了编辑部内部与P13N和“杰夫机器人”之间的激烈竞争。

从 2011 年末到 2012 年初，舒尔的团队向贝佐斯展示了各种想法，其中包括围绕一位名人进行访谈，另一个想法则是讲述一些与网站产品相关的有趣的历史事实。该项目一直没什么进展——客户反应不好——但有几位参与人员记得这一过程特别痛苦。在一次会议上，贝佐斯静静地查看着版面风格，它采用了亚马逊一贯的新闻稿格式，每个人都提心吊胆地等待着，会议室里鸦雀无声。然后他一下撕碎了文件。“这儿有一个问题，我已经烦透了。”他说。他似乎很喜欢最后一个想法，即分析网站上突然热销的产品，比如盖伊 · 福克斯面具（Guy Fawkes masks）和荣获格莱美大奖的英国歌手阿黛尔（Adele）的唱片。“但标题要更加有力，”他告诉写这些材料的作者小组，“有些写得不好。如果你是一个博客写手，你会饿死的。”

最后他把注意力转向了舒尔，他与公司历史上许多其他的营销副总裁一样，经常成为贝佐斯攻击的目标。

“史蒂文，为什么我没有看到这 3 个月的成果？”

“嗯，我必须得找一位编辑来进行版面设计。”

“开发得太慢了。你很在意这个吗？”

“是的，杰夫，我们在意。”

“简化设计，太复杂了。另外，要再快点！”

2012 年和 2013 年上半年可以用更快这个字眼来形容。在那几个月里，亚马逊的股票价格上涨了 60%。公司共发布了 237 则新闻——平均每两个工作日 1.6 个。因为现在在许多州，公司都要开始缴纳销售税，所以公司并没有回避相关问题，还在世界各地新开了十几家新的订单履行中心和客服中心。公司出价 7.75 亿美元现金收购了Kiva系统（Kiva Systems），这是波士顿一家制作机器人的公司，其目的是在将来用机器人取代订单履行中心的人工劳作。它重新推出了服装专用网站MyHabit. Com（我的习惯服装海淘网），并新开了售卖工业和科学设备的新商店，名为Amazon Supply（亚马逊供应）。

亚马逊也扩大了其服务范围，允许广告商与公司所有网站和设备的客户联系。亚马逊的广告由企业发展总裁杰夫 · 布莱克本负责，这是一个非常有利可图的边缘业务，为公司的免费送货和低廉的价格提供了资金，并资助公司的一些昂贵的长期项目，比如建设自己的硬件系统。

为了使公司日益增长的数字生态系统有别于竞争对手苹果和谷歌提供的平台，亚马逊斥资数百万美元收购并开创了一些新的电影和电视节目，添加到免费的即时视频（Prime Instant Video）的目录中，而且通过亚马逊的出版部门，公司资助了许多专为Kindle独家出版的书籍。亚马逊的主要竞争对手苹果和谷歌，可以说是在这个新兴的数字世界里取得了更好的定位并拥有了更多的资源，所以贝佐斯两面下注。如果客户选择苹果的iPad或谷歌的平板电脑，他们仍然可以使用各种应用程序在亚马逊网站上购物，播放他们收藏的音乐并阅读他们的Kindle电子书，这些程序都适用于其竞争对手的设备。

2012 年秋天，数百名记者来到圣莫尼卡的一个飞机机库中，等待贝佐斯推出新的Kindle Fire平板电脑，它与iPad尺寸相同，具有 119 美元的Kindle Paperwhite①的特性，是一个带有发光前置屏幕的专用电子阅读器。“它实现了我们最初的设想。”事后在一次采访中贝佐斯告诉我，他指的就是最新的

① 亚马逊推出的新一代的电子书阅读器。这款电子书阅读器拥有前光触摸屏，允许用户在日间和夜间阅读，且用户还可调整光线的亮度。——译者注

专用阅读设备，“我相信我们会继续前进，但这个产品有了质的变化。”

那一周早些时候，一位联邦法官已经批准了一项庭外和解决议，司法部门处理了3家大型图书出版商代理定价的反垄断案。（调查还涉及另外两家出版商，此问题在接下来的几个月里得以解决。）现在亚马逊又可以重新恢复新书和畅销电子书的折扣。我问贝佐斯对此有何看法，他并没有幸灾乐祸。他只是说：“我们很高兴可以恢复较低的价格。”

12月份，亚马逊在拉斯维加斯金沙会展中心（Sands Expo Center）举办了亚马逊第一次网络服务客户会议。6 000名开发商出席了会议，并专心聆听了AWS高管安迪·雅西和沃纳·沃格尔对于云计算未来的探讨。会议的规模和和人们的热情再次验证了亚马逊无疑已经成为网格协同计算领域的先驱。大会第二天，贝佐斯亲自主持，并与沃格尔展开了自由讨论，难得展示了一些他的个人计划，比如可以运行上千年的机械表“长寿钟”，工程师正准备安装在贝佐斯的农场里，这个农场位于得克萨斯的一个偏远的山区里。“它代表的涵义非常重要，其中有若干原因。如果‘人类’能长远思考，我们就可以完成我们不可能做到的事，”贝佐斯说，“时间视野非常重要。另外我要指出的是，我们人类在科技方面的发展过于尖端，很可能会对我们自己构成很多潜在的威胁。在我看来，我们作为一个物种必须要把眼光放得更长远些。所以就有了这个标志物。我认为这个标志物具有非常强大的力量。”

在讲台上，贝佐斯了独具个人特色的对于杰夫主义思想进行了阐释预测：长远思考，愿意接受失败和误解，以及多年前那令人震惊的故事。当时他第一次在仓库的包装台上干活——加上这个故事可能会很不错，但他不是真的要再讲一次吧？！

包装台的故事可能过于老套，但贝佐斯想要再次强调同样的一些价值观。像已故的史蒂夫·乔布斯一样，贝佐斯渐渐地锻炼员工、投资者和将信将疑的公众，让他们接受自己的思维方式。任何过程都可以改进。知识渊博的人看不到的缺陷可能在新人眼中显而易见。最简单的方法最好。重复这些故事不是单调的死记硬背——而是精心计算过的策略。“我们其他人总是设定一些复杂矛盾的目标，这使周围的人很难帮助我们。”他的朋友丹尼·希利斯说道，“杰夫的目标则非常明确、简单，而且他表达的方式让其他人很容易理解，因为这些都是一致的。”“如果你想问为什么亚马逊与其他所有的互联网早期出现的公司如此不同，这是因为杰夫从一开始就以长远的眼光来经营亚马逊，”希利斯继续说道，“这是数十年的计划。他深信如果自己稳步前进，可以在较长的时间内完成大量工作，这就是他的基本理念。”

* * *

到了 2012 年，亚马逊搬到了西雅图南湖联合区的新办公大楼。大约同一时间还有另一个变化，不过刚开始只有员工察觉到了。在新区的标志上，以及在一些罕见的物品（如杯子、T恤）上，员工发现公司的名字只简单地表示为亚马逊（Amazon）而不是亚马逊网站（Amazon.com）。多年来贝佐斯一直坚持使用较长的名字，努力将公司的网址铭刻在客户心中。但现在公司的产品多种多样，包括云服务和硬件，再坚持使用原来过时的名字已经没有意义了。2012 年 3 月，网站也采用了缩写的名字，但很少人注意到。

亚马逊似乎是一个不断变化的公司。然而，有些东西则保持不变。2012 年 11 月初，在一个寒冷、潮湿的星期二早上 9 点左右，一辆本田多功能车停在了天一北（Day One North）——位于西雅图南湖联合区特里大道和共和大街的拐角处。杰夫·贝佐斯坐在后排的座位上，俯身吻了吻妻子麦凯奇，道声再见，下车后自信满满地走进办公大楼，开始了新的一天。

在许多方面，贝佐斯的生活已变得和李·斯科特一样复杂。回想 2000 年的时候，贝佐斯在拜访这位前沃尔玛首席执行官时，看到他周围的安保措施感到非常惊讶。贝佐斯可能不会坐黑色轿车去上班，但根据公司的财务报告显示，亚马逊每年会花费160万美元用于他及家人的人身安全方面。

亚马逊取得了巨大的成功，随之而来的则是许多事情都变得很复杂，复杂到不可思议，但至少有一件常做的事他想保持不变，他与麦凯奇的温馨场景至少说明了这一点。他们可以雇司机，可以购买豪华轿车和私人飞机，但是他们仍然只开一辆本田的中档车，不过比10年前的本田雅阁更大些。麦凯奇经常开车送他们的四个孩子上学，然后再送丈夫去上班。

当然，他们的财富完全值得夸耀。贝佐斯的财产现在估计有250亿美元，他在美国富人榜上排名第12位。[3]

他们全家非常低调，但是他们的生活还是不能完全避开公众的注视。他们在麦地那的富人区的湖畔有一座豪宅，就在比尔·盖茨家附近。这栋房子于2010年重建，占地5.35英亩。根据公开记录，它共有两栋建筑物，2.9万平方英尺的居住空间，而且这还不包括一个看守人的小屋和船屋——贝佐斯就是在这里第一次组建了亚马逊Prime服务团队。[4]

除了主屋之外，贝佐斯家族在阿斯彭、贝弗利山和纽约市都有房产，在得克萨斯还有一个占地约29万英亩的农场，蓝色起源在那儿有设施，可以用火箭将他们送入太空旅行。麦凯奇在他们麦地那的家附近租了一套一室一厅的公寓作为她的私人办公室。她曾写过两部小说，包括2012年发表的《陷阱》(*Traps*)。"我就像是中了彩票一样幸运。"2012年，《时尚》杂志难得一次采访她，当时她这么说道，这里指的是她丈夫的成功。"它使我的生活在很多方面都更加精彩，但这不是我所说的彩票。实际上，我的父母非常好，他们崇尚教育，深信我能成为一名作家以及我会与丈夫非常相爱，这些东西造就了现在的我。"[5]

贝佐斯与麦凯奇似乎都能有效地分配时间，用于众多个人的多个事项。对贝佐斯来说，除了他的家人和亚马逊，他还有蓝色起源，每个星期三他通常会在那里度过。他个人的风险资本公司——贝佐斯探险（Bezos Expeditions）持有多个公司的股份，如推特、尤伯出租车公司（Uber）、新闻网站商业内幕博客（Business Insider）以及反思机器人公司（Rethink Robotics）。许多投资公司的企业家都说，他们至少曾与贝佐斯本人交谈过一次。“在他投资的那些领域，都掌握着可以破坏现存模式的信息技术，”罗德尼·布鲁克斯（Rodney Brooks）说，他是反思机器人公司聘请的MIT教授，该公司立志要将价格低廉的机器人应用到制造业装配流水线上。“他当然没有实际经验，但如果出现各种难题，他一直都是一个很好的商量对象。我们会去咨询他，他的回答非常值得参考。”

贝佐斯与“长寿钟”的创作者关系密切，每个季度的审查会议他都会出席，时钟的工程师们称之为签到。“他对细节要求很严，在设计的创意和成本上也非常严苛。”今日永存基金会（the Long Now Foundation）主席斯图尔特·布兰德说。

贝佐斯与麦凯奇还亲自参与了贝佐斯家族基金会的活动，该基金会发放助学金并资助贫困国家和受灾地区的学生们及其他年轻人。基金会由杰姬和迈克·贝佐斯管理，由杰夫的兄弟姐妹克里斯蒂娜·贝佐斯、玻尔和马克·贝佐斯担任主管。家族的人引入了些许亚马逊的管理方式来管理他们的慈善事业。基金会办公室离亚马逊的总部只有几个街区，它的主会议室里有一个布娃娃，他们开会时总是把娃娃放在一个空椅子上。娃娃代表他们要帮助的学生——就像贝佐斯过去开会时习惯留一把空椅子来代表客户一样。

贝佐斯家族的关系非常密切，而且他们总是专注于未来。但偶尔他们也会想起过去。2013年6月，在一个星期三的午夜时分，杰夫·贝佐斯终于回复了他的亲生父亲泰德·乔根森发来的邮件。这封电子邮件很短但感情真挚，收件人是乔根森的继子，因为乔根森本人不会用互联网。贝佐斯试图让老人安心。他写道自己的父母十几岁时就被迫做出艰难的选择，他感同身受。不过，他还说他的童年很快乐。他说他对乔根森并无任何不满，他请求自己的父亲抛开所有遗憾，因为这份遗憾一直在他的生活中挥之不去。然后，他向多年未见的亲生父亲表示祝福。

* * *

如果你站在杰夫·贝佐斯的角度去评判亚马逊过去20年来的成功和失败，那么公司的未来就显而易见。几乎每一个可能想到的问题的答案都是肯定的。

亚马逊是否会将第二天免费送达的Prime服务转换成当日送达呢？是的，如果亚马逊在每一个建有订单履行中心的城市有许多客户，那这一目标就最终会成为现实。贝佐斯的目标一直都是除去一切网上购物的不便，并以最有效的方式向客户传递产品和服务。

亚马逊终有一天会配备自己的送货车吗？是的，最终会配备的，因为如果能够掌控所谓配送到客户的最后一公里，就可以帮助实现这一愿景并满足顾客具体的送货要求。

除西雅图、洛杉矶和旧金山外，亚马逊是否会在其他地区推出它的食品服务——“亚马逊生鲜”呢？是的，只要它完善易腐产品（如蔬菜和水果）的存储和送货机制，便有利可图。贝佐斯认为如果亚马逊不能掌握杂货和服装的营销技术，就无法成长到像沃尔玛那样的规模。

亚马逊是否会进军手机或互联网电视机顶盒？是的，因为公司想要为顾客使用的所有连接设备提供服务，客户不需要完全依赖其主要竞争对手的硬件设备。

亚马逊经营的零售网店是否会扩展到现有的10个国家以外的区域？是的，最终会的。贝佐斯的长期目标是随时随地什么都卖。例如，如果俄罗斯的运输基础设施增强，且其信用卡处理系统更加可靠的话，亚马逊将会在俄罗斯推出网店和数字服务，可能会通过收购当地的实体公司或利用Kindle和

Kindle Fire形成的市场来做，就像2012年在巴西及2013年在印度一样。

亚马逊会终止从制造商那里购买产品吗？是的。在某种程度上，订单履行中心可能确实如此。3D打印技术不断发展，其中机器利用微波挤压塑料材料，并以数字模型对象为基础创造物品，这正是贝佐斯所痴迷的破坏性革命，这样可以让他进一步消除供应链中的成本。2013年，亚马逊初次进入该领域，开设了一个售卖3D打印机及其耗材的商店。

反垄断部门最终会审查亚马逊及其市场力量吗？是的，我相信很有可能，因为公司在某些市场的发展越来越统一，比如书籍和电子市场，竞争对手中途纷纷落马。但我们已经见识过销售税和电子书定价的纠纷，亚马逊熟练地为法律领航，并谨慎地站在正确的一边。像谷歌一样，它从20世纪90年代微软的反垄断危机中受益良多，那是一个鲜活的例子，有力地证明了积极的垄断行为可能会毁了一家公司。

这些都不是梦，都几乎不可避免。但很容易预测的一件事就是——杰夫·贝佐斯会继续做他一直在做的事。他的行动会更快、督促他的员工会更加努力工作、更加大胆地下赌注并追求创新，无论大小，这一切全都是为了实现他对亚马逊的伟大设想——它不仅仅是一家万货商店，而且最终会成为一家万事通公司。

亚马逊或许是当前最引人关注的公司，而且它才刚刚起步。它既是传教士又是雇佣军，纵观整个商业史和其他人类事务，两者总是有力地相互结合。“我们没有一个大的优势。”他曾经这么告诉一个老对手——出版商蒂姆·奥赖利，当时他们正在争论亚马逊从竞争对手（如巴诺）手中保护其专利一键下单的订购方法。“所以我们必须编织出一条由很多小优势结成的绳子。”

亚马逊仍在编织这条绳子。那是它的未来，那是为了继续编织和成长，那是为了义无反顾地体现创始人的理想。它将继续旺盛成长！

THE
EVERYTHING
STORE
by Brad Stone

致 谢

近些年，我一直在谈论写一本关于亚马逊的书。如果没有我的朋友、家人和同事的鼎力帮助，我现在可能还在做——确切地说是谈论——这件事。

两年前，我的经纪人皮拉尔·奎恩（Pilar Queen）耐心地劝服我不要再拖延这一计划了，她还帮我投递了书讯。她成为了这项工程固执的领头者。在小布朗，执行编辑约翰·帕斯利（John Parsley）对这本书给予了特别的关注，希望能帮助这本书从同类书中脱颖而出（至少从传统的出版行业的角度来说）。此外，我要感谢里根·阿瑟（Reagan Arthur）、迈克尔·皮耶什（Michael Pietsch）、吉奥夫·香德勒（Geoff Shandler）、尼克尔·杜威（Nicole Dewey）、菲奥娜·布朗（Fiona Brown）、帕梅拉·马绍尔（Pamela Mashall）、崔西·罗伊（Tracy Roe），还有小布朗出版社的马林·冯·欧勒-霍根（Malin von Euler-Hogen），他非常职业且富有激情地推动了这本书的诞生。

我还要感谢亚马逊公共关系部的克莱格·贝尔曼（Craig Berman）和德鲁·赫德内尔（Drew Herdener），他们一直坚定地为公司宣传，他们也满足了我的要求，并且不可避免地对这本描述亚马逊惊人成长的书进行了审核。我还要感谢亚马逊的高管们：杰夫·维尔克、迭戈·皮亚琴蒂尼、安迪·雅西、鲁斯·格兰迪内蒂、杰夫·布莱克本和史蒂夫·凯塞尔。他们抽出时间与我交谈。当然还有杰夫·贝佐斯，他支持了我对他的朋友、家人和职员的无数次采访。

在2012到2013年间，我在西雅图花了大量的时间，我的一些亲戚在这里，让我感到非常惬意。尼克·温菲尔德和艾米丽·温菲尔德（Nick and Emily Winfield）为我提供了舒适的卧室，我也有机会在早饭后与他们的孩子比特丽斯（Beatrice）和米勒（Miller）玩几局《星球大战》的问答游戏。斯科特·皮尼左托（Scott Pinizzotto）和阿里·弗兰克（Ali Frank）也热情地招待了我很多次。

在硅谷，吉尔·哈泽尔巴克（Jill Hazelbaker）、谢尔纳兹·达维尔（Shernaz Daver）、达尼·杜德克（Dani Dudeck）、安德鲁·科瓦茨（Andrew Kovacs）、克里斯蒂娜·李（Christina Lee）、蒂芙尼·斯潘塞（Tiffany Spencer）、克里斯·普罗迪（Chris Prouty）和马季特·温玛舍（Margit Wennmachers）也帮我联系了很多人。DomainTools的苏珊·普罗瑟（Susan Prosser）帮我查阅了亚马逊早期员工的资料。我哥伦比亚大学的校友查尔斯·阿戴（Charles Ardai）帮我解开了萧氏公司的谜团。像很多试图解密亚马逊的记者一样，我从这些人那里获益良多：摩根士丹利的斯科特·德维特（Scott Devitt）、ChannelAdvisor的斯科特·温格（Scot Wingo）和行走者自行车店的菲奥娜·迪亚斯（Fiona Dias）。

《彭博商业周刊》让我觉得这里是一个大家庭，它不仅为严肃的商业新闻记者提供了一个广阔的平台，而且能够容纳像写作本书这样的有潜力的计划。约什·蒂朗基尔（Josh Tyrangiel）、布拉德·威纳斯（Brad Wieners）、罗梅什·拉特内萨尔（Romesh Ratnesar）、艾伦·波洛克（Ellen Pollock）、和诺曼·珀尔斯汀（Roman Pearlstine）给了我意料之外的帮助和支持。我的编辑吉姆·阿莱（Jim Aley）仔细地进行了初审。黛安·苏尔亚库素玛（Diana

Suryakusuma）帮我在紧张的期限内搜集了图片。在我的写作陷入僵局时，我的朋友和同事阿什利·旺斯（Ashley Vance）给我提供了重要的建议。

我也要感谢我的记者伙伴们：史蒂芬·列维、艾森·沃特斯（Ethan Watters）、亚当·罗杰斯（Adam Rogers）、乔治·安德尔（George Anders）、丹·麦克基恩（Dan McGinn）、尼克·比尔顿（Nick Bilton）、克莱尔·凯恩·罗杰斯（Claire Cain Rogers）、戴蒙·达林（Damon Darlin）、约翰·马科夫（John Markoff）、吉姆·布伦那（Jim Brunner）、阿兰·杜什曼（Alan Deutschman）、汤姆·吉莱斯（Tom Giles）、道格·马克米兰（Doug MacMillan）、亚当·桑塔里亚诺（Adam Satariano）、莫托克·里奇（Motoko Rich）和彼得·布罗斯（Peter Burrows）。尼克·桑切斯（Nick Sanchez）为本书提供了大量的研究结果和新闻报道。内华达大学雷诺校区的摩根·梅森（Morgan Mason）参与了关于内华达弗恩利地区亚马逊订单履行中心的采访项目。

在写作过程中，我的家人也非常耐心地支持我的工作。特别是在我沉迷于写作时。我的父亲罗伯特·斯通（Robert Stone）和母亲卡罗尔·格里克（Carol Glick）一直非常支持我，他们辛苦带大了我的家人：约什·克拉夫钦（josh Krafchin）、米利亚姆·斯通（Miriam Stone）、戴维·斯通（Dave Stone）、莫妮卡·斯通（Monica Stone）、琼·斯通（Jon Stone）和史蒂夫·斯通（Steve Stone）（他是一个好的参谋）。我的兄弟布莱恩·斯通（Brian Stone）、埃里克·斯通（Eric Stone）、贝卡·左勒·斯通（Becca Zoller Stone）、卢安·斯通（Luanne Stone）和詹尼弗·格兰尼克（Jennifer Granick）一直都很棒。

我的双胞胎女儿卡莉斯塔·斯通（Calista Stone）和伊莎贝拉·斯通（Isabella Stone），只能含糊地意识到有一本“爸爸的书”，她们为我提供了写作的动力。我希望当她们长大时，仍然觉得这些已经有些年头的故事非常有意思。

最后，让我再感谢一下蒂芙尼·福克斯（Tiffany Fox）的帮助。

杰夫的阅读书目

书籍在亚马逊的成长过程中起到了很大的作用。它培养了亚马逊的创新能力，帮助亚马逊形成了独特的文化的发展战略。以下列举的是亚马逊的高管和员工们经常阅读的书目，能够帮助读者更好地理解这个公司。

1. **《长日将尽》**（*The Remains of the Days*），石黑一雄著，1989

杰夫 · 贝佐斯最喜欢的小说。描述了一位管家回忆战争时期他在英国的军旅生涯。贝佐斯说他从小说中获得的东西比非虚构作品多得多。

2. **《山姆 · 沃尔顿：富甲美国》**（*Sam Walton：Made in America*），山姆 · 沃尔顿和约翰 · 胡伊（John Huey）著，1992

在这本自传中，沃尔玛的创始人阐述了折扣零售业发展的秘诀，并讨论了他的核心价值观：勤俭节约以及崇尚行动——要心甘情愿地做很多事并犯下很多错误。贝佐斯将这些引入了亚马逊的理念中。

3. **《主席备忘录》**（*Memos from the Chairman*），阿兰 · 格林伯格（Alan

Greenberg）著，1996

这是一本贝尔斯登银行（现已停业）主席的备忘录选集。在他的备忘录中，格林伯格一直在重申银行的核心价值，特别是谦逊和勤俭节约。这条哲理来自一位虚构的哲学家。如今，亚马逊每年都在发放1997年致股东的原始信件。

4.**《人月神话》**（*The Mythical Man-Month*），弗雷德里克 · P · 小布鲁克斯（Frederick P. Brooks Jr.）著，1975

一位非常有影响力的电脑科学家提出了一个有反常理的观点：小型团队比大型团队更容易掌控复杂的软件项目。这本书直接催生了亚马逊的“两个比萨团队”。

5.**《基业长青》**（*Built to Last: Successful Habits of Visionary Companies*），吉姆 · 柯林斯和杰里 · I · 波勒斯（Jerry I. Porras）著，1994

这本著名的管理类书籍解释了为什么一些公司一直能够成功。这些公司有一个核心理念，只有持有这一理念的员工敢于承担核心任务，而其他人就像公司里的病毒一样。

6.**《从优秀到卓越》**（*Good to Great: Why Some Companies Make the Leap . . . and Others Don't*），吉姆 · 柯林斯著，2001

柯林斯在本书出版前研究了亚马逊的管理模式。公司必须面对残酷的竞争，找到他们独特之处，并操纵飞轮，使得企业每个部分的变化都能加强其他的环节。

7.**《创造》**（*Creation: Life and How to Make It*），史蒂夫 · 格兰德著，2001

一位视频游戏的设计者如果找到了原始的结构元素，认为智能系统能够从头到脚进行创造。这本书对于亚马逊开发网络服务、云计算产生了很大的影响。

8.**《创新者的窘境》**（*The Innovator's Dilemma: The Revolutionary Book That Will Change the Way You Do Business*），克莱顿 · 克里斯坦森著，1997

这是一本很有影响力的商业著作。亚马逊在开发Kindle和云计算时借用了其中的很多原则。一些公司不愿选择破坏性技术因为它们可能隔离顾客以及破坏它们的核心产业，但是克里斯坦森认为忽视破坏性创新的代价是非常严重的。

9.**《目标》**（*The Goal: A Process of Ongoing Improvement*），艾利 · M · 高德拉特和杰夫 · 科克斯著，1984

这本书用小说的形式阐述了生产过程中的原理，它鼓励公司认清运作过程中最大的障碍，并重新梳理自己的架构。《目标》这本书是杰夫 · 维尔克的圣经，他通过这本书修复了亚马逊的订单履行网络。

10.**《精益思想》**（*Lean Thinking: Banish Waste and Create Wealth in Your Corporation*），詹姆斯 · P · 沃麦克（James P. Womack）和丹尼尔 · T · 琼斯（Daniel T. Jones）著，1996

丰田的产品哲学要求行动必须能够为顾客创造价值，一切行动都要为它让路。

11.**《数据驱动市场》**（*Data-Driven Marketing: The 15 Metrics Everyone in Marketing Should Know*），马克 · 杰弗里（Mark Jeffery）著，2010

这是一本衡量顾客对于市场有效性满意度数据的指南，亚马逊员工必须从数据出发，如果数据薄弱，他们必须指出这一缺陷，或让其他同事解决这件事。

12.**《黑天鹅》**（*The Black Swan: The Impact of the Highly Improbable*），纳西姆 · 尼古拉斯 · 塔勒布著，2007

这位学者怀疑掌握了分析模式的人们在混乱状态中对无法预料的事情仍然很盲目，并造成大量的后果。实验和经验主义明显胜过简单而浅显的描述。

THE
EVERYTHING
STORE
by Brad Stone

注 释

前言

1. Jeff Bezos, keynote address at Tepper School of Business graduation, Carnegie Mellon University, May 18, 2008.

第一部分

第一章：数量分析所

1. Jeff Bezos, speech at Lake Forest College, February 26, 1998.

2. Mark Leibovich, *The New Imperialists* (New York: Prentice Hall, 2002), 84.

3. Rebecca Johnson, "MacKenzie Bezos: Writer, Mother of Four, and High-Profile Wife," *Vogue*, February 20, 2013.

4. 令人不解的是，贝佐斯在 1993 年 11 月的《投资商文摘》(*Investment Dealers' Digest*) 中曾如此描述第三方市场的机遇："我们想让自己的产品与众不同。我们认为人们有想要停止购物的欲望。"

5. Michael Peltz, "The Power of Six," Institutional Investor (March 2009)。"戴维•萧认为自己的公司'是一间实验室，碰巧做了投资的工作；而不是一家从事于金融却碰巧雇用了一批人研究数学等式的公司。'"

6. Leibovich, *The New Imperialists*, 85.

7. Peter de Jonge, “Riding the Perilous Waters of Amazon.com,” *New York Times Magazine*, March 14, 1999.

8. John Quarterman, *Matrix News*.

9. Jeff Bezos interview, Academy of Achievement, May 4, 2001.

10. Jeff Bezos, speech at Lake Forest College, February 26, 1998.

11. Jeff Bezos, speech to Commonwealth Club of California, July 27, 1998.

12. Jeff Bezos, speech to the American Association of Publishers, March 18, 1999.

第二章　贝佐斯的书

1. Robert Spector, *Amazon.com: Get Big Fast* (New York: HarperCollins, 2000). Spector's book offers a comprehensive account of Amazon's early years.

2. Jeff Bezos, speech to the American Association of Publishers, March 18, 1999.

3. David Sheff, “The *Playboy* Interview: Jeff Bezos,” *Playboy*, February 1, 2000.

4. Ibid.

5. Adi Ignatius, “Jeff Bezos on Leading for the Long-Term at Amazon,” *HBR IdeaCast* (blog), *Harvard Business Review*, January 3, 2013, http://blogs.hbr.org/ ideacast/2013/01/jeff-bezos-on-leading-for-the.html.

6. Jeff Bezos, speech to the American Association of Publishers, March 18, 1999.

7. Jeff Bezos, speech at Lake Forest College, February 26, 1998.

8. Ibid.

9. Amazon.com Inc. S-1, filed March 24, 1997.

10. Mukul Pandya and Robbie Shell, eds., “Lasting Leadership: Lessons from the 25 Most Influential Business People of Our Times,” Knowledge@Wharton, October 20, 2004, http://knowledge.wharton.upenn.edu/article.cfm?articleid=1054.

11. Ibid.

12. James Marcus, *Amazonia* (New York: New Press, 2004).

13. Jeff Bezos, speech to Commonwealth Club of California, July 27, 1998.

14. Cynthia Mayer, “Investing It; Does Amazon = 2 Barnes & Nobles?” *New York Times*, July 19, 1998.

15. Jeff Bezos, interview by Charlie Rose, *Charlie Rose*, PBS, July 28, 2010.

16. Justin Hibbard, “Wal-Mart v. Amazon.com: The Inside Story,” *InformationWeek*, February 22, 1999.

17. Jeff Bezos interview, Academy of Achievement, May 4, 2001.

第三章　狂热梦想

1. 据维基百科所述，其中一种解释为：“一个圆形的井盖不会从圆形的井口掉进去，但如果把一个方形的井盖斜放在井口则可能会掉进去。”

2. Ron Suskind, “Amazon.com Debuts the Mother of All Bestseller Lists,” *Washington Post*, August 26, 1998.

3. Ibid.

4. Jeff Bezos, speech to Commonwealth Club of California, July 27, 1998.

5. Jeff Bezos, speech to the American Association of Publishers, March 18, 1999.

6. Steven Levy, *In the Plex* (New York: Simon and Schuster, 2011), 34.

7. Jacqueline Doherty, “Amazon.bomb,” *Barron's*, May 31, 1999.

8. George Anders, Nikhil Deogun, and Joann S. Lublin, “Joseph Galli Will Join Amazon, Reversing Plan to Take Pepsi Job,” *Wall Street Journal*, June 25, 1999.

9. Joshua Cooper Ramo, “Jeff Bezos: King of the Internet,” *Time*, December 27, 1999.

10. Stefanie Olsen, “FTC Fines E-Tailers $1.5 Million for Shipping Delays,” CNET, July 26, 2000.

11. Michael Moe, “Tech Startup Secrets of Bill Campbell, Coach of Silicon Valley,” *Forbes*, July 27, 2011.

第四章　价值一百多万美元的错误

1. Jeremy Kahn, “The Giant Killer,” *Fortune*, June 11, 2001.

2. Evelyn Nussenbaum, “Analyst Finally Tells Truth about Dot-Coms,” *New York Post*, June 27, 2000.

3. Mark Leibovich, “Child Prodigy, Online Pioneer,” *Washington Post*, September 3, 2000.

4. Ibid.

5. Steven Levy, “Jeff Bezos Owns the Web in More Ways Than You Think,” *Wired*, November 13, 2011.

6. “Amazon.com Auctions Helps Online Sellers Become Effective Marketers,” PR Newswire, August 18, 1999.

7. Scott Hillis, “Authors Protest Amazon's Practices, Used-Book Feature Comes under Fire,” Reuters, December 28, 2000.

8. Jennifer Waters, “Amazon Faces ‘Creditor Squeeze,’ ” *CBS MarketWatch*, February 6, 2001.

9. Gretchen Morgenson, “S.E.C. Is Said to Investigate Amazon Chief,” *New York Times*,

March 9, 2001.

10. Sinegal's comments are drawn from my July 2012 interview with Sinegal, the recollections of Amazon executives, and Andrew Bary, "King of the Jungle," *Barron's*, March 23, 2009.

11. Monica Soto, "Terrorist Attacks Overwhelm Amazon's Good News about Deal with Target," *Seattle Times*, September 27, 2001.

12. Saul Hansell, "Amazon Decides to Go for a Powerful Form of Advertising: Lower Prices and Word of Mouth," *New York Times*, February 10, 2003.

第二部分

第五章　火箭小子

1. Chip Bayers, "The Inner Bezos," *Wired*, March 1999.

2. Mark Leibovich, *The New Imperialists* (New York: Prentice Hall, 2002), 79.

3. "Local Team Wins Unicycle Polo Match," *Albuquerque Tribune*, November 23, 1961.

4. *Albuquerque Tribune*, April 24, 1965.

5. Leibovich, *The New Imperialists*, 73–74.

6. Ibid., 71.

7. Ibid., 74.

8. Jeff Bezos interview, Academy of Achievement, May 4, 2001.

9. "The World's Billionaires," *Forbes*, July 9, 2001.

10. Bayers, "The Inner Bezos."

11. Brad Stone, "Bezos in Space," *Newsweek*, May 5, 2003.

12. Mylene Mangalindan, "Buzz in West Texas Is about Bezos and His Launch Site," *Wall Street Journal*, November 10, 2006.

13. Jeff Bezos, "Successful Short Hop, Setback, and Next Vehicle," Blue Origin website, September 2, 2011.

14. Adam Lashinsky, "Amazon's Jeff Bezos: The Ultimate Disrupter," *Fortune*, November 16, 2012.

第六章　混沌理论

1. Saul Hansell, "Listen Up! It's Time for a Profit; a Front-Row Seat as Amazon Gets Serious," *New York Times*, May 20, 2011.

2. Jeff Bezos, speech to the American Association of Publishers, March 18, 1999.

3. 2012 年，我的研究助理尼克•桑切斯（Nick Sanchez）建立了一份综合性的FOIA

（信息自由法）档案，向美国劳工部征询了从1995年至今所有针对亚马逊的投诉或其违反规定的行为。除了《阿伦镇晨报》(*Allentown Morning Call*)上报道的备受瞩目的热门投诉之外，职业与安全健康管理局（OSHA）的地区以及次区域办公室提供了几十个员工的投诉，其中包括华盛顿的一家呼叫中心内厕所坏掉的问题；新罕布什尔州叉车喧闹事件；宾夕法尼亚州的龙卷风避难所不合规格；以及其他一些小问题，比如水冷机的矿物沉淀、休息室发霉、防护帽不合适，以及噪音和烟雾水平过高等等。对于以上所有的投诉案，亚马逊都向OSHA出示了符合要求的证明或立即补救的情况，绝大多数问题都得以解决，不需要OSHA检查或传票。但联邦OSHA办公室发布的FOIA申请涉及多个法律领域，转发给了各州和各地区的办事处，短时间内、甚至是一年内，我们几乎都不可能得到亚马逊这样的大公司在全国的所有记录。

4. 2012年7月，亚马逊推出了名为“职业选择”的学费报销计划，帮助订单履行中心的员工重返校园，只要他们连续为公司服务三年，即可返回校园继续学习。亚马逊声称每位员工可每年享受高达2000美元的补助，最多享受四年。

第七章　一家技术公司，而非零售商

1. Gary Rivlin, “A Retail Revolution Turns Ten,” *New York Times*, July 27, 2012.

2. Gary Wolf, “The Great Library of Amazonia,” *Wired*, October 23, 2003.

3. Ibid.

4. Luke Timmerman, “Amazon’s Top Techie, Werner Vogels, on How Web Services Follows the Retail Playbook,” *Xconomy*, September 29, 2010.

5. Shobha Warrier, “From Studying under the Streetlights to CEO of a U.S. Firm!” *Rediff*, September 1, 2010.

6. Tim O’Reilly, “Amazon Web Services API,” July 18, 2002, http://www.oreillynet.com/pub/wlg/1707.

7. Damien Cave, “Losing the War on Patents,” *Salon*, February 15, 2002.

8. O’Reilly, “Amazon Web Services API.”

9. Steve Grand, *Creation: Life and How to Make It* (Darby, PA: Diane Publishing,2000), 132.

10. Hybrid machine/human computing arrangement patent filed October 12, 2001; http://www.google.com/patents/US7197459.

11. “Artificial Artificial Intelligence,” *Economist*, June 10, 2006.

12. Katharine Mieszkowski, “I Make $1.45 a Week and I Love It,” *Salon*, July 24, 2006.

13. Jason Pontin, “Artificial Intelligence, with Help from the Humans,” *New York Times*, March 25, 2007.

14. Jeff Bezos, interview by Charlie Rose, *Charlie Rose*, PBS, February 26, 2009.

第八章　菲奥娜

1. Calvin Reid, “Authors Guild Shoots Down Rocket eBook Contract,” *Publishers Weekly*, May 10, 1999.

2. Steve Silberman, “Ex Libris,” *Wired*, July 1998.

3. Steven Levy, “It’s Time to Turn the Last Page,” *Newsweek*, December 31, 1999.

4. Jane Spencer and Kara Scannell, “As Fraud Case Unravels, Executive Is at Large,” *Wall Street Journal*, April 25, 2007.

5. David Pogue, “Trying Again to Make Books Obsolete,” *New York Times*, October 12, 2006.

6. Jeff Bezos, speech at Lake Forest College, February 26, 1998.

7. Walt Mossberg, “The Way We Read,” *Wall Street Journal*, June 9, 2008.

8. Mark Leibovich, “Child Prodigy, Online Pioneer,” *Washington Post*, September 3, 2000.

9. Clayton Christensen, *The Innovator’s Dilemma: When New Technologies Cause Great Firms to Fail* (Boston: Harvard Business Review Press, 1997).

10. Jeff Bezos, interview by Charlie Rose, *Charlie Rose*, PBS, February 26, 2009.

11. David D. Kirkpatrick, “Online Sales of Used Books Draw Protest,” *New York Times*, April 10, 2002.

12. Graeme Neill, “Sony and Amazon in e-Books Battle,” *Bookseller*, April 27, 2007.

13. Brad Stone, “Envisioning the Next Chapter for Electronic Books,” *New York Times*, September 6, 2007.

14. Jeff Bezos, *The Oprah Winfrey Show*, ABC, October 24, 2008.

第三部分

第九章　起飞！

1. Ben Charny, “Amazon Upgrade Leads Internet Stocks Higher,” *MarketWatch*, January 22, 2007.

2. Victoria Barrett, “Too Smart for Its Own Good,” *Forbes*, October 9, 2008.

3. Jim Collins, *Good to Great: Why Some Companies Make the Leap . . . and Others Don’t* (New York: HarperCollins, 2001), 180.

4. Zappos Milestone: Timeline, Zappos.com, http://about.zappos.com/press- center/media-coverage/zappos-milestone-timeline.

5. Parija B. Kavilanz, “Circuit City to Shut Down,” *CNN Money*, January 16, 2009.

6. Ben Austen, “The End of Borders and the Future of Books,” *Bloomberg Businessweek*,

November 10, 2011.

7. Annie Lowrey, "Readers Without Borders," *Slate*, July 20, 2011.

8. Scott Mayerowitz and Alice Gomstyn, "Target Among the Latest Chain of Grim Layoffs," ABC News, January 27, 2009.

9. Brad Stone, "Can Amazon Be the Wal-Mart of the Web?" *New York Times*, September 19, 2009.

10. Miguel Bustillo and Jeffrey A. Trachtenberg, "Wal-Mart Strafes Amazon in Book War," *Wall Street Journal*, October 16, 2009.

11. Brad Stone and Stephanie Rosenbloom, "Price War Brews Between Amazon and Wal-Mart," *New York Times*, November 23, 2009.

12. American Booksellers Association, Letter to Justice Department, October 22, 2009.

13. Spencer Wang, Credit Suisse First Boston analyst report, February 16, 2010.

14. Mick Rooney, "Amazon/Hachette Livre Dispute," *Independent Publishing Magazine*, June 6, 2008.

15. Eoin Purcell, "All Your Base Are Belong to Amazon," *Eoin Purcell's Blog*, May 14,2009, http://eoinpurcellsblog.com/2009/05/14/all-your-base-are-belong-to-amazon/.

16. 根据2010年1月29日法庭的证词，西蒙舒斯特出版社的总顾问写信给首席执行官卡洛琳•克罗尔•雷迪（Carolyn Kroll Reidy）说她“无法相信乔布斯出庭作证”，并认为“非常愚蠢。”http:// www.nysd.uscourts.gov/cases/show.php?db=special&id=306, page 86.

17. Motoko Rich and Brad Stone, "Publisher Wins Fight with Amazon Over E-Books," *New York Times*, January 31, 2010.

第十章　创新、探索，而非征服

1. Jeff Bezos, interview by Charlie Rose, *Charlie Rose*, PBS, July 28, 2010.

2. Fireside Chat with Jeff Bezos and Werner Vogels, Amazon Web Services re: Invent Conference, Las Vegas, November 29, 2012.

3. "Editorial: Spitzer's Latest Flop," *New York Sun*, November 15, 2007.

4. *Vadim Tsypin and Diana Tsypin v. Amazon.com et al.*, King County Superior Court, case 10-2-12192-7 SEA.

5. Miguel Bustillo and Stu Woo, "Retailers Push Amazon on Taxes," *Wall Street Journal*, March 17, 2011.

6. Aaron Glantz, "Amazon Spends Big to Fight Internet Sales Tax," *Bay Citizen*, August 27, 2011.

7. Tim O'Reilly, blog post, Google Plus, September 5, 2011, https://plus.google. com/+TimOReilly/posts/QypNDmvJJq7.

8. Zoe Corneli, “Legislature Approves Amazon Deal,” *Bay Citizen*, September 9, 2011.

9. Bryant Urstadt, “What Amazon Fears Most: Diapers,” *Bloomberg Businessweek*, October 7, 2010.

10. Nick Saint, “Amazon Nukes Diapers.com in Price War—May Force Diapers' Founders to Sell Out,” *Business Insider*, November 5, 2010.

11. Amazon, “Amazon Marketplace Sellers Enjoy High-Growth Holiday Season,” press release, January 2, 2013.

12. Roy Blount Jr., “The Kindle Swindle?” *New York Times*, February 24, 2009.

13 Brad Stone, “Amazon's Hit Man,” *Bloomberg Businessweek*, January 25, 2012.

14. Thomas L. Friedman, “Do You Want the Good News First?,” *New York Times*, May 19, 2012.

15. “Contracts on Fire: Amazon's Lending Library Mess,” AuthorsGuild.org, November 14, 2011.

16. Richard Russo, “Amazon's Jungle Logic,” *New York Times*, December 12, 2011.

第十一章　问号王国

1. George Anders, “Inside Amazon's Idea Machine: How Bezos Decodes the Customer,” *Forbes*, April 4, 2012.

2. Amazon's Leadership Principles, http://www.amazon.com/Values-Careers- Homepage/b?ie=UTF8&node=239365011.

3. Luisa Kroll and Kerry A. Dolan, “The World's Billionaires,” *Forbes*, March 4,2013.

4. David Dykstra, “Bezos Completes $28 Million Home Improvement,” Seattle-Mansions.Blogspot.com, October 1, 2010, http://seattle-mansions.blogspot. com/2010/10/bezos-completes-28-million-home.html.

5. Rebecca Johnson, “MacKenzie Bezos: Writer, Mother of Four, and High-Profile Wife,” *Vogue*, February 20, 2013.